唐翰林学士传论

第四册

中华书局

懿宗朝翰林学士传

李 贶

  李贶,附见于《旧唐书》卷一七一其父李汉传后,然仅一句,云:"汉子贶,亦登进士第。"《新唐书》卷七八《宗室·李汉传》则未提及李贶。《新唐书》卷七〇上《宗室世系表》上,雍王房,记李汉子贶,亦未注字号、官名。由此,则李贶当为唐宗室。

  李汉曾受韩愈赏识,《旧传》称其"少师愈为文,长于古学",韩愈即以女嫁之。文宗大和时,李宗闵为相,用为驾部郎中、知制诰;大和九年(835),李宗闵为郑注、李训所陷,被贬,李汉亦受累出贬为汾州司马,后徙绛州长史;宣宗大中时,曾召为宗正少卿。

  《旧唐书·李汉传》虽云李贶曾登进士第,但未记年。李贶后于大中十三年(859)入为翰林学士(详后),其前期仕历不详。现可知者,为李贶于武宗会昌三年(843),因公事至连州,因怀念其外祖韩愈,撰有《连山燕喜亭后记》一文(《全唐文》卷七六一),颇值得一提。

按韩愈于德宗贞元十九年(803)任监察御史时,曾上奏直言当时天旱人饥事,受掌权者之忌,被贬为连州阳山县令。阳山在今广东省西北部。贞元二十一年(805)春夏间,时值顺宗时永贞新政,韩愈被召北还。任职期间,韩愈作有《燕喜亭记》①,记当地山水胜景。李羽贝文云:"余自幼伏览外王父昌黎文公《燕喜亭记》,则知连州山水之殊,亭之称,因记为天下所嘉。连为郡,既远且秀,亦因亭而高,时谈山水可娱者较数连矣。中州人既以连遐远,不可得与游,皆依记以图,为馆宇饰,味山水者,莫不目登心到焉。"于此可见韩愈《燕喜亭记》的影响,北方中州人有因韩愈文而对连州山水景色颇为向往的。李羽贝文后云:"三年冬,余侍行承诏于连,水陆南驰,幽无所摅,志无所用,乃纵业于山水,以资养志。"如此,则李羽贝当于会昌三年因公事"侍行承诏"来至连州,因仰慕韩愈文,就专心于寻找燕喜亭,旧址虽有,但亭却已毁无存。他就与当时连州刺史武兴宗商议,重建此亭。亭建就后,刺史就托李羽贝为作一记,并由刺史书写,文末即署为"会昌五年十一月五日,连州刺史武兴宗书"。这是李羽贝所作唯一传存的文章,也是唐时继韩愈后记叙连州阳山自然风貌之作,甚有地方史料价值。

丁《记》记云:"李羽贝:大中十二年十二月二十四日,自权知右拾遗内供奉充。十四年五月十二日,召对赐紫,加右补阙。十月二十六日,召对赐紫。咸通二年三月十一日,加左补阙,依前充。三年二月二十日,加职方员外郎、知制诰充。九月十四日,守本官

①《韩昌黎文集校注》卷二,马其昶校注,上海古籍出版社,1986年。

出院。"

丁《记》此处记李贶入院之年有误。其记李贶入院为大中十二年(858)十二月二十四日,其排列次序在高璩后,而高璩入院为大中十三年(859)四月十三日,丁《记》是按入院之时序排列的,李贶既在高璩之后,则其入院不能在高璩大中十三年四月十三日之前。且丁《记》记李贶于大中十二年十二月入,后即接为大中十四年五月,其间缺有一年,也不合常例。于此,则李贶入院,应为大中十三年十二月二十四日,即在高璩入院后,又可下接十四年。

按宣宗于大中十三年八月卒,懿宗继立,李贶当为懿宗即位后第一位召入为翰林学士的。唯其入院时官阶不高,右拾遗为从八品上,此后一年,大中十四年(即咸通元年)五月十二日,才迁为从七品上之右补阙。

李贶在院,前后四年,咸通三年(862)九月十四日,以职方员外郎、知制诰出院,其后仕迹则仅见于《旧唐书》卷一九上《懿宗纪》及《通鉴》卷二五二所记咸通十三年(872)五月事。此时,因韦保衡所陷,山南东道节度使于琮贬为普王傅、分司东都,受累而贬者多人,其中即有李贶,"给事中李贶蕲州刺史",《旧纪》谓"皆于琮之亲党也"。于琮、韦保衡,亦皆为懿宗朝翰林学士,其事详后传。给事中为正五品上,与中书舍人、御史中丞同阶,则李贶以职方员外郎(从六品上)出院后,累有升迁。又据《元和郡县图志》卷二七江南道,蕲州属鄂岳观察使,其州治蕲春县(今属湖北省)。晚唐佚名《玉泉子》亦有记:"及咸通,韦保衡、路岩作相,除不附己者十司户。"即有李贶。懿宗后期,朝中人事纠纷极繁,详见后韦保衡等传。

《旧唐书》卷一九下《僖宗纪》，乾符二年（875）记："十月，以秘书少监李贶为谏议大夫。"谏议大夫亦与给事中同阶，正五品上。李贶当于僖宗即位后，韦保衡贬责，原受贬者受召返朝，李贶当即由贬地入朝，又有升迁。

此后不详。其所著，除前所引述之《连山燕喜亭后记》，其他皆未有载记。

刘　邺

刘邺，两《唐书》有传，见《旧唐书》卷一七七、《新唐书》卷一八三。《旧传》："刘邺字汉藩，润州句容人也。"《新传》同。《元和郡县图志》卷二五江南道浙西观察使所属润州，有句容县（今属江苏省）。

两《唐书》本传皆详记其父刘三复事。《旧传》称"长庆中，李德裕拜浙西观察使，三复以德裕禁密大臣，以所业文诣郡干谒。德裕阅其文，倒屣迎之，乃辟为从事，管记室"；"德裕三为浙西，凡十年，三复皆从之"；"又从德裕历滑台、西蜀、扬州"。武宗会昌时，李德裕为相，即擢用刘三复为刑部侍郎、弘文馆学士判馆事。可见刘三复与李德裕之密切关系，刘邺后为李德裕申冤诉情即与此有关（详后）。

《旧传》又云："邺六七岁能赋诗，李德裕尤怜之，与诸子同砚席师学。"可见刘邺于稚童时亦受到李德裕赏识。

刘邺早期仕迹，两《唐书》所记有误。《旧传》云："高元裕廉察陕虢，署为团练推官，得秘书省校书郎。"《新传》云："陕虢高元裕表署推官，高少逸又辟镇国幕府。"即刘邺先应辟在高元裕陕虢幕府，后在高少逸镇国军幕府。高少逸、高元裕为兄弟。按《旧唐书》卷一七一、《新唐书》卷一七七《高元裕传》，皆未记高元裕有镇陕虢事，《新唐书》卷一七七《高少逸传》则记高少逸于宣宗大中时曾为陕虢观察使。《通鉴》卷二四九记高少逸为陕虢观察使在大中八年（854）九月；又《旧唐书》卷一八下《宣宗纪》，大中十年（856）四月癸丑，高少逸又任华州刺史、镇国军使。由此，则两《唐书》本传载刘邺曾在高元裕陕虢幕，误，刘邺当于大中后期先后在高少逸之陕虢、镇国节度幕府。高元裕、高少逸皆于宣宗时为翰林学士（见前传）。

丁《记》记刘邺入院："大中十四年十月十二日，自左拾遗充。"大中十四年即咸通元年（860），是年十一月才改元，故翰林学士院内壁录仍记为十四年。但《旧唐书》卷一九上《懿宗纪》，却记为：咸通元年二月，"以右拾遗刘邺充翰林学士"。另，《唐会要》卷五七《翰林院》，谓："（大中）十四年三月，左拾遗刘邺充翰林学士。"所记之左拾遗、右拾遗，为小异，而《旧纪》、《唐会要》所记二月、三月，与丁《记》所记差逾半年；但未能定，现仍据丁《记》。

关于刘邺入院，《旧传》所记又有误，云："咸通初，刘瞻、高璩居要职，以故人子荐为左拾遗，召充翰林学士。"按据《旧唐书》卷一七七《刘瞻传》，刘瞻于咸通前"历佐使府"，"咸通初升朝，累迁为太常博士"，后于咸通六年（865）自太常博士入为翰林学士（据丁《记》，并详后传）。由此，则刘瞻于咸通初才由外镇幕僚入朝，后才累迁为太常博士，太常博士官阶仅为从七品上，官品并不高，何以云"居要职"，荐刘邺入院；且刘瞻入院在咸通六年，又后于刘邺五年。故《旧传》记刘瞻于咸通初居要职，举荐刘邺，不当(岑氏《注补》亦谓《旧传》所载刘瞻荐邺，当误)。高璩则于大中十三年四月入院，十四年(即咸通元年)十月由起居郎(从六品上)迁右谏议大夫(正五品上)，且为翰林学士，故可称为"居要职"。又高璩为高元裕子，据前述，刘邺曾有数年在高元裕幕中供职，故可谓"以故人子荐"。则刘邺此次入院，乃出于高璩荐，亦为翰林学士荐士人入院之一例。

丁《记》记刘邺于大中十四年(咸通元年)十月十二日自左拾遗入院，接云："其月二十六日，召对赐绯。咸通二年九月二十七日，迁起居舍人，依前充。三年二月二十一日，加兵部员外郎、知制诰，依前充。七月二十九日，召对赐绯。十一月八日，迁中书舍人充。五年九月五日，迁户部侍郎，依前充知制诰。十一年十一月二十二日，加承旨。十二月二十三日，守本官出院，充诸道盐铁等使。"如此，则刘邺在院，前后共历十一年，任职期间之长，于晚唐翰林学士中似居首位。

刘邺在院期间，可记述者有二事，一为有两首诗直叙在院时情景，颇为人所称，二为为李德裕申冤，直接参预政事。

《全唐诗》卷六〇七载刘邺诗二首，一题为《翰林作》，一题为《待漏院吟》，皆在院时所作，颇有参考、研究价值，今具录于此。《翰林作》："曾是江波垂钓人，自怜深厌九衢尘。浮生渐老年随水，往事曾闻泪满巾。已觉远天秋色动，不堪闲夜雨声频。多惭不是相如笔，虚直金銮接侍臣。"《待漏院吟》："玉堂帘外独迟迟，明月初沉勘契时。闲听景阳钟尽后，两莺飞上万年枝。"宋《诗话总龟》卷十《雅什》门引卢璟《抒情》记刘邺入院后，"为同列所轻，因作诗曰"，即作此二诗。所谓"为同列所轻"，不知何意，且未有具体记述。不过《诗话总龟》仍称此二诗"才调清高"。此二诗自抒在院值班之情景及心态，颇真切，很有特色。

又，《旧传》于其入院后，记云："邺以李德裕贬死珠崖，大中朝以令狐绹当权，累有赦宥，不蒙恩例。懿宗即位，绹在方镇，属郊天大赦，邺奏论之。"《旧传》载其奏状颇详，大致谓李吉甫、李德裕均为宏才，"险夷不易，劲正无群"，后李德裕被"窜于遐荒"，"竟归冥寞"。奏中特请"俾还遗骨，兼赐赠官"。《新传》亦于其"迁承旨"后，为李德裕"申直其冤，复官爵，世高其义"。不过《通鉴》卷二五〇载此事于咸通元年九、十月间，并称刘邺此时为右拾遗，即入院前，云："右拾遗句容刘邺上言：'李德裕父子为相，有声迹功效，窜逐以来，血属将尽，生涯已空，宜赐哀闵，赠以一官。'冬十月丁亥，敕复李德裕太子少保、卫国公，赠左仆射。"《通鉴》并有《考异》，引裴旦《李太尉南行录》有谓"咸通二年九月二十六日右拾遗内供奉刘邺表，略云"，即上述之奏议。而《考异》又引《实录》，谓当在咸通元年，非二年。按《通鉴·考异》所引裴旦《李太尉南行录》，记刘邺上此奏时为咸通二年九月二十六日，其官衔为右拾遗，此即与丁《记》合。丁《记》记刘邺于大中十四年（咸通元年）十月十二日以左拾遗入，咸通二年九月二十七日迁起居舍人，则九月二十六日尚具拾遗官衔，可能刘邺上此奏后，颇得懿宗所重，既从其奏，又即于翌日（九月二十七日）迁为起居舍人。故两《唐书》本传记此事在入院后，亦合情理。刘邺如尚为左拾遗，未为翰林学士，是不大可能敢于论此事的。刘邺在院时论及此事，亦为其参预政事。后《北梦琐言》卷一《刘三复记三生事》条,有谓刘邺"上表雪德裕"后,"士大夫美之"。

刘邺在院还有一事值得一提,即所谓"敕赐及第"。盖刘邺未曾应科试,故未有进士资历。唐末五代王定保所著《唐摭言》卷九有记,谓"永宁刘相邺,字汉藩,咸通中自长春宫判官召入内庭,特敕赐及第,中外贺缄极众"①。可见刘邺之"敕赐及第",在当时颇有影响,这也是唐翰林学士唯一一例。

又丁《记》记刘邺于咸通十一年(870)十一月二十二日,以户部侍郎、知制诰加承旨,盖此前任承旨为韦保衡,韦保衡于此年四月二十五日拜相出院,刘邺即接其任。

据丁《记》,刘邺于咸通十一年十二月二十三日以户部侍郎出院,并充诸道盐铁转运使。《旧传》则谓:"寻以本官领诸道盐铁转运使,其年同平章事,判度支。"即于出院后,同年,即擢迁为相。而《新唐书》卷九《懿宗纪》、卷六三《宰相年表》及《通鉴》卷二五二,均记咸通十二年(871)十月,"兵部侍郎、诸道盐铁转运使刘邺为礼部尚书、同中书门下平章事"。即出院将近一年,才任相,于此则《旧传》误。又《旧唐书·懿宗纪》记刘邺为相在咸通十三年

①按徐松《登科记考》卷二三亦记刘邺敕赐及第事,附于咸通十年。岑氏《注补》以为徐《考》误,应为咸通初,孟二冬《登科记考补正》即据岑说,列于咸通元年。按据前所引述之《唐摭言》卷九所记,刘邺敕赐及第时,李磎有贺词,时李磎任郓州刺史,由其幕僚韦岫草撰。据《唐刺史考全编》卷六六河南道郓州,李磎于咸通三至四年(862—863)间任郓州刺史,此时进贺词,正为刘邺在院时。岑氏及孟二冬《登科记考补正》定于咸通元年,不确。徐《考》列于咸通十年,则更误。

正月甲戌，又后两月，也不当。

《旧传》接云："僖宗即位，萧倣、崔彦昭秉政，素恶邺，乃罢邺知政事，检校尚书左仆射、同平章事、扬州大都督府长史、淮南节度使。"按据《新唐书·宰相年表》，萧倣于咸通十四年（873）十月入相，崔彦昭于乾符元年（874）八月入相，即刘邺罢相前，萧、崔均已在相位。又据《新唐书》卷九《僖宗纪》、卷六三《宰相年表》、《通鉴》卷二五二，乾符元年十月刘邺罢相，出为淮南节度使，亦与《旧传》所载合。按《新传》有云："初，韦保衡、路岩与邺同秉政，为迹亲，俄而萧倣、崔彦昭得相，罢邺为淮南节度使、同平章事。"按路岩于咸通五年十一月任相，十二年四月出为西川节度使，而刘邺则于十二年十月才任相，则未与路岩"同秉政"，《新传》此处所记亦不合实。但刘邺于咸通后期与韦保衡确有同在相位的，僖宗即位，韦保衡出贬，刘邺当亦受累，罢相外出。

《旧传》记刘邺出镇淮南后，云："黄巢渡淮而南，诏以浙西高骈代还。"《旧唐书·僖宗纪》，记高骈于乾符六年（879）十月为淮南节度使，当接刘邺。则刘邺任淮南节镇，前后六年，任期不短。在此期间，他对文士是颇为照顾、看重的。如《金华子杂编》卷上，记杜牧子晦辞，曾历仕于浙西、淮南幕，皆不如意，后隐居于阳羡别墅，"永宁刘相邺在淮南，辟为判官，方应召"。又《唐语林》卷七，亦记辟许棠"为淮南馆驿官"，并与之和诗。又《唐摭言》卷九《误掇恶名》条，记："杨篆员外，乾符中佐永宁刘丞相淮南幕，因游江失足坠水，待遣人归宅取衣，久之而不至。公闻之，命以衣授篆。"此虽为小事，亦见其对幕府文士之关怀。

另薛能有一诗《谢刘相寄天柱茶》（《全唐诗》卷五六〇）："两

串春团敌夜光,名题天柱印维扬。偷嫌曼倩桃无味,捣觉嫦娥药
不香。惜恐被分缘利市,尽应难觅为供堂。粗官寄与真抛却,赖
有诗情合得尝。"按薛能,两《唐书》无传,据《唐才子传校笺》卷七
《薛能传》谭优学笺,薛能于武宗会昌六年(846)进士及第后历仕
中外,咸通十四年(873)至乾符五年(878)任徐州刺史(参《唐刺
史考全编》卷六四),后又于乾符五年(878)改任许州刺史(参其
《柳枝词五首并序》,《全唐诗》卷五六一)。陶敏《全唐诗人名考
证》(页845)据上述薛能此诗诗题"刘相"及次句"名题天柱印维
扬",定为时任淮南节度使刘邺,是。此诗当作于乾符中,时薛能
为徐州刺史,刘邺特以名茶寄赠,薛能即作诗答谢。当然薛能与
前述之刘邺幕僚不同,已为州节要臣,但薛能亦为晚唐著名诗人,
由此也可见刘邺颇注意与当时文士之交往。

刘邺离淮南任后,《旧传》记云:"寻除凤翔尹、凤翔陇右节度
使,以疾辞,拜左仆射。巢贼犯长安,邺从驾不及,与崔沆、豆卢瑑
匿于金吾将军张直方之家旬日。贼严切追捕,三人夜窜,为贼所
得,迫以伪命,称病不应,俱为贼所害。"《新传》略同。《通鉴》卷
二五四僖宗广明元年(880)十二月亦详记此事,当时被杀者于琮、
豆卢瑑及刘邺,均曾为翰林学士。

《新唐书》卷六〇《艺文志》四,集部别集类,著录有刘邺《甘
棠集》三卷,当为其诗文集,唯后不存①。《全唐诗》卷六〇七载诗

---

①又《唐五代文学编年史·晚唐卷》(吴在庆、傅璇琮撰),广明元年十二月记
刘邺卒,除著录《甘棠集》三卷,又谓:"《秘书省续编到四库阙书目》记其
《翰苑集》一卷。"此《翰苑集》,似为任翰林学士时所作之诗文。唯《秘书
省续编到四库阙书目》于《翰苑集》如何著录,俟考。

二首,即前所引述之《翰林作》、《待漏院夜吟》。《全唐文》卷八〇二所载一篇,即前所述论李德裕事。

张道符

张道符,两《唐书》无传;《新唐书》卷一七四《牛僧孺传》附其子牛丛传,有略提其名(唯其名有缺字,详后),两《唐书》其他处均未提及。记张道符事者,唯丁《记》最为具详,如无丁《记》,则唐翰林学士即未有张道符之名。

王定保《唐摭言》卷三载王起于武宗会昌三年(843)知贡举,时任华州刺史之周墀以诗寄贺,王起以诗答之,当时"王起门生一榜二十二人和周墀诗",其中第十四位为张道符(字梦锡),其和诗云:"三开文镜继芳声,暗指云霄接去程。会压洪波先得路,早升清禁共垂名。莲峰对处朱轮贵,金榜传时玉韵成。更许下才听白雪,一枝今过郄诜荣。"为致谢座主王起。王起此前曾任翰林学士,其诗三、四句即叙此。周墀亦曾任翰林学士,见前传。

清徐松《登科记考》卷二二即据此系张道符于会昌三年进士及第者。此后仕历不详。清劳格《唐尚书省郎官石柱题名考》于卷五司封郎中、卷一一户部郎中、卷二六主客员外郎,皆记有张道符名。户中、司中,皆为任翰林学士时所带之官衔(见后丁《记》),主客员外郎则当为入院前所任。

又赵璘《因话录》卷一有云:"大中七年冬,诏来年正月一日,御含元殿受朝贺。璘时为左补阙,请权御宣政殿。"后记宣宗与宰臣魏謩议此事,宣宗即从赵璘议,接叙云:"其后宰相因奏对,以遗、补多缺,请更除八人。上曰:'谏官但要职业修举,亦岂在多。只如张道符、牛丛、赵璘辈三数人足矣,使朕闻所未闻。'"赵璘此为记叙己事,当可信,后史书亦有采辑者,如《通鉴》卷二四九,大中七年(853),记:"冬十二月,左补阙赵璘请罢来年元会,止御宣政。"又大中八年(854),"二月,中书门下奏,拾遗、补阙缺员,请更增补。上曰:'谏官要在举职,不必人多,如张道符、牛丛、赵璘辈数人,使朕日闻所不闻足矣。'"此事又见于《新唐书》卷一七四《牛僧孺传》所附其子牛丛传,云:"第进士,由藩帅幕府任补阙,数言事。会宰相请广谏员,宣宗曰:'谏臣唯能举职为可,奚用众耶?今张符、赵璘、牛丛,使朕闻所未闻,三人足矣。'"《新传》此处将"张道符"之名缺一"道"字,讹为"张符",惜中华书局点校本未有校及。

由此,则张道符于宣宗大中七、八年间在补阙任。左右补阙为从七品上,张道符后当累迁为主客员外郎(从六品上)、户部郎中(从五品上),懿宗咸通元年(860),即由户部郎中入为翰林学士。

丁《记》记为:"咸通元年十一月二十五日,自户部郎中、赐绯充。二年二月六日,加司封郎中、知制诰,依前充。四月二十一日卒官,至五月二日,赠中书舍人,仍赐赠布绢及赐绢三百尺。"则张道符在院,实仅半年,故其在院情况,无有记载。

其所著,即前所述会昌三年登第时和座主王起诗,《全唐诗》卷五五二载,当即据《唐摭言》辑录者。其他皆未有载记。

杨　收

杨收，两《唐书》有传，见《旧唐书》卷一七七、《新唐书》卷一八四。《旧传》载："杨收字藏之，同州冯翊人。自言隋越公素之后。高祖悟虚，应贤良制科擢第，位终朔州司马。曾祖幼烈，位终宁州司马。祖藏器，邠州三水丞。父遗直，位终濠州录事参军。家世为儒。遗直客于苏州，讲学为事，因家于吴。"《新传》叙其家世较简，亦言其父遗直"客死姑苏"。即其父遗直，长期居于苏州，并"客死姑苏"。故清徐松《登科记考》卷二二记其于会昌元年（841）进士及第，即据《永乐大典》所辑之《苏州府志》，则苏州为其实籍，杨收应礼部省试，乃由苏州举荐。

《新唐书》卷七一下《宰相世系表》一下，亦载其先世为隋杨素，而如《旧传》所记，为杨收"自言"。实则杨收自其高祖悟虚以下，皆为地方小官，故《旧传》载杨收最终因被贬责赐死，所作上表，即云"臣出自寒门，旁无势援"。

又《旧传》记其高祖名悟虚，而《新唐书·宰相世系表》载为悟灵，即其祖之名，一作"虚"，一作"灵"，有异。中华书局点校本未校，赵超《新唐书宰相世系表集校》亦失校①。

两《唐书》本传皆记杨收自幼即居于苏州，通经义，善属文，吴人号为神童。

---

①赵超《新唐书宰相世系表集校》，中华书局，1998年。

《旧传》记其兄杨假于文宗开成末登第，"是冬，收之长安，明年，一举登第，年才二十六"。按开成记年为五年（836—840），开成五年后为会昌元年（841）。徐松《登科记考》卷二二据《永乐大典》所辑之《苏州府志》，系杨收于会昌元年登进士第，亦与《旧传》所记"明年，一举登第"合。又，杨收于会昌元年登第时，年二十六，则当生于宪宗元和十一年（816）。

《旧传》接云："收得第东归，路由淮右，故相司徒杜悰镇扬州，延收署节度推官，奏授校书郎。悰领度支，以收为巡官。悰罢相镇东蜀，奏授掌书记，得协律郎。悰移镇西川，复管记室。"据两《唐书》有关纪、传、表等所记，杜悰于武宗会昌二年（842）为淮南节度使，四年（844）七月入朝为相，会昌五年（845）罢相出镇东川，宣宗大中二年（848）八月改西川节度使，至六年（852）四月。据此，则杨收自会昌二年至大中六年，历时十年，均在杜悰幕府供职。按杜悰，《旧唐书》卷一四七、《新唐书》卷一六六有传。元和时曾尚宪宗长女岐阳公主，为驸马都尉，文宗时历仕外州节镇，武宗会昌时曾为相，后又历仕方镇。史称其未有人才，但"常延接寒素"（《旧传》），能长期辟用杨收，确亦不易，后又荐引杨收为翰林学士（见后）。

《旧传》后云："裴休作相，以收深于礼学，用为太常博士。"据《新唐书》卷六三《宰相年表》，裴休于宣宗大中六年（852）八月为相，至十年（856）十月。据此，则杨收当于宣宗大中六年离杜悰西川幕府，应裴休之辟，入朝为太常博士。按太常博士为从七品上，"掌五礼之仪式"，"凡大祭祀及有大礼，则与（太常）卿导赞其仪"（《旧唐书》卷四四《职官志》三）。

《旧传》后所记，则有误，云："寻丁母丧，归苏州。既除，崔珙罢相，镇淮南，以收为观察支使。"此云崔珙，《新传》则记为崔铉："服除，从淮南崔铉府为支使。"据《新唐书·宰相年表》，崔铉于大中三年（849）四月为相，九年（855）七月出为淮南节度使（《通鉴》卷二四九同）。如此，则与杨收丁母丧、服除，时间相合。而崔珙，据两《唐书》本传（《旧唐书》卷一七七、《新唐书》卷一八二），宣宗即位后为凤翔节度使，素与崔铉不合，大中三年崔铉任相，崔珙即辞职归里，后为太子少傅、分司东都，未几卒。如此，则崔珙于宣宗朝，既未任相，又未为淮南节度使，《旧传》所记显误。武秀成《〈旧唐书〉辨证》①页335，亦注意及此，但云"疑误"，实则不必谓"疑"，据前所考，可确定《旧传》是以"铉"误写为"珙"的。

据两《唐书》本传，杨收后历任侍御史、职方员外郎分司东都、司勋员外郎、长安县令，后即于懿宗咸通二年（861）以吏部员外郎入为翰林学士。

关于杨收入为翰林学士，《旧传》所记又有显误，云："时故府杜悰、夏侯孜皆在洛，二公联荐收于执政，宰相令狐绹用收为翰林学士。"按丁居晦《重修承旨学士壁记》记杨收入院，为："咸通二年四月十八日，自吏部员外郎充。"而据《旧唐书》卷一七二《令狐绹传》，绹于大中十三年（859）罢相出镇河中；咸通二年（861）又改为汴州刺史、宣武节度使，三年（862）冬，又徙镇淮南。经检《新唐书·宰相年表》，终懿宗朝，令狐绹均未在朝任相。又据《新表》，杜悰确于咸通二年二月拜相，夏侯孜则早于大中十二年

---

①武秀成《〈旧唐书〉辨证》，上海古籍出版社，2003年。

（858）为相，但于咸通元年（860）十月即出为剑南西川节度使，《新表》《通鉴》记夏侯孜于咸通三年七月又由西川入相。据此，则杨收于咸通二年四月入院时，令狐绹根本未在相位，而《旧·杨收传》却云"宰相令狐绹用收为翰林学士"；又杜悰、夏侯孜也均未在洛阳，《旧·杨收传》却云此二人"皆在洛"。《旧传》竟有如此无据的误记，真使人费解。

又据前述，杨收早期曾在杜悰淮南、东西川幕府任职，深为杜悰所知，咸通二年杜悰正居相位，则当由杜悰荐其入为翰林学士，非令狐绹。这也是唐翰林学士由宰相举荐之一例。

丁《记》记杨收在院时官衔迁转，云："咸通二年四月十八日，自吏部员外郎充。其月二十一日，加库部郎中，依前充。七月八日，加知制诰。十月十六日，三殿召对，赐紫。三年二月二十日，特恩迁中书舍人充。九月二十三日，加承旨。其月二十六日，迁兵部侍郎充，兼知制诰。四年五月七日，以本官同中书门下平章事。"

据前所考，杨收生于宪宗元和十一年（816），则咸通二年入院时，为四十六岁，咸通四年出院任相，为四十八岁，皆为年富力强之时。

按丁《记》记杨收于咸通二年四月十八日自吏部员外郎充，而同月二十一日，即加为库部郎中，即入院仅三日，就迁职，不合官制，当其在入院前已有年任吏部员外郎。

关于杨收任翰林学士事，《旧传》有简记，但又不确，云："以库部郎中、知制诰，正拜中书舍人，赐金紫，转兵部侍郎、学士承旨。"据丁《记》，杨收以库部郎中知制诰，及赐金紫，迁兵部侍郎，均在入院后，而《旧传》则记为任学士前。《新传》亦先叙"懿宗时擢累中书舍人"，后记为"翰林学士、承旨"，实则其擢迁为中书舍人，亦在入院之后。两《唐书》本传记翰林学士事，既简略，又不合实。

杨收在院，前后历时三年，实仅两年，其间由从六品上之吏部员外郎累迁为正四品下之兵部侍郎，且旋又任相，这在宣、懿两朝是少见的。《全唐文》卷八三所载懿宗《授杨收平章事制》，有评云："文冠一时，而若非游艺；学该千古，而似不能言。自鸿飞名场，鹭振班列，宪署每闻其守法，曲台咸著于推公。所莅有声，历试皆可。……由是擢于禁苑，升以台阶，俾申匡辅之勤，用□燮和之重。"甚为称誉。但杨收在院期间，未见有制诏撰作，也未有制文传存，其参预政事，也未有记载。

关于杨收出院拜相之时间，《旧唐书·懿宗纪》有误，于咸通四年（863）三月记："以兵部侍郎、判度支杨收本官同平章事。"实则《新唐书·懿宗纪》、《新唐书·宰相年表》皆记于咸通四年五月己巳，"翰林学士承旨、兵部侍郎杨收同中书门下平章事"，与丁《记》同；《通鉴》卷二五〇亦同。今检《旧唐书·懿宗纪》所记咸通四年事，五、六两月皆缺，无一字记，《旧唐书》纂修、传刻时，当原将五月所记杨收任相事，误提前于三月（且未如《新纪》、《新表》、《通鉴》均记有月日，可见当时史料之缺略）。

杨收在院时间并不长，但能直接由翰林学士升任宰相，有一事值得注意。《旧传》有云："左军中尉杨玄价以收宗姓，深左右之，乃加银青光禄大夫、中书侍郎、同平章事。"《新传》则更记为："收之相，玄价实左右之。"《通鉴》卷二五〇记杨收于咸通四年五月任相,亦云:"与左军中尉杨玄价叙同宗相结,故得为相。"左军中尉为晚唐时宦者掌军权的紧要官职。大中十三年(859)八月宣宗临卒时,宦官枢密使王归长等本密谋立宣宗第三子夔王滋,后左军中尉王宗实获知信息,立即遣兵谋杀王归长等,立宣宗长子郓王温为帝,即懿宗。咸通后期,左军中尉田令孜,亦"专制中外"(《旧唐书》卷一八四《宦官·杨复恭传》)。咸通十四年(873)七月懿宗将没,亦由左军中尉刘行深等立普王俨为帝,即僖宗(参见《通鉴》卷二五二)。由此亦可见时为左军中尉之杨玄价,掌有实力,而他之所以与杨收交结,表面看来是为同姓同宗,实则亦借助与翰林学士联结,以增加其声望。杨收在院期间官阶升迁既快,且又直接提拔为相,当也与杨玄价有关。这也是晚唐时期翰林学士与宦官交结之一例。

不过杨收任相后,既与宦官交结,自身亦夸侈求利,为人所讥。《旧传》记云:"收居位稍务华靡,颇为名辈所讥,而门吏僮奴,倚为奸利。"《新传》略同。后《南部新书》卷甲,即记有轶闻:"咸通末,曹相确、杨相收、徐相商、路相岩同为宰相,杨、路以弄权卖官,曹、徐但备员而已。长安谣曰:'确确无余事,钱财总被收。商人都不管,货赂几时休。'"(此则,宋王谠《唐语林》卷七亦载)此云"长安谣",即当时京都民间已广有传播。此四句,每句讥喻一人,于杨收则重在"钱财"。又此处所记曹确、杨收、徐商、路岩,皆为宣宗、懿宗朝翰林学士,又在懿宗朝任相,亦可见晚唐时翰林学士的另一种风气。

不过杨收就此也与杨玄价发生冲突,因此遭到贬责。两《唐书》本传皆有记,《新传》所记较明晰,云:"既益贵,稍自盛满,为夸侈，门吏童客倚为奸。中尉杨玄价得君，而收与之厚，收之相，玄价实左右之，乃招四方赇饷，数干诿，收不能从①，玄价以负己，大恚，阴加毁短。知政凡五年，罢为宣歙观察使。"当是杨收毕竟是文人，不能完全实现杨玄价之委托，遂被斥贬。

关于杨收此次罢相、外出，《旧纪》及两《唐书》本传又有误。按《新唐书·懿宗纪》、《新唐书·宰相年表》皆记咸通七年（866）十月壬申，杨收罢相，出为宣歙池观察使，《通鉴》卷二五〇亦记于咸通七年十月，并谓："收性侈靡，门吏僮奴多倚为奸利。杨玄价兄弟受方镇之赂，屡有请托，收不能尽从；玄价怒，以为叛己，故出之。"由此可见，晚唐时宦官之权有时在宰相之上，可以操纵宰相之出入。由此，则《新传》所云杨收"知政凡五年"，不合。盖杨收于咸通四年五月任相，七年十月罢相，前后亦仅四年，何云"五年"？《旧唐书·懿宗纪》所记则更误，于咸通八年三月，记杨收"检校兵部尚书，充浙江西道观察使；以浙西观察使杜审权守尚书左仆射，以兵部侍郎于悰（琮）本官同平章事"。即以杨收接杜审权之浙西任，以于琮入相接杨收任，实则于琮任相在咸通八年七月，非三月（详见后于琮传）。又杜审权于咸通八年三月仍在浙西任，后庞勋战乱于咸通十年九月平，杜才入为尚书左仆射。咸通年间，未有杨收任浙西节镇者（参《唐刺史考全编》卷一三七江南东道润州）。《旧唐书·懿宗纪》乃以杨收此次之出为宣歙池观察使误记为浙西观察使，并以咸通七年十月误记为八年三月。《旧

_____

① "数干诿"之"干"，原作"千"，中华书局点校本有校，谓此句文义欠明，"千"当为"干"之讹。今据改。

传》亦记谓："(咸通)八年十月,罢知政事,检校工部尚书,出为宣歙观察使。"又较《旧纪》晚半年,记时更误。由此可见,仅记杨收罢相,出镇事,《旧纪》及两《唐书》本传均各有误;晚唐史书记事类似之误者不少,确须注意。

由此可以确定,杨收于咸通七年(866)十月出为宣歙池观察使,《旧传》接云:"韦保衡作相,又发收阴事,言前用严譔为江西节度,纳赂百万。明年八月,贬为端州司马,寻尽削官封,长流驩州。"即韦保衡作相时又告发杨收,乃于其任相之"明年八月",又贬杨收为端州司马。按韦保衡于咸通十一年(870)四月才由翰林学士入相(详见后韦保衡传),而据《通鉴》卷二五〇所记,杨收之复贬端州司马,乃在咸通八年八月,《旧传》此处所记又误。《通鉴》卷二五〇咸通八年,记云:"宣歙观察使杨收过华岳庙(元胡三省注:华岳庙在华州华阴县),施衣物,使巫祈祷,县令诬以为收罪,右拾遗韦保衡复言收前为相,除严譔江西节度使,受钱百万,又置造船务,人讼其侵隐。八月庚寅,贬收端州司马。"《通鉴》并有《考异》,亦引及《旧传》所谓韦保衡作相云云,考云:"按是时保衡未作相,《旧传》误,今从《实录》。"《通鉴》记杨收于咸通八年八月贬端州,乃据《实录》,当可信。《唐大诏令集》卷五八载有《杨收端州司马制》[1],文末即署"咸通八年八月",更可佐证。《通鉴》所载,即杨收于咸通七年十月出为宣歙观察使,途经华阴,有祭华岳庙,后即被当地县令所告,第二年,咸通八年,时韦保衡仕为右拾遗,得所告,又以严譔事相联,上告,遂于此年八月再贬杨收为

---

[1] 宋宋敏求编《唐大诏令集》,商务印书馆点校本,1959年。

端州司马，与时相合。

《旧传》所记有误，《旧纪》竟另又有误，于咸通九年十月记："贬浙西观察使杨收为端州司马同正。"将咸通八年八月误系于九年十月，真未知所据，又仍将"宣歙观察使"误记为"浙西观察使"。

按严譔事，当属实，见《新唐书》卷一五八《严震传》后所附（譔为震之从孙）。《唐大诏令集》卷五八所载《杨收端州司马制》《杨收长流驩州制》，皆记其"贪黩为业"，并特称"江西置节制之额，务在虚兵"，即指严譔事。

《旧传》记贬端州司马后，云："寻尽削官封，长流驩州。又令内养郭全穆赍诏赐死。"并记咸通九年（868）三月十五日，郭全穆至驩州，宣诏，杨收即自服药卒。《旧传》此处所记年月，又有误。《唐大诏令集》卷五八所载《杨收长流驩州制》，文末署为"咸通十年二月"，即咸通十年二月才正式下诏，使杨收由端州司马再流放于驩州。《通鉴》卷二五一亦于咸通十年记："二月，端州司马杨收长流驩州，寻赐死，其僚属党友，坐长流岭表者十余人。"《新唐书·懿宗纪》亦谓："（咸通）十年二月，杀驩州流人杨收。"而《旧传》竟记宦者郭全穆于咸通九年三月十五日已至驩州，迫杨收自尽。杨收一人之事，两《唐书》，特别是《旧唐书》，所记之具体时、事，竟如此多误，确应对《旧唐书》之编纂、流传作进一步较全面地探索。

又，《旧唐书》记有杨收与当时二位文士之关系，亦有误。一为与温庭筠，《旧唐书》卷一九〇下《文苑下·温庭筠传》，记温庭筠在扬州时曾受淮南节度使令狐绹迫害，后还至长安，"属徐商知政事，颇为言之；无何，商罢相出镇，杨收怒之，贬为方城尉"。似温庭筠之贬方城尉,乃出于杨收之怒。按据《新唐书·宰相年表》,徐商任相在咸通六年(865)六月,罢相出镇在咸通十年(869)六月,而据前考述,杨收已于咸通七年(866)罢相出为宣歙观察使,十年(869)二月长流驩州,被赐死。如此,则何以徐商于咸通十年六月罢相后杨收仍居于相位,并迫使温庭筠出贬?

二为与薛逢,《旧唐书》卷一九〇下《文苑下·薛逢传》,记薛逢与杨收同年进士,后薛逢因与宰相刘瑑不合,出为巴州刺史,"既而沈询、杨收、王铎由学士相继为将相,皆逢同年进士,而逢文艺最优。杨收作相后,逢有诗云:'须知金印朝天客,同是沙堤避路人。威凤偶时皆瑞圣,潜龙无水谩通神。'收闻,大衔之,又出为蓬州刺史"。按沈询、杨收确曾为翰林学士,而王铎则未为翰林学士,此处将王铎与沈询、杨收并提,谓"由学士相继为将相",则误。另有更误,《唐才子传校笺》卷七《薛逢传》谭优学笺①,有所辩析,谓据《新唐书·宰相年表》,刘瑑以宣宗大中十二年(858)正月入相,五月卒,此时薛逢在朝任尚书郎之职,后改为某县令,又谓今存薛逢诗,仅有记其出任蓬州刺史之作,未有记出任巴州者。谭说可从。另,《旧传》所载薛逢此诗,《全唐诗》卷五四八有载,题为《贺杨收作相》,乃杨收由翰林学士直接提拔为相,薛逢特献诗致贺,皆为赞誉之辞,何以使杨收"大衔之",《旧唐书·薛逢传》所记亦不合。

应当说,当时文士与杨收亦有文字交往者,如上述薛逢《贺杨收作相》,也有文士献诗致贺其在翰林学士院供职者。但当代研

<hr>

① 《唐才子传校笺》,傅璇琮主编;卷七《薛逢传》,第三册,中华书局,1990年。

究者对有些诗作尚有歧见，也应辨析。如卢肇有《喜杨舍人入翰林》(《全唐诗》卷五五一)，云："御笔亲批翰长衔，夜开金殿送瑶缄。平明玉案临宣室，已见龙光出傅岩。"陶敏《全唐诗人名考证》(页833)，以为此"杨舍人"为杨知温，据丁《记》，杨知温于宣宗大中十一年九月八日自礼部郎中入，十二月十九日加知制诰，十二年十月十一日迁为中书舍人。陶《考》以为杨知温于大中十一年十二月十九日已以礼部郎中加制诰，故入院时仍可称为"舍人"。按杨知温入院年月及官衔，陶《考》所述是，但问题是，卢肇此诗首句称"翰长衔"，按唐翰林学士建制，承旨为在院学士班首，仅一人，故称"翰长"；且承旨一般为帝君亲自任命者，故卢肇此句云"御笔亲批"。而杨知温在院时未曾任承旨，而杨收则于咸通二年四月入，三年二月二十日迁中书舍人，同年九月二十三日即加承旨，则与卢肇诗题与诗句，皆意合。卢肇当于咸通二年九月下旬闻讯后特作诗致贺。末二句乃更喻现已为承旨，在宫中值班，以后当如殷商时傅说，为殷高宗举以为相。卢肇，两《唐书》无传，袁州宜春(今属江西)人，文宗时曾受李德裕赏识、举荐，于武宗会昌三年进士及第。及第后曾历仕于方镇幕府，后在朝任仓部员外郎、集贤院直学士，咸通时曾任歙、宣等州刺史。卢肇作此诗，亦寓有望请举荐之意，可见杨收在任翰林学士时，亦与文士有交往。

《新唐书·艺文志》未有著录其著述。《全唐诗》卷五一七载其《咏蛙》等三诗。《全唐文》卷七六五载其两文：《与安涴论乐意》、《乞贷弟严死罪疏》，皆为两《唐书》本传所载者。

路　岩

　　路岩，两《唐书》有传，见《旧唐书》卷一七七、《新唐书》卷一八四。《旧传》："路岩者，字鲁瞻，阳平冠氏人也。"《新传》记为"魏州冠氏人"。《元和郡县图志》卷一六河北道，有魏州冠氏县（今河北馆陶）。

　　路岩父路群，文宗时入为翰林侍讲学士，后为翰林学士、承旨，"历践台阁，受时君异宠，未尝以势位自矜"（《旧传》），颇有声誉（见前文宗朝路群传）。

　　又路岩于懿宗咸通五年（864）为相，时年三十六（见后），则生于文宗大和三年（829）。

　　两《唐书》本传皆谓其登进士第，但未记年。《旧传》云"父友践方镇，书币交辟，久之方就"，《新传》略同，则其及第后曾历仕于方镇幕府。唐末阙名所著《玉泉子》，曾记："始（路）岩在淮南，与崔铉作度支使，除监察。"①按崔铉于宣宗大中九年（855）七月为淮南节度使（《通鉴》卷二四九），至懿宗咸通三年（862），则路岩当于进士及第后，于大中后期在崔铉淮南幕府供职。唐末五代之笔记稗史亦可有补于正史。

　　《旧传》叙其前期仕历甚简，记其于方镇就职后，即云"数年之间，出入禁署，累迁中书舍人、户部侍郎"，未提及翰林学士。《新

---

①《玉泉子》，上海古籍出版社所编《唐五代笔记小说大观》点校本，2000年。

传》记有翰林学士,但亦甚简略,云"懿宗咸通初,自屯田员外郎入翰林为学士",后即谓"以兵部侍郎同中书门下平章事",入相。

丁《记》有具记,云:"咸通二年五月二十八日,自屯田员外郎入。十一月二十八日,三殿召对赐绯。三年二月二十一日,加屯田郎中、知制诰充。四年正月九日,迁中书舍人。五月九日,赐紫。十六日,加承旨。九月十八日,迁户部侍郎、知制诰充。五年九月二十六日,迁兵部侍郎、知制诰充。十一月十九日,以本官同中书门下平章事。"

按杨收于咸通二年(861)四月十八日入,路岩则于此后仅月余,亦入;咸通四年(863)五月七日,杨收出院任相,时杨收任为承旨,路岩于四年五月十六日加承旨,当接杨收之任。路岩入院时,年仅三十三,当是懿宗朝翰林学士最为年轻的。

《新传》亦云"自屯田员外郎入",与丁《记》合。又前所引述之《玉泉子》,谓"自监察入翰林",不确。

丁《记》记路岩于咸通五年(864)十一月十九日出院任相,《新唐书》卷九《懿宗纪》,记咸通五年十一月,"壬寅,翰林学士承旨、兵部侍郎路岩同中书门下平章事"。《新唐书》卷六三《宰相年表》及《通鉴》卷二五〇所记同。此年十一月壬寅,即十九日,亦与丁《记》合。《通鉴》并云"时年三十六"。《新传》谓"以兵部侍郎同中书门下平章事,年三十六",但未记年。而《旧传》、《旧纪》却各有异。《旧传》记于咸通三年,非五年,云"咸通三年,以本官同平章事,年始三十六"(《全唐文》卷七九二路岩小传,亦云"咸通三年以本官同平章事",当即沿袭《旧传》)。《旧纪》却系于咸通七年十一月:"以翰林学士承旨、户部侍郎路岩为兵部侍郎、同平章事。"按《旧传》前谓"累迁中书舍人、户部侍郎",后云"咸通三年,以本官同平章事",而据丁《记》,路岩于咸通四年九月十八日才由中书舍人迁户部侍郎,何以于此前一年即已出院任相?可见《旧传》、《旧纪》义误。

路岩在院,前后四年。《全唐文》卷七九二载其文一篇《义昌军节度使浑公神道碑》,记浑偘于咸通二年为义昌军(沧州)节度使,六年三月卒,十二月葬,则作文时路岩已出院,在相位。唐翰林学士在院任职期间,有应皇帝之命,为外地节镇撰写碑志者,路岩此文,则受浑偘从父弟右威卫上将军浑佶所托而作(文末云"他日持故吏行状托余斯文")。

路岩此次亦继杨收,由翰林学士直接擢迁为相,且亦与杨收相类,执政时"稍务奢靡,颇通赂遗"(《旧传》)。《新传》更评为"乃通赂遗,奢肆不法"。据《新唐书·宰相年表》,咸通六年六月后,杨收、曹确、路岩、徐商皆在相位,《南部新书》卷甲有记云:"咸通末,曹相确、杨相收、徐相商、路相岩同为宰相,杨、路以弄权卖官,曹、徐但备员而已。长安谣曰:'确确无馀事,钱财总被收。商人都不管,货赂几时休。'"即以"货赂"喻指路岩。由此可见懿宗咸通时之政治腐败情况。此四人于任相前均曾为翰林学士,入相后有如此表现,由此可见晚唐时翰林学士也有一种不良风尚。

路岩与杨收同样,后亦受韦保衡之陷斥,罢相外出。《新传》云:"俄与韦保衡同当国,二人势动天下,时目其党为'牛头阿旁',言如鬼阴恶可畏也。既权侔则争,故与保衡还相恶。俄罢岩为剑南西川节度使。"《旧传》更明确记为"保衡作相,罢岩知政事"。按韦保衡于咸通十一年(870)四月由翰林学士承旨入相,路岩则于第二年四月罢相外出。《通鉴》卷二五二有具体记叙：咸通十二年（871），"门下侍郎同平章事路岩与韦保衡素相表里，势倾天下，既而争权，浸有隙，保衡遂短岩于上。夏四月癸卯，以岩同平章事充西川节度使。岩出城，路人以瓦砾掷之。权京兆尹薛能，岩所擢也，岩谓能曰：'临行，烦以瓦砾相饯。'能徐举笏对曰：'向来宰相出，府司无例发人防卫。'岩甚惭"。联系上述《南部新书》所载"长安谣曰"，可见当时民间对路岩甚为不满。

但路岩被罢相外出，在四川成都，仍"喜声色游宴"（《通鉴》卷二五二咸通十四年十月）。《北梦琐言》卷三《路侍中裹巾》条又有记云："（路岩）镇成都日，委执政于孔目吏边咸，日以妓乐自随，宴于江津。"边咸为其任相时亲吏，随其赴镇，在蜀时则与人"相依倚为奸"（《新传》）。当地即以事上闻，据《通鉴》卷二五二，遂于咸通十四年（873）十一月戊辰，改徙为荆南（江陵）节度使。《通鉴》又记：乾符元年（874）正月，"路岩行至江陵，敕削官爵，长流儋州。岩美姿仪，因于江陵狱再宿，须发皆白，寻赐自尽，籍没其家。岩之为相也，密奏三品以上赐死，皆令使者剔取结喉三寸以进，验其必死，至是自罹其祸。所死之处，乃杨收赐死之榻也"。据《通鉴》此处所记，可见路岩为相执政时亦甚刻薄。

按路岩由西川改江陵，在咸通十四年十一月。而是年七月，僖宗即位，十月，贬韦保衡，寻赐自尽（见后韦保衡传），如此，则路岩此次之再贬、赐死，非再出于韦保衡。可能僖宗即位后，朝中对路岩又有所议，故如韦保衡作同样的处理。

路岩未有所著。《全唐文》卷七九二载其文一篇，即前所引述之浑侃墓志铭。

赵骘

赵骘,附见于《旧唐书》卷一七八《赵隐传》,赵隐为其兄。《新唐书》卷一八二《赵隐传》仅记赵骘一句,谓"骘终宣歙观察使",且有误(见后)。《新唐书》卷七三下《宰相世系表》三下,记赵骘"字玄锡";两《唐书》传皆未记其字号。

两《唐书·赵隐传》皆记为京兆奉天人。《新唐书·宰相世系表》谓:"新安赵氏,后徙京兆奉天。"京兆奉天,即今陕西乾县。赵骘父存约,曾在李绛兴元幕府(山南西道节度判官),文宗大和三年(829)军乱,与李绛同时遇害。正因如此,赵隐兄弟"少孤贫,弟兄力耕稼以奉亲,造次不干亲戚"(《旧传》)。按,《旧传》称隐为兄,骘为弟,"与弟骘尤称友悌";《新唐书·宰相世系表》亦记赵存约二子:隐、骘。而《新唐书·赵隐传》则谓:"隐以父死难,与兄骘庐墓几十年。"称骘为兄,《新传》当误。

赵隐于宣宗大中三年(849)登进士第,历仕内外,后于懿宗咸通十三年(872)二月任相,《旧传》称其"既居宰辅,不以权位自高"。《旧传》谓赵骘"亦以进士登第",但未记年。清徐松《登科记考》卷二二,据《广卓异记》所载"大中六年,崔玙知举,放赵骘及第",即系于宣宗大中六年(852)进士及第,后于其兄赵隐三年。

《旧传》接云:"大中末,与兄隐并践省阁。咸通初,以兵部员外郎、知制诰,转郎中,正拜中书舍人。"未记任翰林学士事。

丁《记》记为:"咸通二年八月六日,自右拾遗充。十一月二十六日,三殿召对赐绯。三年二月二十日,迁起居舍人充。四年八月七日,改兵部员外郎,特恩知制诰。五年正月十七日,三殿召对赐紫。七月八日,加驾部郎中、知制诰,依前充。九月十七日,加朝散大夫、户部□□,依前充。其月三十日,改礼部侍郎,出院。"则《旧传》所谓"以兵部员外郎知制诰,转郎中",即在学士任期内迁转之官衔,至于《旧传》所云"正拜中书舍人",尚待议(见后)。

丁《记》中记"九月十七日,加朝散大夫、户部□□,依前充",接云"其月三十日,改礼部侍郎,出院",此"九月十七日"前,应有"六年"二字,因《旧唐书》卷一九上《懿宗纪》,记咸通六年(865),"九月,以中书舍人赵骘权知礼部贡举"。按唐科举制惯例,知贡举前一年,先任礼部侍郎或其他有关官职,以备次年年初主试。徐松《登科记考》卷二三咸通七年,即据《唐摭言》所记"韩衮,咸通七年赵骘下状元及第",及《唐才子传》载沈光"咸通七年,礼部侍郎赵骘下进士",列赵骘于咸通七年知举,是。由此,即可确定丁《记》之"九月十七日"前应加"六年"二字。至于"户部□□"之两个缺字,检核后云"其月三十日,改礼部侍郎",则当为"侍郎",即由驾部郎中迁为户部侍郎。不过岑氏《注补》谓由驾部郎中迁户部侍郎,升迁过速,不合制例,乃参据《旧传》所谓"正拜中书舍人",云应将"户部□□"改为"中书舍人"。实则徐松于《登科记考》卷二三咸通七年记"知贡举,礼部侍郎赵骘",已有考,即引《唐摭言》、《广卓异记》,皆称其为礼部侍郎知举。徐松所考当是。

又,《唐摭言》卷九《芳林十哲》条,谓"咸通十三年,赵骘主文",则误,参后于琮传。

《旧传》称赵骘于咸通七年"选士,多得名流",确是如此。如此年登第者，首列韩衮，为韩愈子昶之次子。另如沈光，《唐才子传》卷八《沈光传》，谓"咸通七年礼部侍郎赵骘下进士"。沈光及第后，罗隐特作诗赠之：《送沈光及第后东归》（《全唐诗》卷六五五）。又同年登第者汪遵，宋《诗话总龟》卷一五引《诗史》，谓汪遵《咏史》诗，"何光远称此诗卓绝千古"。赵骘于咸通七年知举，是懿宗朝翰林学士出院后即知贡举试之首例，且为当时所称，也是懿宗朝翰林学士品行称誉之较好者。

不过赵骘因此年知举，却受累而外出。《唐摭言》卷一三《无名子谤议》条，有云："赵骘试《被衮以象天赋》，更放韩衮为状元。或为中贵语之曰：'侍郎既试《王者被衮以象天赋》，更放韩衮状元，得无意乎？'骘由是求出华州。"即赵骘于咸通七年知举时，其赋诗之题，后为人向宦者（"中贵"）所告，宦者当又向皇上诬告。赵骘不愿因此受累更深，即求外出，乃任为华州刺史。按《唐刺史考全编》卷三京畿道华州，蒋伸于咸通七年至九年为华州刺史，有据；又据《千唐志斋藏志》之《唐故河南府洛阳县尉孙府君（备）墓志铭并序》所记，咸通十年赵骘在华州刺史任，由此定赵骘任华州刺史在咸通十年至十二年，是。

又刘允章于咸通九年知举，郑仁表于此年进士及第（参见《登科记考》卷二三）。《唐语林》卷三有记："仁表后为华州赵骘幕，尝饮酒，骘命欧阳琳作录事，酒不中者罚之。仁表酒不能满饮，琳罚之。"按欧阳琳亦为咸通七年赵骘知举时进士及第者（见徐《考》）。由此，则郑仁表当于咸通九年及第后应辟在赵骘华州幕（《旧唐书》卷一七六《郑肃传》，亦有记郑仁表及第后，"从杜审权、赵骘为华州、河中掌书记"）。此亦可佐证赵骘于咸通十年至十二年为华州刺史。

又《旧传》先记赵骘为中书舍人,后知举,接云"拜礼部侍郎、御史中丞,累迁华州刺史、潼关防御、镇国军等使,卒"。此处记先任中书舍人,知举后才任礼部侍郎,误,见前考述。不过据《旧传》此处所记,赵骘似即卒于华州刺史任,《新唐书·宰相世系表》,记赵骘,亦为"华州刺史"。《新表》所记官名,一般皆为终官,此云华州刺史,亦与《旧传》合。唯《新唐书·赵隐传》记赵骘,仅一句,云"终宣歙观察使",未记年,亦未有所据,参《旧传》、《新表》,当误。《唐刺史考全编》卷一五六江南西道宣州,列赵骘于咸通十一年,亦仅据《新传》,并云:"按《旧书》本传未及宣歙。吴氏《方镇年表》列咸通十一年,姑从之。"实则吴氏《方镇年表》仅揣测,不足据。

赵骘未有著作载录。

刘允章

刘允章,两《唐书》有传,附于《旧唐书》卷一五三《刘迺传》、《新唐书》卷一六〇《刘伯刍传》。刘迺为其曾祖,刘伯刍为其祖。刘允章父宽夫,敬宗时为监察御史、左补阙。《新唐书》卷七一上《宰相世系表》一上,记为"广平刘氏",《旧唐书·刘迺传》亦称为洛州广平人。广平为今河北永年。

《新传》记刘允章字蕴中,《新表》作韫中,当互通。《旧传》未记其字号。

《旧传》谓其登进士第,但未记年,后即云"累官至翰林学士、承旨、礼部侍郎"。《新传》亦于记其字蕴中后,云"咸通中为礼部侍郎",早期事迹皆未有记。今按李商隐《樊南乙集序》,作于宣宗大中七年(853)十一月在东川节度(梓州)幕府时①,文中自谓大中二年自桂林北返,选为盩厔县尉,后参见京兆尹,乃留于府中代草奏章,大中三年亦在任,即云:"时同寮有京兆韦观文、河南房鲁、乐安孙朴、京兆韦峤、天水赵璜、长乐冯颢、彭城刘允章。是数辈者,皆能文字,每著一篇,则取本去。"由此可知,刘允章在大中初期亦在京兆府任职,并与李商隐有所交往。唯具体官衔不知。此为记叙刘允章前期仕迹之第一手材料。其登第年或亦在会昌末、大中初。

此后即丁《记》所记,于懿宗咸通时曾两次入院,记为:"咸通三年九月二十七日,自起居郎入。其年十一月二十七日,三殿召对赐绯。四年三月二十四日,授歙州刺史。""咸通五年十一月二十七日,自仓部员外郎守本官再入。六年正月九日,加户部郎中、知制诰。五月九日,三殿召对赐紫。八年十一月四日,迁工部侍郎、知制诰,依前充。其年十一月十六日,改礼部侍郎,出院。"

按刘允章第一次入院时,已任为起居郎(从六品上),与尚书诸司员外郎同阶,但在院仅半年,未有迁转,即出为歙州刺史,未知何故。时在院者有刘邺、杨收、路岩、赵骘(参见书后"学士年表"),人数也并不多。

刘允章在歙州任时间并不长,约不到一年即又返朝,先为仓

---

① 参见刘学锴、余恕诚《李商隐文编年校注》,页2177,中华书局,2002年。

部员外郎(从六品上),后即于咸通五年(864)十一月二十七日入院。第二次在院期间,迁转较快,入院仅月余,即迁为从五品上之户部郎中,并加知制诰。又历二年,即咸通八年(867)十一月四日,迁正四品下之工部侍郎,又于同月十六日改为礼部侍郎,以备翌年主持贡举考试。

《旧传》记有"累官至翰林学士、承旨、礼部侍郎"。按丁《记》未记刘允章加任承旨,且咸通五年十二月至七年三月,侯备为承旨,七年三月,独孤霖接为承旨(见后侯备、独孤霖传,及书后"学士年表"),则《旧传》所记之承旨,误。《新传》叙刘允章仕迹,则未提及翰林学士,当为缺记。

又《旧唐书》卷一九上《懿宗纪》,咸通八年(867)十月,"以中书舍人刘允章权知礼部贡举"。按据丁《记》,咸通八年十月,刘允章尚在院,为户部郎中、知制诰,至十一月四日,迁工部侍郎,同月十六日又改为礼部侍郎,则《旧纪》所记,时、事皆不合,且谓以中书舍人知举,据丁《记》,刘允章在院期间未有迁转中书舍人者。唯岑氏《注补》据《旧纪》,有云:"于制,郎中、知制诰必正除舍人而后迁侍郎。"未能如丁《记》所记由户中超迁工侍,又谓"咸通朝以舍人出知举者居多数,改礼侍者犹云权知礼侍也"。按岑氏此说仅为揣测,翰林学士在院中超阶迁升者甚有,至于刘允章于咸通九年以礼部侍郎知贡举,史书及有关材料记载者甚多。《唐语林》卷八详记唐时以中书舍人知举者名单,即未有刘允章。徐松《登科记考》卷二三咸通九年,即记刘允章以礼部侍郎知举,其所列此年进士及第者羊昭业,引《永乐大典》所辑之《苏州府志》,亦记为"侍郎刘允章知举,羊昭业登第"。

关于刘允章知举，《旧传》仅云"咸通九年知贡举"，《新传》稍述数句，云："请诸生及进士第并谒先师，衣青衿，介帻，以还古制。"值得一提的另有一事，《唐摭言》卷九《芳林十哲》条，叙及当时沈云翔、郭薰等，"咸通中自云翔辈凡十人，今所记者有八，皆交通中贵，号芳林十哲。芳林，门名，由此入内故也"。即此所谓"芳林十哲"，多与宦官（"中贵"）交结，并以此串通，谋取通过科试。《唐语林》卷三又特为记述："允章少孤自立，以臧否为己任。及掌贡举，尤恶朋党。初，进士有'十哲'之号，皆通连中官，郭缲、罗虬，皆其徒也。每岁，有司无不为其干挠，根蒂牢固，坚不可破。都尉于琮方以恩泽主盐铁，为缲极力，允章不应，缲竟不就试。"后又记罗虬亦应试，其所试诗，也不为刘允章所取，落第。由此可见，刘允章此次知举，确能持正不阿，不受人请托，力排串通"中贵"之所谓"十哲"，这有助于对晚唐科举考试风气之研究。

按咸通七年知举者赵骘，九年知举者刘允章，皆为由翰林学士出院即就此任者。赵骘知举时，也被誉为"进士多得名流"，但不久即为宦官（"中贵"）所告，出为华州刺史。刘允章亦如是，《旧传》记其知举后，即"出为鄂州观察使"。据《旧唐书·懿宗纪》，刘允章于咸通九年冬，已在鄂岳任，即咸通九年十二月记："是岁，江、淮蝗食稼，大旱。庞勋奏：'当道先发戍岭南兵士三千人春冬衣，今欲差人送赴邕管。'鄂岳观察使刘允章上书言：'庞勋聚徒十万，今若遣人达岭表，如戍卒与勋合势，则祸难非细。'"按庞勋本于此年七月率徐州戍卒赴桂林，后叛乱，攻江淮，时为淮南节度使令狐绹"畏其侵轶，遣使诣勋说谕，许为之奏请节钺，勋乃息兵俟命"（《通鉴》卷二五一咸通九年闰十二月）。由此，则《旧纪》所记刘允章于此年十二月上奏,合实。

由此可确证,刘允章于咸通九年春知举后,旋即外出。何以如此,史书皆未有记。《唐摭言》卷一三《无名子谤议》条,既有记赵骘知举时所出试题为人所告(见前赵骘传),又有记云:"刘允章试《天下为家赋》,为拾遗杜裔休驳奏,允章辞穷,乃谓与裔休对。时允章出江夏,裔休寻亦改官。"杜裔休于咸通时亦为翰林学士(见后传)。则时任谏官(拾遗)者,可对科试题上奏,加以驳议。不过刘允章是否因杜裔休之奏议而外出,限于史料,亦未能定。

《旧传》记刘允章任鄂岳观察使后,接云"后迁东都留守"。《唐语林》卷三亦谓"允章自鄂渚分司东都"。实则所谓自鄂岳改任东都留守,非。据史书所记,黄巢于僖宗时起兵,后于广明元年(880)十一月攻陷洛阳,时刘允章为东都留守,迎之。广明元年距咸通九年(868)有十余年,刘允章不可能长期在留守任(《唐刺史考全编》卷四八都畿道东都,记咸通八年至乾符六年,皆有他人任东都留守)。《旧唐书·僖宗纪》乾符三年(876)六月记,"抚王府长史刘允章凉王府"。按《旧唐书》卷一五〇记抚王纮,为顺宗第十七子,"咸通四年,特册拜司空,五年,册司徒。乾符三年,册太尉,其年薨"。又卷一七五,记凉王健,懿宗子,"咸通三年封,乾符六年薨"。据此,刘允章当于乾符三年前已在京为抚王府长史,其年抚王卒,又转为凉王府长史。又《唐大诏令集》卷一一七《宣抚东都官吏敕》,文末署"乾符三年九月",首云"敕东都留守王讽、河南尹刘允章",则此时刘允章又在河南尹任,即乾符三年六月由抚王府长史改为凉王府,旋又改任河南尹。敕文述及"昨者草寇凭陵","王仙芝等纵助生灵，联攻县邑"，洛阳又"工商失业以无依，黎庶舍家而竟出"，故"今差左谏议大夫杨授、工部员外郎李巢专往慰抚"。乾符三年为公元 876 年，此后数年间刘允章当又改任东都留守。由此可证前所引述之《旧传》、《唐语林》等所云由鄂岳观察使转为东都留守，实误。

值得一提的是，《全唐文》卷八〇四载有刘允章《直谏书》一文，开篇自称"救国贱臣前翰林院学士刘允章"，此云"救国贱臣"，参前《宣抚东都官吏敕》所述当时家破人亡之动乱情势，很可能即作于乾符中任河南尹、东都分司期间。文中称"陛下初登九五"，亦即僖宗即位不久。文中特为提出："今国家狼戾如此，天下知之，陛下独不知之。"应该说，陆贽敕文，刘蕡对策，尚未能如此直言的。文中又详言国之弊政，云有"九破"，即：终年聚兵；蛮夷炽兴；权豪奢僣；大将不朝；广造佛寺；赂贿公行；长吏残暴；赋役不等；食禄人多，输税人少。又谓"天下苍生，凡有八苦"：官吏苛刻；私债征夺；赋税繁多；所由乞敛；替逃人差科；冤不得理，屈不得伸；冻无衣，饥无食；病不得医，死不得葬。刘允章此时距翰林学士任已二十余年，但仍称"前翰林院学士"，由此可见他如此直抒己见，抨击弊政，乃认为仍执行翰林学士之职责。晚唐时曾任翰林学士，能如此直斥朝政，可谓尚无第二人者。此文值得注意，故特提出，以供研索。

可能刘允章有如此心情，当黄巢于广明元年（880）十一月攻破洛阳时，"留守刘允章率分司官迎之"（《旧唐书》卷二〇〇下《黄巢传》）。又《通鉴》卷二五四广明元年十一月亦有记："丁卯，黄巢陷东都，留守刘允章帅百官迎谒。"这在当时唐朝官员中也是未有的。

《旧传》记为："黄巢犯洛阳，允章不能拒，贼不之害，坐是废于家，以疾卒。"则刘允章虽对黄巢军有所迎谒，但未有作为，退居于家，后病卒。

刘允章文，除前所引述载于《全唐文》卷八〇四《直谏书》外，近世尚有出土墓志一篇，即周绍良主编之《唐代墓志汇编》所辑之《故楚国夫人赠贵妃杨氏墓志铭并序》，署为"翰林学士、朝议郎、守尚书户部郎中、知制诰、赐紫金鱼袋臣刘允章奉敕撰"①。文中称楚国夫人杨氏卒于咸通六年四月十九日，七月廿三日葬。如此，正与丁《记》所记咸通六年正月九日加户部郎中、知制诰合，由此亦可见丁《记》有壁记实录之史料价值。文中称皇上震悼，"遂诏侍从之臣，受以彤管之史，臣实当御，承命直书"。翰林学士在院期间，应命为贵妃、宫主等撰作碑志，也是职责之一。另可注意的是，此志又署有："翰林待诏、将仕郎、守泗州司马臣张宗厚奉敕书。""翰林待诏、承奉郎、守建州长史臣董咸奉敕篆。"即志文为翰林学士撰，书写与题篆，可由翰林待诏担任，可见晚唐时翰林院中仍有翰林待诏。又，这两位待诏，所具官衔，皆为外地官名，一为泗州司马，一为建州长史，这也是有唐一代翰林待诏之特点（可参前顺宗朝王叔文传），可能由此可获较高之俸薪，也值得研究。

①见周绍良主编《唐代墓志汇编》，咸通〇四一，页 2410；上海古籍出版社，1992 年。

独孤霖

独孤霖,两《唐书》无传。《新唐书》卷七五下《宰相世系表》五下,独孤氏,记有独孤霖,云"秘书监";又记其父密,云州刺史;其兄云,字公远,吏部侍郎。独孤云,清徐松《登科记考》卷二一,据李商隐《妓席暗记送同年独孤云之武昌》诗,系于文宗开成二年(837)与李商隐同年进士及第。又《太平广记》卷二七三引《玉泉子》,有云:"(韦)保衡既登第,独孤云除东川,辟在幕下。"韦保衡于懿宗咸通五年(864)登第(见后韦保衡传),则独孤云于咸通中曾为剑南东川节度使,后曾历任吏部侍郎、江西观察使(参见《唐尚书省郎官石柱题名考》卷四吏部员外郎)。独孤云子独孤损,于昭宗时曾任相,《新唐书·宰相世系表》即谓独孤氏任相者唯独孤损。

独孤霖前期仕迹不详,现所知者为丁《记》所记自入为翰林学士始,云:"咸通三年九月二十七日,自右补阙赐绯入。四年闰六月十九日,加司勋员外郎充。十二月二十一日,加知制诰。五年五月九日,三殿召对赐紫。七月八日,加库部郎中、知制诰,依前充。六年六月五日,迁中书舍人,依前充。九月十七日,加朝散大夫、工部侍郎,依前充。七年三月十七日,三殿召对,面宣充承旨。八年正月二十七日,改户部侍郎、知制诰,依前充。十一月四日,迁兵部侍郎、知制诰,依前充。十年九月八日,守本官、判户部,出院。"此为记独孤霖仕迹最详实的资料,如无此记,则唐翰林学士即缺独孤霖之名。

丁《记》记独孤霖于咸通七年（866）三月十七日加任承旨，因此前任承旨者为侯备，侯备于此年三月九日出院（见后侯备传），故即于数日后接任。又，咸通六年（865）九月十七日由中书舍人迁工部侍郎，按此前记有库部郎中、知制诰，后改任户部侍郎、兵部侍郎时亦皆兼知制诰，则由中书舍人迁工部侍郎时，亦应加有"知制诰"三字。

独孤霖在院，前后历有七年，不短。《全唐文》卷八〇二载有其所作《抚王纮开府仪同三司守司空制》。据《旧唐书》卷一五〇《顺宗诸子传》，抚王李纮为顺宗第十七子，"贞元二十一年封，咸通四年，特册拜司空。五年，册司徒。乾符三年，册太尉，其年薨"。独孤霖草撰之制，为册封司空，即于咸通四年，则正在任职。另又有数篇，乃为玉晨观修功德、祈雨所作，如《七月十一日玉晨观别修功德叹道文》、《九月一日玉晨观别修功德叹道文》、《玉晨观祈雨叹道文》。可以注意的是，至玉晨观祈道，多称"女道士某等奉为皇帝虔修法事"，可能即在宫中所设。撰此类修道祈雨之文，则亦为翰林学士职责之一。按《新唐书》卷六〇《艺文志》四，集部别集类，著录有独孤霖《玉棠集》二十卷，未有注。按此书前后，著录者均为制诰集，如《李虞仲制集》四卷，封敖《翰稿》八卷，崔魭《制诰集》十卷，刘崇望《中和制集》十卷，李磎《制集》四卷等。其撰者，既有翰林学士，也有知制诰、中书舍人。则独孤霖之《玉棠集》，当亦为任翰林学士期内所撰之制文，既为二十卷，则所撰制文甚多，这当也与其在院时间历有七年有关。由此可见，唐时文臣于任职时所撰制诰等官方文书，可自编成集，不必避讳者，与宋以后不同。这也是唐时文士参预政事的一个特点。

据丁《记》，独孤霖于咸通十年（869）九月出院，为兵部侍郎、判户部。《全唐文》卷八〇二又载其《书宣州叠嶂楼》，文末署"咸通十二年十二月辛亥，宣州刺史独孤霖书"，文中有云："予春至逮秋，偶步池北，得小亭之直上，居然最胜，因命植栋斗梁，出城屋之脊。"即建此叠嶂楼。则独孤霖当于咸通十二年（871）春即在宣州任，很可能于咸通十年九月出院后，在朝中任职不久，于咸通十一年又出为宣州刺史。此文对宣州城景颇为欣赏。又，《宝刻丛编》卷一五宣州，著录有："唐《叠嶂楼记》，刺史独孤霖书，咸通十二年十二月辛亥。"注云"据《复斋碑录》"。则宋时此记文尚存于宣州。

此后仕迹不详。据《旧唐书·懿宗纪》，其兄独孤云于咸通十三年（872）三月，尚以吏部侍郎参与考试博学宏词举人；又《旧唐书·僖宗纪》，乾符三年（876），记以江西观察使独孤云为太子少傅。则独孤云颇有显迹，独孤霖于咸通末、乾符初或亦在仕。

据前述，《全唐文》载其文数篇，《全唐诗》未载其诗。

李　瓒

李瓒，两《唐书》皆附于其父李宗闵传后，见《旧唐书》卷一七六、《新唐书》卷一七四，所记皆甚简，仅数十余字，且多有误（见后）。

两《唐书》传皆未记其字号，《新唐书》卷七〇下《宰相世系表》记云"桂管观察使瓒,字公锡"。

《旧唐书·李宗闵传》谓:"子琨、瓒,大中朝皆进士擢第。"未记年。前人及当今研究者有考,定于宣宗大中八年(854)。如清劳格《读书杂识》(清光绪戊寅吴兴丁氏刊本)卷七《李瓒》条,引《唐语林》卷六所载"郑舍人縠之父,瓒座主也",谓"瓒称(郑)薰为座主,知是八年进士"。又《全唐诗》卷五八七载有李频《贺同年翰林从叔舍人知制诰》诗,陶敏《全唐诗人名考证》(页873),考此"翰林从叔舍人"为李瓒,李频即大中八年进士及第者(《登科记考》卷二二据《唐才子传》)。陈尚君《登科记考补》亦谓李频此诗所贺即李瓒。故孟二冬《登科记考补正》卷二二即据陈、陶等说,补李瓒于大中八年进士及第者。

两《唐书》传皆于进士及第后即记其入任翰林学士,亦未记年,且有误。现先引丁《记》所记:"咸通四年四月七日,自荆南节度判官、检校礼部员外郎、赐绯充。其月十日,迁右补阙内供奉充。九月十八日,加驾部员外郎充。十二月二十八日,加知制诰。五年六月一日,改权知中书舍人,出院。"

据此,则懿宗咸通四年(863)四月前,李瓒曾在荆南幕府,为节度判官,其官衔为检校礼部员外郎(如杜甫在四川幕府,其官衔为检校工部员外郎)。时裴休为荆南节度使(参见《唐刺史考全编》卷一九五山南东道荆州)。

据丁《记》,李瓒初入院时,为检校礼部员外郎,后"迁右补阙内供奉",按尚书诸司员外郎为从六品上,左右补阙为从七品上,按例未能云迁。不过此检校礼部员外郎乃其在荆南幕府时所带之空衔,故于入院后仅数日,即加为右补阙,故即云迁;且再过五月，于同年（咸通四年）九月十八日，又加迁为驾部员外郎。而《旧传》所记，却为"瓒自员外郎知制诰，历中书舍人、翰林学士"，即李瓒于入院前，已为员外郎并加知制诰，即已为实职，后又迁中书舍人，再入为翰林学士，实则李瓒出院后才加为中书舍人。《旧传》所记官序，皆不合实。

　　李瓒在院时，李频有《贺同年翰林从叔舍人知制诰》诗（《全唐诗》卷五八七）："仙禁何人蹑近踪，孔门先选得真龙。别居云路抛三省，专掌天书在九重。五色毫挥成涣汗，百寮班下独从容。芳年贵盛谁为比，郁郁青青岳顶松。"按李频亦为大中八年进士第者（《登科记考》卷二二）。据《唐才子传校笺》卷七《李频传》梁超然笺①，李频进士登第后，累于黔中、鄂岳、郎坊等节镇幕府任职，后约于咸通八年（867）前后任南陵县主簿。可见其虽进士及第，但宦途不顺，故当李瓒入院后，特进献一诗，有望荐之意。诗题称"舍人知制诰"，按李瓒在院期间未曾任中书舍人，且中书舍人也不必加知制诰之称，此所谓"舍人知制诰"，当指咸通四年十二月二十八日由驾部员外郎再加知制诰。此诗第三、四句极夸翰林学士之声望，甚至可以抛中书、门下、尚书"三省"者。又云"芳年贵盛谁为比"，则李瓒入院时正当壮龄，有再迁高位之望（"郁郁青青岳顶松"）。按李频当时亦以诗见称，姚合赏识其才，"大加奖挹，以女妻之"（《新唐书》卷二○三《文艺下·李频传》）。此为李瓒在院时与文士交往之唯一材料，他在院实仅一年两月，未有业绩。

　　按两《唐书》本传记李瓒翰林学士事，又有显误。《旧传》云：

---

① 《唐才子传校笺》卷七《李频传》，第三册，中华书局，1990年。

"令狐绹作相,特加奖拔,瓒自员外郎知制诰,历中书舍人、翰林学士。绹罢相,出为桂管观察使。"《新传》亦记为:"令狐绹作相,而瓒以知制诰历翰林学士;绹罢,亦为桂管观察使。"即李瓒之入院、出院,均与令狐绹任相、罢相有关。今按令狐绹于宣宗大中四年(850)十月任相,十三年(859)十二月罢相,出为河中节度使,终懿宗朝,令狐绹未曾返朝者(见前宣宗朝令狐绹传)。据前记述,李瓒任免翰林学士,则均在懿宗朝,李瓒于咸通五年(864)出院,距令狐绹罢相,已有五六年,何以谓令狐绹罢相,李瓒也受累外出?且李瓒于咸通五年六月出院,也未如两《唐书》本传所云,即出为桂管观察使。据丁《记》,李瓒出院,仍任为中书舍人。另据《通鉴》卷二五二,僖宗乾符三年(876)十二月,李瓒在桂州观察使任,其时距出院已有十二、三年,唐时刺史在任者不可能有如此之久的。又《唐刺史考全编》卷二七五岭南道桂州,在此期间任桂管观察使者有严譔、李丛、鱼孟威等,并未有李瓒。两《唐书》本传之所以有此误记,可能以李瓒为李宗闵子,令狐绹为牛僧孺、李宗闵党,即以朋党之交记述李瓒与令狐绹的关系。

李瓒是曾任桂管观察使的,约在僖宗乾符初。《通鉴》卷二五二乾符三年(876)十二月有具体记述:"青、沧军士戍安南,还,至桂州,逐观察使李瓒。"《旧传》记李瓒在桂管任,"御军无政,为卒所逐",《新传》略同。乾符三年十二月为士卒所逐,则当于乾符初任桂管观察使。

又,两《唐书》传记其为戍军所逐,即云"贬死",未有具记。宋王谠《唐语林》卷六,则有补记,云:"李瓒,故相宗闵之子,自桂州失守,贬昭州司户,后量移卫州刺史①。给事中柳韬疏之,复贬。韬始与瓒相善,瓒先达而弃韬。瓒既重为所贬,性强躁,愤且死。”按,昭州,据《元和郡县图志》卷三七,属岭南西道,约今广西平乐、恭城等地。卫州则属河北道,其辖境相当今河南新乡、卫辉等地,衡州在今湖南,故可云量移。但又为给事中柳韬所奏,复贬,寻即卒,但未记其复贬于何地。

李瓒未有著作载记。

于　琮

　　于琮,两《唐书》有传,《旧唐书》卷一四九附于其曾祖于休烈传后,《新唐书》卷一〇四附于其先世于志宁传后。《旧传》称“河南人”。于志宁,唐太宗时曾召为十八学士,后入相。于休烈,有文名,与会稽贺朝、万齐融、延陵包融,齐名一时,后于肃宗、代宗时历任工部侍郎、国子祭酒,长时期参预纂修国史。休烈子益、肃,则均为代宗朝翰林学士(见前传)。于肃子敖,宪宗元和时任监察御史,穆宗长庆时为给事中,为迎合李逢吉,上疏论李绅友庞严之贬过轻,“众皆嗤”(见前穆宗朝庞严传),但仍为李逢吉拔奖,迁户部侍郎。

---

①周勋初《唐语林校证》卷六,谓《永乐大典》卷一〇三一〇《为贬愤死》条所　　引《玉泉子闻见录》,此“卫州”作“衡州”。《唐语林校证》,中华书局,　　1987年。

于琮即敖之子，可见其家世门第甚高。唯《旧传》称其"虽以门资为吏，久不见用"。后于宣宗大中十二年（858）登进士第，又为驸马都尉。《旧传》有详记："大中朝，驸马都尉郑颢，以琮世故，独以器度奇之。会有诏于士族中选人才尚公主，衣冠多避之。颢谓琮曰：'子人才甚佳，但不护细行，为世誉所抑，久而不调，能应此命乎？'琮然之。会李潘知贡举，颢托之登第，其年遂升谏列，尚广德公主，拜驸马都尉。"《新传》亦载此，唯记知举者为李潘。孟二冬《登科记考补正》卷二二，据严耕望《唐仆尚丞郎表》（卷一六《辑考五下·礼侍》）、陈尚君《登科记考补》等，谓应作"潘"，是。

由此，于琮于大中十二年（858）登进士第。《旧唐书》卷一八下《宣宗纪》，大中十二年正月，"以前乡贡进士于琮为秘书省校书郎，寻尚皇女广德公主，改银青光禄大夫，守右拾遗，驸马都尉"。即于琮于大中十二年初登第后，即授以秘书省校书郎（正九品上），旋即尚广德公主，迁右拾遗（从八品上）。

《旧传》记其"拜驸马都尉"后，仅概称"累践台阁，扬历藩府"，缺记任翰林学士事，且有误记，云"乾符中同平章事"，实则于琮任相在懿宗咸通后期，僖宗乾符时从未任相（详后）。《新传》有记于琮"咸通中以水部郎中为翰林学士，迁中书舍人"，与丁《记》合。

丁《记》记为："咸通四年六月七日，自水部郎中、赐绯入。八月七日，加库部郎中、知制诰充。五年七月八日，迁中书舍人充。九月二十七日，改刑部侍郎，出院。"据丁《记》，《新传》所记稍有误，即记于琮"迁中书舍人"后，云"阅五月，转兵部侍郎、判户部"，实则于琮咸通五年七月八日迁中书舍人，九月二十七日改刑部侍郎并出院，其间仅两月余。

于琮在院，前后两年，实仅一年余，其任职之业绩未有所记。

至于于琮由兵部侍郎擢迁为相，两《唐书》所记又互有异。《旧·懿宗纪》于咸通八年（867）三月记为："以兵部侍郎于悰（琮）本官同平章事。"《新·懿宗纪》、《新·宰相年表》则记为咸通八年七月，甲子，"兵部侍郎、诸道盐铁转运使、驸马都尉于琮同中书门下平章事"；《通鉴》卷二五〇同。按《旧·懿宗纪》咸通八年，于三月记若干事，三月末最后一事为"以兵部员外郎于琮本官同平章事"，而三月后则缺四、五、六、七、八月，皆未有记，于琮任相当原即记于七月，因《旧唐书》本纪于晚唐时多有缺失，记于琮任相即误列于三月。

又《旧·懿宗纪》于此年（八年）三月又有两误，今一并考之：即此年三月记杨收罢相，"充浙江西道观察使"，未记日。实则杨收于咸通七年十月甲申罢相，出为宣歙观察使，见前杨收传。又《旧纪》记杨收为浙西观察使后，接云"以浙西观察使杜审权守尚书左仆射"，即意为杨收出任浙西，杜审权即离任。实则《新唐书·杜审权传》载，咸通十年庞勋于徐州兵乱，时任浙西节镇之杜审权与令狐绹、崔铉等联合供应唐军粮食，咸通十年九月，庞勋被破，杜审权则进封检校司空，入为尚书左仆射、襄阳郡公。《旧纪》此处则又将杜审权咸通十年事误移于八年。《旧纪》于咸通八年三月，一月之内即有三误，则研究晚唐史事，于《旧唐书》晚唐本纪，确应审慎检核。

于琮于咸通八年（867）七月入相，十一年（870）四月韦保衡由翰林学士承旨、兵部侍郎、驸马都尉入相（详见后韦保衡传），同在相位,即有利害冲突。《新传》记云:"为韦保衡所构,检校司空、山南东道节度使,三贬韶州刺史。"诸史皆记于琮于咸通十三年(872)二月罢相,出为山南东道节度使,同年五月,又再贬为普王(懿宗子,后为僖宗)傅、分司东都,同时被贬者甚多,亦有其亲属者。《通鉴》卷二五二有详记,即:咸通十三年"二月丁巳,以兵部侍郎、同平章事于琮为山南东道节度使";五月"丙子,贬山南东道节度使于琮为普王傅、分司。韦保衡谮之也"。以下具记被贬者十六人姓名,皆远贬于湖、岭之地。所贬人数之多,是宣、懿两朝所未有的,由此亦可见懿宗朝后期政局之混乱。所贬者,有现任翰林学士张褐,有曾任翰林学士严祁、李贶。

《通鉴》于咸通十三年五月记诸人被贬后,又于同月记:"寻再贬琮韶州刺史。"《新传》记于琮贬韶州后,接云:"保衡败,僖宗以太子少傅召,未几,复为山南节度使。"按懿宗于咸通十四年(873)七月卒,僖宗立,当时有多人告发韦保衡,遂于是年九月,使其罢相,贬贺州刺史;十一月,再贬崖州澄迈令,并令其自尽(详后韦保衡传)。《旧唐书》卷一九下《僖宗纪》咸通十四年九月,记韦保衡贬贺州刺史后,接云"以岳州刺史于琮为太子少傅"。此处记于琮曾为岳州刺史,当又误,因据前记述,于琮于咸通十三年五月贬韶州刺史,此后至咸通十四年九月,韦保衡居于相位,不可能使其量移为岳州刺史,且两《唐书》本传及《通鉴》亦皆未记其曾移于岳州者,《旧纪》此处当以"韶"讹为"岳",又为一误。

《通鉴》卷二五二于乾符元年(874)正月记:"以太子少傅于琮同平章事,充山南东道节度使。"《旧唐书·僖宗纪》记为咸通十四年十一月,亦有异。

《新传》后云:"入拜尚书右仆射。"据两《唐书》本传及《通鉴》卷二五四,黄巢军于广明元年(880)十二月攻入长安,时于琼以病卧家,未及出奔,为所害。

于琼未有著作载记。

侯 备

侯备,两《唐书》无传,亦无一字提及者,其他史书及唐宋笔记等亦未有记,现所见者仅丁《记》及清劳格纂编《唐尚书省郎官石柱题名考》。《唐郎官考》卷四吏部员外郎、卷七司勋郎中,皆记有侯备,唯此二者,丁《记》亦皆有记,即侯备在院期间所具之官衔。

丁《记》为记述侯备事迹之唯一材料,如无丁《记》,则唐翰林学士即无侯备之名。丁《记》记为:"咸通五年六月五日,自吏部员外郎赐绯充。其月八日,加司勋郎中充。九月五日,加知制诰。十二月二十六日,加承旨。六年二月二十三日,迁中书舍人,依前充。五月二十□日,迁户部侍郎,依前知制诰充。九月十七日,加朝散大夫、兵部侍郎、知制诰充。七年三月九日,授河南尹,出院。"

按侯备于咸通五年(864)六月五日以吏部员外郎入,仅过三天,六月八日,即迁司勋郎中,则其任吏部员外郎当在入院前已累有年。又,侯备于咸通五年六月入,同年十二月二十六日,即以司勋郎中、知制诰加任承旨,入院后仅半年;按此前承旨者为路岩,路岩于该年十一月十九日拜相出院(见前路岩传,又书后"学士年表")。此时在院中尚有三人,均早于侯备入院,且资历皆深,又如赵骘为驾部郎中、知制诰,独孤霖为库部郎中、知制诰,与侯备同阶,何以偏选侯备接任,未可知。

据丁《记》,侯备于咸通七年(866)三月九日,授河南尹出院。《唐刺史考全编》卷五〇都畿道河南府,即据丁《记》,系侯备于咸通七年为河南尹,别无其他史料。

侯备此后仕迹不详。

裴 璩

裴璩,两《唐书》无传。《新唐书》卷七一上《宰相世系表》一上,南来吴裴氏,有裴璩,记为:"璩字挺秀,检校司空。"据《新表》,其兄珏,杭州刺史;弟瓒,字公器,刑部尚书、给事中;父克,河南府司录参军。此诸人,两《唐书》亦皆无传。

裴璩早期仕迹不详,所知者即自丁《记》起,丁《记》记为:"咸通五年六月六日,自兵部员外郎入。六年正月九日,加户部郎中、知制诰充。五月九日,三殿召对赐紫。九月十七日,加朝散大夫、中书舍人充。八年正月二十七日,迁水部侍郎、知制诰,依前充。其年九月二十三日,除同州刺史。"

清劳格《唐尚书省郎官石柱题名考》卷一一户部郎中列有其名,即丁《记》于咸通六年(865)正月九日由兵部员外郎所迁,并加知制诰。又丁《记》记咸通八年(867)正月二十七日迁水部侍郎,据《旧唐书》卷四三《职官志》二,工部尚书,其属有四,即工部、屯田、虞部、水部,则此所谓水部侍郎,当即指工部侍郎。

裴璩在院,前后历四年。出院授同州刺史后,于懿宗朝仕迹,亦不详。现可知者,僖宗乾符前期,曾任镇海军节度使。《新唐书》卷九《僖宗纪》,乾符三年(876)七月,记"镇海军节度使裴璩及王郢战,败之"。《旧唐书》卷一九下《僖宗纪》未记。《通鉴》卷二五三则系此事于乾符四年(877)闰二月,谓:"王郢横行浙西,镇海节度使裴璩严兵设备,不与之战,密招其党朱实降之。"后王郢"东至明州,甬桥镇遏使刘巨容以筒箭射杀之,余党皆平"。此前王郢主要作乱于浙东、闽北,乾符三年十一月尚在温州,请温州刺史鲁寔代为上奏求降,而乾符四年复"横行浙西"。由此,则当据《通鉴》,裴璩在镇海(浙西)战胜王郢,又使之退回浙东,当在乾符四年闰二月;《新唐书·僖宗纪》记于乾符三年七月,则当不确。

《通鉴》乾符五年(878)四月又记:"曹师雄寇湖州,镇海节度使裴璩遣兵击破之。"[1]同年六月,"王仙芝余党剽掠浙西,朝廷以荆南节度使高骈先在天平有威名,仙芝党多郓人,乃徙骈为镇海节度使"。即于乾符五年六月,高骈接裴璩浙西(镇海军)任。

据此,裴璩当于乾符五年六月离浙西节镇任,返朝,后为尚书左仆射。广明元年(880)十二月,黄巢军攻占长安,僖宗出奔于川西成都;后中和三年(883)四月唐军收复长安,僖宗于光启元年(885)正月离成都返京。宋《益州名画录》卷上曾记,僖宗将离蜀时,命常重胤于成都中和院记叙随僖宗至蜀之文武臣僚,其中即记有尚书左仆射裴璩。又《新唐书》卷二二五下《黄巢传》,记僖

---

[1]《唐刺史考全编》卷一三七江南东道润州,亦引此,但记为五月,误。

宗返京后，"诏尚书右仆射裴璩修复宫省"。

裴璩后于昭宗时仍在仕。《旧唐书》卷二〇上《昭宗纪》，大顺元年(890)，"三月丁亥朔，朱全忠上表：'关东藩镇，请除用朝廷名德为节度观察使。如藩臣固位不受代，臣请以兵诛之。如王徽、裴璩、孔晦、崔安潜等皆缙绅名族，践历素高，宜用为徐、郓、青、兖等道节度使。'从之"。则裴璩于此时尚有官位，且为朱全忠称为"朝廷名德"。但裴璩此后并未出任徐、郓等道节度使，经检核《唐刺史考全编》，此诸州，于昭宗朝皆未有裴璩之名。《旧纪》所云"从之"，当不确。

裴璩此后不详。

又，《北梦琐言》卷五《裴氏再行》条，记裴璩事，亦有误者，中云："唐裴司徒璩，性靳啬，廉问江西日，凡什器图障，皆新其制，闭屋缄贮，未尝施用，每有宴会，即于朝士家借之。"此云"廉问江西"，"江西"当为"浙西"之讹，因裴璩从未任江西观察使。《北梦琐言》又接云："在番禺时，钟爱一女，选荥阳郑进士以婿之。"则似裴璩于浙西任后又为广州刺史、岭南东道节度使，亦不合实。

裴璩未有著述载记。

郑　言

郑言，两《唐书》无传。《新唐书》卷七五上《宰相世系表》五上，记有郑言，但仅列其名，未记字号、官名。《新唐书》卷五八《艺文志》二，史部杂史类，著录郑言《平剡录》，记其字垂之。

清徐松《登科记考》卷二二系郑言于武宗会昌四年（844）进士及第，且为状元，所据为《唐才子传》之《赵嘏传》。《唐才子传校笺》卷七《赵嘏传》谭优学笺①，有考，可参。又，明徐应秋《玉芝堂谈荟》卷二《历代状元》，亦记会昌四年"进士二十五人，状元郑言"，可为佐证（按《玉芝堂谈荟》此处所记，孟二冬《登科记考补正》未引）。

如此，则郑言于会昌四年进士及第，后即于方镇节度幕府供职。昭宗时裴庭裕所著《东观奏记》，卷中有记："（郑）朗先为浙西观察使，（郑）言实居幕中。"据《唐刺史考全编》卷一三七江南东道润州，郑朗于宣宗大中元年至五年（847—851）为浙西观察使。据此，则郑言当于进士及第后，即于大中前期在浙西幕府。

按郑朗于大中元年任浙西观察使，大中五年转宣武（汴州）节度使，郑言当于郑朗离浙西任后，即入朝，在史馆任职。《旧唐书》卷一八下《宣宗纪》，大中七年（853），"十二月，尚书左仆射、门下侍郎、平章事、太清宫使、弘文馆大学士崔铉进《续会要》四十卷，修撰官杨绍复、崔瑑、薛逢、郑言等，赐物有差"。又《新唐书》卷五九《艺文志》三，子部类书类，著录《续会要》四十卷，亦云"崔铉监修"，撰者有杨绍复等九人，其中亦有郑言。由此，则郑言当于大中五年入朝，即在史馆供职，参预撰修《续会要》。

又郑言另有一部史书类著作，为懿宗咸通初作，名《平剡录》。《新唐书》卷五八《艺文志》二，史部杂史类，著录郑言《平剡录》一卷，云："裴甫事。言，字垂之，浙西观察使王式从事，咸通翰林学

---

① 《唐才子传校笺》卷七《赵嘏传》，第三册，中华书局，1990年。

士、户部侍郎。"按裴甫于大中十三年（859）十二月起兵，攻占浙东。《通鉴》卷二五〇，咸通元年（860）二月，唐廷任王式为浙东观察使；四月，王式至浙东与裴甫战，六月，事平。《通鉴》记六月擒获裴甫并械送京师时，有《考异》，引及《平剡录》、《玉泉子闻见录》两书，皆详记王式率军平裴甫事。由此可知，郑言原在史馆，王式被任为浙东（按前所引述之《新唐书·艺文志》误记为浙西）观察使时，郑言受任为其从事，随赴浙东，事平后即作此《平剡录》。《通鉴·考异》所引，记事甚详，可见北宋尚存，但《郡斋读书志》、《直斋书录解题》未有著录，则南宋前期已不存，甚惜。

王式于咸通元年二月任浙东观察使，三年七月，改为徐州节度使（《通鉴》卷二五〇），郑言当于裴甫事平，撰《平剡录》，后即返朝。再过数年，即以驾部员外郎入为翰林学士。丁《记》记云："咸通六年正月十日，自驾部员外郎入。四月十日，加礼部郎中、知制诰，依前充。其月十九日，中谢赐紫。八年十一月四日，迁工部侍郎、知制诰，并依前充。九年六月十八日，守户部侍郎，出院。"

由此，则入院前任驾部员外郎当已有数年，故入院后仅三月，即迁为礼部郎中，并兼知制诰。郑言入院前，已参预纂修官方史书（《续会要》），又以个人身份撰写当代史事（《平剡录》），这在懿宗朝翰林学士中是较为突出的。但在院前后历四年，无有所记。此后仕历不详。前所述《通鉴·考异》所引之《玉泉子闻见录》，曾谓郑言"虽骤历清显，而卒以丧明不复起"[1]。按《玉泉子》著

---

[1] 按上海古籍出版社编印之《唐五代笔记小说大观》（2000年），有《玉泉子》点校本（阳羡生点校），《通鉴·考异》所引者，未有辑录。

者,无姓名可考,但当作于晚唐时,或稍后于郑言,对郑言有所见闻。此称郑言"卒以丧明不复起",当为郑言出院后,阅书撰文过勤,丧明,即未有仕。

郑言未另有诗文传世。

刘 瞻

刘瞻,两《唐书》有传,见《旧唐书》卷一七七、《新唐书》卷一八一。

《旧传》:"刘瞻字几之,彭城人。"《新传》亦云字几之,并云:"其先出彭城,后徙桂阳。"《通鉴》卷二五一咸通十年(869)六月记刘瞻以翰林学士承旨、户部侍郎入相时,亦云"瞻,桂州人也"。则其郡籍为彭城(今江苏徐州),后其先世徙桂州(今广西桂林)。

《旧传》云:"祖升,父景。"《新唐书》卷七一上《宰相世系表》一上,彭城刘氏,亦记其祖名升,未注官职;父景,字司光,鄜坊从事。可见其家世微薄。关于刘景,两《唐书》未另有记,唐末佚名《玉泉子》则有一条详记,首云"刘瞻之先,寒士也",后谓刘景十余岁时即在郑絪左右,"主笔砚",郑絪为御史时,有一次"西巡荆部商山",刘景随往,并于山水驿亭间题诗,郑絪甚赏之。按郑絪为德宗时翰林学士,后于宪宗时擢迁为相(见前德宗朝郑絪传)。又《北梦琐言》卷三亦称刘景曾为郑絪"掌笺札,因题商山驿侧泉石,荥阳奇之,勉以进修";后郑絪任相时,乃举荐其"擢进士第,历台省"。可见刘景甚有文采,惜两《唐书》未有记叙。

《旧传》谓刘瞻"大中初进士擢第;四年,又登博学宏词科"。清徐松《登科记考》卷二二即据此系刘瞻于宣宗大中元年(847)进士及第。

《旧传》记其登博学宏词后,接云"历佐使府",未具述。《新传》记为:"徐商辟署盐铁府,累迁太常博士。"据《旧唐书》卷一七九《徐彦若传》,徐彦若父徐商,"咸通初加刑部尚书,充诸道盐铁转运使",《新唐书》卷一一三《徐商传》略同。由此,则刘瞻当于咸通初在盐铁府署供职,后迁为与左右补阙、殿中侍御史同阶(从七品上)之太常博士,并即以太常博士入为翰林学士。

丁《记》记刘瞻于咸通年间曾先后两次入院,云:"咸通六年十月八日,自太常博士入。其月二十六日,加工部员外郎,依前充。七年三月九日,授太原少尹,出院。""咸通八年十一月二十二日,自颍州刺史不赴任,再入,召对。二十六日,三殿召对赐紫。九年五月二十六日,拜中书舍人,依前充。九月十二日,迁户部侍郎、知制诰、承旨。十月十七日,以本官同中书门下平章事。"

关于刘瞻此次之入为翰林学士,《旧传》云:"刘瑑作相,以宗人遇之,荐为翰林学士。"《新传》亦云:"刘瑑执政,荐为翰林学士。"即刘瞻之入,乃出于时为宰相刘瑑之举荐。于此,岑氏《注补》据《新唐书·宣宗纪》及《宰相年表》,并引钱大昕《纠谬案语》,谓两《唐书·刘瞻传》所记有误。按据《新唐书·宰相年表》,大中十二年(858)正月戊戌,刘瑑任相,而于同年五月即病卒。《新唐书》卷八《宣宗纪》同。而刘瞻入为翰林学士乃在咸通六年(865),已在刘瑑任相及卒之后七、八年,两《唐书》本传竟有如此显误,真使人诧异。又岑氏《注补》未及者,尚有《通鉴》卷二五一咸通十年六月记刘瞻任相,有《考异》,引《玉泉子闻见录》,谓刘瞻以宦官杨玄翼权重,"可倚以图事",遂予以交结,"每玄翼归第,瞻辄候之,由是日加亲熟,遂许以内廷之拜",即刘瞻之入为翰林学士,乃出于宦者之力。《通鉴·考异》则以为"瞻素有清节,必不至如《玉泉子》所云"。可见稗史小说亦间有揣测,司马光于《通鉴·考异》多有辨析者。

《新传》记刘瞻在院官阶迁转,极简,仅云"拜中书舍人,进承旨",未记两次入院事。《旧传》所记,则又有误,其记第一次在院事,谓:"转员外、郎中,正拜中书舍人、户部侍郎、承旨,出为太原尹、河东节度使。"而据丁《记》,其由太常博士转为工部员外郎,确在第一次在院期间(咸通六年十月二十六日),而转郎中、中书舍人、户部侍郎、承旨,均在第二次,即咸通九年,至于所谓出为太原尹,更误(详后)。

关于刘瞻第一次出院,丁《记》记为:"(咸通)七年三月九日,授太原少尹,出院。"《旧传》却云"出为太原尹、河东节度使"。关于此,岑氏《注补》曾引《通鉴·考异》、钱大昕《纠谬案语》、劳格《读书杂识》,有辨,但文意似不清,今再考述之。按据《旧唐书·懿宗纪》,郑从谠于咸通七年三月以吏部侍郎出为太原尹、河东节度使,正与丁《记》记刘瞻于咸通七年三月九日出院为太原少尹,时合,可见此时郑从谠出任太原尹、河东节度使,刘瞻为太原少尹(副职)。按郑从谠于咸通七年三月出任太原尹,十年十二月召还朝,又见《旧唐书》卷一五八、《新唐书》卷一六五《郑从谠传》。

又《北梦琐言》亦有记,卷三《河中饯刘相瞻》条,有云:"尔后授河中少尹,幕僚有贵族浮薄者蔑视之。一旦有命征入,蒲尹张筵而祖之。"清劳格《读书杂识》卷一亦曾引及,谓"与《壁记》大致略同",以证刘瞻确为少尹,岑氏《注补》即谓"劳说最为得之"。但《北梦琐言》此处所记,为河中少尹,非河东,并言刘瞻返朝时,蒲州之尹特设筵饯送。按蒲州于天宝元年曾改为河东郡,乾元三年又改为河中府,蒲州即河中府治,此后均将蒲州河中府与太原河东府分记,《北梦琐言》此处谓刘瞻出为河中少尹,亦误。

关于刘瞻第二次入院,两《唐书》所记又有误。《旧传》云:"入拜京兆尹,复为户部侍郎、翰林学士。"按据丁《记》,刘瞻于咸通七年三月出任太原少尹后,又于咸通八年十一月,本已转任颍州刺史,但未赴任,又再召为翰林学士。《旧传》此处则谓先召为京兆尹,后再入任翰林学士,实则此时在京兆尹任者正有人,为温璋(据《唐刺史考全编》卷二京畿道京兆府,为咸通七年至十一年)。此为《旧传》一误。其二误,有云"复为户部侍郎、翰林学士",即谓任京兆尹后,又改为户部侍郎,并以户部侍郎入院。实则据丁《记》,刘瞻第二次入院,为咸通八年十一月二十二日,至九年五月二十六日,为中书舍人,又于同年九月十二日,再迁为户部侍郎,并加知制诰,承旨。《旧传》记刘瞻入任翰林学士,竟有好几处显误,极为少见,也是当今重新整理、校订两《唐书》所必须认真关注的。

不过丁《记》记刘瞻第二次入院,亦有缺失。一、记其入院,仅云"自颍州刺史不赴任,再入,召对",未记所具之官衔。按例,应记为"自……入",不能以颍州刺史为官衔,此当为缺记。二、记其出院,云"十月十七日,以本官同中书门下平章事",而此前为咸通九年九月十二日迁户部侍郎、知制诰、承旨,则此"十月十七日"即亦为咸通九年。而据《新唐书·宰相年表》，咸通十年六月癸卯，徐商罢相出为荆南节度使，同日，"翰林学士承旨、户部侍郎刘瞻本官同中书门下平章事"。《新唐书·懿宗纪》《通鉴》卷二五九均同。清劳格《读书杂识》已注意于此，并谓咸通十年六月癸卯，为十七日。如此，则丁《记》之"十月十七日"，"十七日"未误，而"十月"当为"十年六月"，当于传抄时，"十"字下缺"年六"二字，原壁记著录时并不误。

又《旧唐书·懿宗纪》记刘瞻出院、任相之时亦又有误，其于咸通十年正月，记为"以翰林学士、户部侍郎刘瞻守本官同平章事"，同月又记徐商罢相出为荆南节度使。则以六月之事误记于正月，又为显误。

以上是考索两《唐书》纪、传等记事之误，现再另述他事。刘瞻在院期间撰有一文，值得一提，即《全唐文》卷七四七所载之《唐故内庄宅使银青光禄大夫行内侍省内侍员外置同正员上柱国彭城县开国子食邑五百户赐紫金鱼袋赠左监门卫大将军刘公墓志铭并序》。《金石萃编》卷一一七亦著录此文，署为"翰林承旨学士将仕郎守尚书户部侍郎知制诰赐紫金鱼袋刘瞻撰"。志中记此刘公（遵礼）于咸通九年六月十四日卒，十一月八日葬。此时刘瞻确在院，为户部侍郎、承旨，与丁《记》合，由此亦可见丁《记》之史料原始性。又此刘遵礼为宦官，多次为外州监军使，在宫中为内庄宅使。文中云："瞻叨职内廷，特承宗顾，刊刻期于不朽，叙述固以无私。"当亦为应命而作，唐翰林学士在职期间有应皇上之命而为宦官撰作碑志者。不过刘瞻此数句云，虽墓志之主与其同姓，"特承宗顾"，即选其与同姓作志，但记述是着意于"无私"的。

刘瞻于咸通十年六月入相，仅年余，即被贬。《旧传》记云："（咸通）十一年八月，同昌公主薨，懿宗尤嗟惜之。以翰林医官韩宗召、康仲殷等用药无效，收之下狱。两家宗族，枝蔓尽捕三百余人，狴牢皆满。瞻召谏官令上疏，无敢极言，瞻自上疏曰……帝阅疏大怒，即日罢瞻相位，检校刑部尚书、同平章事、江陵尹、充荆南节度等使。再贬康州刺史，量移虢州刺史。"《新传》亦记此，唯加云"路岩、韦保衡从为恶言闻帝"。按同昌公主为懿宗之女，咸通十年正月，懿宗以同昌公主嫁与韦保衡，韦保衡后即以驸马都尉入为翰林学士，并于十一年四月擢迁为相。则同昌公主于是年八月卒，懿宗固因之重罚翰林医官，但刘瞻及其他朝臣之贬，当出于韦保衡之谋。《通鉴》卷二五二有详记，记刘瞻上疏谏议，时京兆尹温璋也"力谏于上前"，温璋也贬为振州司马。《通鉴》同月记又贬右谏议大夫高湘等，"为韦保衡所逐也"。韦保衡又与同在相位的路岩共谋，《通鉴》记："路岩素与刘瞻论议多不叶，瞻既贬康州，岩犹不快，阅《十道图》，以驩州去长安万里，再贬驩州司户。"由此亦可见路岩之为人，路岩为相时，亦多为人所讥者（见前路岩传）。懿宗后期，政局确甚混乱，朝中任职者多因人事纠纷而受累贬责者。

刘瞻此次罢相外出，《剧谈录》卷下有记云："及出镇荆南，朝野无不惋惜，都城士庶以少及长，闻之俱为涕泣。"可见当时长安民间对刘瞻之不幸遭遇深为伤感。

关于刘瞻此次之贬地，两《唐书》本传所记互异。《旧传》记罢相出任江陵尹、荆南节度使后，"再贬康州刺史，量移虢州刺史"。《新传》记先出为荆南节度使，后路岩、韦保衡再"为恶言闻帝"，即"俄斥廉州刺史"，而路岩又按图视察地理，以驩州更远，即再贬为驩州司户参军；至僖宗即位，才量移，徙为康、虢二州刺史。即康、虢二州之任，非懿宗朝所贬，乃僖宗之后量移，而刘瞻实际所贬，则为驩州司户参军，此为《旧传》未记。似以《新传》所记为切。

《旧传》记刘瞻"量移虢州刺史"后，即云"入朝为太子宾客、分司"，后未记。《新传》："僖宗立，徙康、虢二州刺史，以刑部尚书召，复以中书侍郎平章事，居位三月卒。"则召还后又迁为相。《通鉴》卷二五二有具记，僖宗乾符元年（874）二月，"以虢州刺史刘瞻为刑部尚书。瞻之贬也，人无贤愚，莫不痛惜。及其还也，长安两市人率钱雇百戏迎之。瞻闻之，改期，由他道而入"。后于五月，时居相位的裴坦卒，即"以刘瞻为中书侍郎、同平章事"。

《新唐书·宰相年表》亦记，乾符元年五月乙未，裴坦卒，刘瞻以刑部尚书为相，但同年八月辛未，刘瞻又卒。《新唐书·僖宗纪》同。《通鉴》对刘瞻此次之卒，有一新说，记为："初，瞻南迁，刘邺附于韦、路，共短之，及瞻还为相，邺内惧。秋八月丁巳朔，邺延瞻置酒于盐铁院（元胡三省注：刘邺以盐铁转运使为相，故延刘瞻宴于盐铁院）。瞻归而遇疾，辛未薨，时人皆以为邺鸩之也。"则刘瞻之卒，乃刘邺为之毒害，实无据。刘邺为人亦正直，咸通十一年刘瞻被贬，刘邺并未参与（参见前刘邺传）。

刘瞻所作，仅见于《全唐文》卷七四七所载文两篇（前已述），其他皆无。

李 郢

李郢,两《唐书》无传。清劳格《唐尚书省郎官石柱题名考》卷二二祠部员外郎李郢,所辑资料,有《新唐书·宰相世系表》所记吏部员外郎李华子郢,又有崔嘏《授李郢祠部员外郎等制》、丁《记》,及李郢所作《题惠山寺诗序》,即以《新表》之李郢与丁《记》之咸通时翰林学士李郢为同一人。岑氏《注补》有考,谓时代不合,非同一人,是。按《新唐书》卷七二上《宰相世系表》二上,赵郡李氏东祖房,记李郢之父李华(字遐叔),弟肇(大理评事)。《旧唐书》卷一九〇下、《新唐书》卷二〇三皆有《李华传》,字遐叔,即与《新表》之李华为同一人。据两《唐书》本传,李华为玄宗、肃宗时古文名家,《新传》称其"大历初卒"。按大历元年为公元 766 年,而据丁《记》,李郢于咸通七年入为翰林学士,咸通七年为 866 年,即距李华卒已百周岁。又《新表》记李郢为李肇兄,李肇为宪宗时翰林学士(见前宪宗朝李肇传),而此李郢则为晚唐懿宗时翰林学士。由此可以确定,咸通时翰林学士李郢,与《新表》所记李华子、李肇兄之李郢,非同一人。劳格《唐郎官考》仅汇辑材料,但未有辨[1]。

今按周绍良纂编《唐代墓志汇编》乾符〇二〇(页 2487)[2],有

---

[1] 赵超《新唐书宰相世系表集校》(中华书局,1998 年),于此未有校考。
[2] 周绍良编纂《唐代墓志汇编》,上海古籍出版社,1992 年。

崔晔所撰《亡室姑臧李氏墓志铭并序》,记其亡室(亡妻)李氏卒于乾符三年(876)七月九日,中云:"显考骘,自中书舍人、翰林学士出拜江西观察使,薨于位,赠工部尚书。"则此李氏确与李骘同时,其父李骘即咸通年间之翰林学士。此出土墓志为研究李骘提供极有价值之资料,既可辨正《新表》之李骘,又可纠正丁《记》所记李骘后出院为浙西观察使之讹(详后)。

《李氏志》称其先世为陇西成纪人。《元和郡县图志》卷三九陇右道秦州,有成纪县(今甘肃静宁县)。由此亦可证与《新纪》所记赵郡李氏之李华,非同一宗族。《李氏志》又记李骘祖名侨,官终相州成安令;父名应,官终岳州巴陵令,更可确证与《新表》所记李华子李骘非同一人。

李骘于懿宗咸通七年(866)三月入为翰林学士,今辑有关史料,考察其前期事迹。

《全唐文》卷七二四李骘《题惠山寺诗序》,有云:"大和五年四月,予自江东将西归涔阳,路出锡邑,因肄业于惠山寺。居三岁,其所讽念《左氏春秋》、《诗》、《易》及司马迁、班固《史》,屈原《离骚》,庄周、韩非书记,及著歌诗数百篇,其诗凡言山中事者,悉记之于屋壁,文则不载。"涔阳,在今湖北公安县南,锡邑当为当时之无锡县(即今江苏无锡)。由此可知,文宗大和五年(831)四月,李骘自江东西归涔阳。按据前《李氏志》,其父官终岳州巴陵令,巴陵在今湖南岳阳,与湖北公安相近,可能其家后即移居涔阳,故李骘称"归涔阳"。由此文则可知,李骘于大和五年四月由江东西归涔阳,途经无锡,又居于惠山寺,读书作文,历三年,除广读经史诸子等书,还着意于撰作诗文,其诗竟有三百篇,凡述及山中诸事者,即书之于屋壁。《全唐诗》卷六〇七即载有李騭《慧(惠)山寺肄业送怀坦上人》《读惠山若冰师集因题故院三首》《自惠山至吴下寄酬南徐从事》,甚有诗意,亦可见其早年之文采。此亦提供唐人有关文学与交通颇有参研价值的材料(可参李德辉《唐代交通与文学》)①。由此可知,文宗大和时,李騭尚年轻,肄业读书,未入仕。

《全唐文》卷七二四又载李騭《为江陵镇李石贺崔铉笺》。据《旧唐书·文宗纪》,李石于文宗开成三年(838)正月为荆南节度使;又《旧唐书·武宗纪》,会昌三年(843)十月,李石由荆南改为太原尹、河东节度使。则此一时期李騭在李石荆南(江陵)节度幕府。关于贺崔铉笺,宋王谠《唐语林》卷四有记,云:"崔魏公铉与江西李侍郎騭同在李相石襄阳幕中。铉自下追入,不二年拜丞相,騭时在幕,为李相草贺书曰:'宾筵初启,曾陪樽俎之欢;将幕未移,已在陶钧之下。'""宾筵初启"四句,即见于《全唐文》所载之贺笺中②。《新唐书》卷一六〇《崔铉传》亦记崔铉进士及第后,"从李石荆南为宾佐"。又《新唐书·宰相年表》,记会昌三年五月,崔铉由翰林承旨入相;又李石于会昌三年十月由荆南改河东,

①李德辉《唐代交通与文学》,上海古籍出版社,2001年。
②周勋初《唐语林校证》(中华书局,1987年),谓此条不知原出何书。按《唐摭言》卷一五《杂记》,有云:"李石相公镇荆,崔魏公在宾席;未几公擢拜翰林,明年登相位,时石犹在镇,故贺书云:'宾筵初启,曾陪樽俎之欢;将幕未移,已在陶钧之下。'此李騭之词也,时为节度巡官。"《唐语林》或即以此为参据。又,《唐语林》有谓崔铉、李騭"同在李相石襄阳幕中",误。襄阳为山南东道节度治所,非在荆南,荆南治所在江陵。

则李騭此启当即作于会昌三年五、六月间。

由此，李石于会昌三年十月改任，李騭当亦于此时离荆南幕府，入朝。《全唐文》卷七二六载有崔嘏《授李騭祠部员外郎等制》。按崔嘏于会昌后期至大中初任考功郎中、知制诰及中书舍人①，此制当作于会昌后期。制中云"自藩方而升粉署"，即称李騭乃由节镇幕府而入尚书郎署供职。李騭当由荆南节镇返朝，于会昌后期仕为祠部员外郎。《唐尚书省郎官石柱题名考》卷二二祠部员外郎即有李騭，在封敖等后，杜宣猷、张彦远前（张彦远于大中初为祠外，见《旧唐书·张彦远传》），亦可参证其任祠部员外郎在会昌后期。

《全唐文》卷七二四又载李騭《徐襄州碑》。徐襄州为徐商，徐商为武宗朝翰林学士，宣宗大中十年（856）为襄州刺史、山南东道节度使，十四年（亦咸通元年，860），入为御史大夫、刑部尚书，充诸道盐铁转运使（见前武宗朝徐商传）。《徐襄州碑》记徐商于大中十四年自襄州返朝，咸通五年（864）为御史大夫时，襄州军民向朝廷上言，请记述徐商在襄之政绩，刻于碑石，《碑》云："于是天子嘉公之勤，诏可其奏。明年二月，襄之父老请词于公之旧军副使、太常少卿、弘文馆学士李騭。"李騭即为作此《徐襄州碑》。由此可见，李騭于宣宗大中后期又在徐商幕，为节度副使，咸通初返朝，咸通五、六年间已为太常少卿、弘文馆学士。徐商在山南东道节度使任时，召聘不少文士，互相唱和，形成当时颇有特色的地方作

----

① 关于崔嘏任考功郎中、知制诰及中书舍人年期，可参傅璇琮《李德裕年谱》，河北教育出版社，2001 年修订新版。

家文学群体(见前徐商传)。《徐襄州碑》详记徐商在襄州的政绩，又详记山南东道水利、驿站之设施，对唐代交通研究颇有参考价值。

李骘作此碑文后，第二年，即入为翰林学士。丁《记》记云："咸通七年三月二十四日，自太常少卿、弘文馆直学士入。二十七日，加知制诰。七月，迁中书舍人。十月二十五日，三殿召对赐绯。九年五月十六日，除浙西观察使。"丁《记》记其入院时，称"弘文馆直学士"，而前所引述之《徐襄州碑》，李骘自述，为"太常少卿、弘文馆学士"。岑氏《注补》即谓："常少，正四品上，依《(唐)会要》六四，长庆三年七月，弘文馆奏请准集贤、史馆元和中定例，其登朝五品以上充学士，六品以下充直学士，是骘之结衔，应如碑称学士，本记'直学士'之'直'衍。"岑说是。

丁《记》另一处须改正者，为记出院"除浙西观察使"。实则杜审权于咸通四年至十年皆在浙西观察使任(参见《唐刺史考全编》卷一三七江南东道润州)。前所引述之李骘《题惠山寺诗序》，文后自署："咸通十年二月一日，江南西道都团练观察处置等使、中散大夫、检校左散骑常侍使持节都督洪州诸军事兼洪州刺史、御史中丞、上柱国、赐紫金鱼袋李骘题记。"又《全唐文》卷八一七黄璞《王郎中传》云："李公骘时擅重名，自内翰林出为江西观察使，辟为团练判官。"可见丁《记》之"浙西"，应为"江西"，可能原壁录所记未有误，后传抄时笔误。

又前所引述之《李氏志》，称："显考骘，自中书舍人、翰林学士出拜江西观察使，薨于位，赠工部尚书。"则李骘于咸通九年五月出为江西观察使(治洪州)，后即卒于任。

李骘在江西任时，值得一提的，是晚唐诗人许棠有诗进献：

《陈情献江西李常侍五首》(《全唐诗》卷六〇三)。诗题称"李常侍",即李骘《题惠山寺诗序》中自署之"检校左散骑常侍"。左散骑常侍虽为文散官,但为正三品,官阶高于州刺史,故许棠特称其为"常侍"。按许棠丁咸通时已以诗著称,为"咸通十哲"之一(见《唐摭言》卷十《海叙不遇》条),与当时诗人多有交往,但久困科场,于咸通十二年进士及第(《登科记考》卷二三),年已五十(《唐才子传》卷九)。其《陈情献江西李常侍五首》之四,有云:"春闱久已滞,秋赋又逢停。选士疑长阻,伤时自不宁。"按《旧唐书》卷一九上《懿宗纪》,咸通十年十二月,"诏以兵戈才罢,且务抚宁,其礼部贡举,宜权停一年"。即此时下诏,明年(咸通十一年)停试。故许棠谓,年初春试久已困落,此次因第二年停试,则秋季报到、行卷等亦停,甚感"伤时自不宁"。许棠此诗当即作于咸通十一年春(诗中有"始见红叶落,又闻黄鸟啼"之句),望明年举试,能有名人推荐,故特献诗五首。由此可见李骘当时也为文士仰望,并可佐证他于咸通十一年春尚在江西任。当不久即卒。

李骘诗文,载于《全唐诗》卷六〇七,《全唐文》卷七二四者,已见前述。《新唐书·艺文志》未有著录。

卢　深

卢深,两《唐书》无传,书中无一字提及。清劳格《唐尚书省郎官石柱题名考》卷一一户部郎中,列有卢深,其所辑引材料,亦即丁《记》,卢深在院期间,即曾具户部郎中衔。

卢深事迹记载,除丁《记》外,可知者为明徐应秋《玉芝堂谈荟》卷二《历代状元》所记:"宣宗大中元年进士二十二人,状元卢深。"而清徐松《登科记考》卷二二却系于大中二年。孟二冬《登科记考补正》卷二二,即据《玉芝堂谈荟》及陈尚君《登科记考补》,系于大中元年(847)。同年登第者刘瞻,亦较卢深早一年(咸通六年)入为翰林学士者。

丁《记》记卢深入院事,为:"咸通七年三月三十日,自起居郎入。七月一日,加兵部员外郎充。十月二十五日,三殿召对赐绯。八年正月二十四日,加知制诰。其年八月八日,召对赐紫。十月十一日,加户部郎中、知制诰,依前充。九年十月二十六日,拜中书舍人,依前充。十年十一月十一日,迁户部侍郎,依前知制诰。其年十二月卒官,赠户部尚书。"

在院前后历有四年,无有他记,限于史料,也未能对丁《记》所记有所参辨。如无丁《记》,唐翰林学士也未有卢深之名。

崔　珮

崔珮,两《唐书》无专传,仅附见于《旧唐书》卷一五五、《新唐书》卷一六三《崔邠传》。《旧传》记崔邠有弟郾、郿、郸等六人,并记郾"子瑶、璪、瑾、珮、璆",又云"璪、珮、璆官至郎署给谏",仅此一句,即崔珮为崔郾子。按崔郾为敬宗朝翰林侍讲学士,见前传。《新传》亦记崔珮为郾子。

另《新唐书》卷七二下《宰相世系表》二下,所记稍有异。《新表》记崔珮,云:"字声谏。"两《唐书》传则未记其字号者。又《新表》记崔郾之子为瑀、瑶、瑾、璆,郿之子为琢、瑄、琛、珮、琪,则崔珮为崔郿子,非崔郾子,与两《唐书》传异。因无其他佐证,故未能定。

清劳格《唐尚书省郎官石柱题名考》卷九考功郎中列有崔珮,考功郎中亦为崔珮在院时所带之官衔。

崔珮事迹,主要即为丁《记》所记,为:"咸通八年十月二十三日,自监察御史入。二十五日,守本官充。九年正月二十一日,赐绯。七月二十一日,加工部员外郎,依前充。十二月七日,赐紫。十年三月十三日,改考功郎中,出院。"

按丁《记》记其自监察御史入,而仅二日(二十五日),又谓"守本官充",文意不明。岑氏《注补》有释,云:"岂珮本检校监察,既入内署,乃改真除,故曰'守本官充'欤?"岑氏仅为揣测,可备参。但也可有另一解释,即崔珮先已任监察御史,咸通八年(867)十月二十三日,先召其入,可能按制例,先进行考试;后经测试通过,历二天,于此月二十五日,即正式任为翰林学士,唯仍具监察御史官衔,故云"守本官充"。"充",有正式任命之意。这样解释,似较合情理。

崔珮在院,前后经历三年,无有所记。出院后仕迹亦不详,甚惜。

郑 畋

郑畋,两《唐书》有传,见《旧唐书》卷一七八、《新唐书》卷一八五。

两《唐书》记其事颇详,文亦甚繁,但多叙其于僖宗朝任相时政迹,唯其间有误,前人已有指正者。当代研究者于郑畋事迹亦有考,如《唐研究》第三卷(北京大学出版社,1997年12月出版,荣新江主编),刊有陈明光《郑畋宦绩考论》,主要考辨郑畋后期即僖宗朝之仕迹,对其任翰林学士及有关活动,则未有论及。为避免重复,并依据本书体例,本传主要为记述、考论其任翰林学士之先后及业绩。

《旧传》:"郑畋字台文,荥阳人也。"《新唐书》卷七五上《宰相世系表》五上,亦称荥阳郑氏。荥阳,即今河南荥阳。其父郑亚,曾在李德裕浙西幕府,李德裕于武宗会昌时为相,郑亚也在朝,累迁为谏议大夫、给事中;宣宗立,李德裕贬责,郑亚也受累外出,终贬循州刺史,卒于任(郑亚事,及与李德裕关系,可参傅璇琮《李德裕年谱》)。郑畋早期也受此影响,长期不得顺仕。

《旧传》载其在翰林学士任期以户部郎中加知制诰时,曾上奏自陈,有云:"臣会昌二年进士及第。"清徐松《登科记考》卷二二即据此系郑畋于武宗会昌二年(842)进士及第;《旧传》又载其授官自陈(即《全唐文》卷七六七郑畋《擢官自陈表》),有云"臣年十八登进士及第"。据此推测,则当生于敬宗宝历元年(825)。晚唐时能以未冠及第,确极少见,亦可见其早有文采。

据两《唐书》本传,郑畋进士及第后,释褐后供职于汴宋幕府,为节度推官,检校秘书省校书郎。会昌六年(846),年二十二岁时,书判拔萃登科,授渭南县尉。《新传》云:"以书判拔萃擢渭南尉,父丧免。"按郑亚于大中二年二月贬循州刺史,旋卒,故郑畋守丧,免渭南尉任。此后,即长期不得仕。《旧传》有云:"大中朝,白敏中、令狐绹相继秉政十余年,素与德裕相恶,凡德裕亲旧多废斥之,畋久不偕于士伍。"后懿宗即位,郑畋仕迹则有所变化。《旧传》接云:"咸通中,令狐绹出镇,刘瞻镇北门,辟为从事。入朝为虞部员外郎。右丞郑薰,令狐之党也,摭畋旧事覆奏,不放入省,畋复出为从事。五年,入为刑部员外郎,转万年令。"按懿宗于大中十三年(859)八月立,同年十二月,即出令狐绹为河中节度使,《旧传》此处称令狐绹于"咸通中"出镇,不确。不过此为小异,其显误者为所谓"刘瞻镇北门,辟为从事"。按刘瞻于咸通六年(865)入为翰林学士,七年(866)三月出为太原少尹(见前刘瞻传),而《旧传》却叙郑畋于咸通五年为刑部员外郎前曾应刘瞻之辟,为河东府(太原)从事,于时不合。今检《旧唐书·懿宗纪》,《旧传》此处所记之"刘瞻",当为"刘潼"之误。

　　《旧唐书·懿宗纪》咸通四年(863)正月记,刘潼由昭义节度使转为太原尹、河东节度使。刘潼,《新唐书》卷一四九附见于《刘晏传》,亦记有"拜昭义节度使,徙河东"。据《新·刘晏传》,刘潼为刘遐孙,遐为刘晏兄;刘晏有子宗经,宗经子濛,会昌初任给事中,"以材为宰相李德裕所知",而"宣宗立,德裕得罪,濛贬朗州刺史"。据此,则刘潼与刘濛为同祖兄弟,刘濛既原为李德裕所知,后又受累出贬,郑畋之父郑亚也受累贬官,郑畋本人也长期为人所抑,则刘潼出镇河东,即辟郑畋入其幕府。则《旧传》所云"刘瞻镇北门",此"刘瞻"当为"刘潼"之误。刘潼既于咸通四年正月为太原尹、河东节度使,郑畋在其幕府供职,后入朝,咸通五年为刑部员外郎,亦与时合。且刘瞻之在河东,为太原少尹,为副职(参见前刘瞻传），亦未能称"镇北门"，刘潼则可云"镇北门"。又关于此事，前所提及的《郑畋宦绩考论》未有论及。

据《旧传》，郑畋于咸通五年（864）入为刑部员外郎，转万年县令，后即以万年令入为翰林学士。但《旧传》谓郑畋此次入院，又因刘瞻之荐，则又为一显误。

《旧传》云："九年，刘瞻作相，荐为翰林学士。"按据丁《记》，郑畋确于咸通九年（868）五月入，而此时刘瞻亦为翰林学士，在院，至十年（869）六月才由翰林学士擢迁为相①。即刘瞻入相前一年，郑畋已入为翰林学士。《旧传》此处，既误记刘瞻作相之时间，又误以刘瞻为相才举荐其入院。

丁《记》记云："咸通九年五月二十日，自万年令入。二十四日，改户部郎中充。八月十一日，守本官、知制诰，依前充。"可以注意的是，郑畋刚入院，还未加知制诰，即已撰制文。《文苑英华》卷四五七"翰林制诏"，载有郑畋二文：《授武臣邠宁节度使制》、《授李师望定边军节度使制》（又载于《全唐文》卷七六七）。按《通鉴》卷二五一咸通九年六月，记凤翔少尹李师望曾上言议边事，"朝廷以为信然"，即授李师望为定边军节度使（又见《新唐书》卷二二二中《南蛮中·南诏传》下）。郑畋《授李师望定边军节度使制》，即先称其为凤翔少尹，与《通鉴》所记合。由此，则此制为咸通九年六月作，郑畋入院刚一月，尚未加知制诰。可见晚

_____

① 《郑畋宦绩考论》据《旧唐书·懿宗纪》，定于咸通十年正月刘瞻入相，误；本书前刘瞻传已有考，据《新唐书·懿宗纪》、《新唐书·宰相年表》及《通鉴》，应为咸通十年六月。

唐时翰林学士入院后虽未加知制诰,仍可草撰制诰,此类情况值得探索。又,郑畋生于敬宗宝历元年(842),则咸通九年(868)入院,仅二十七岁,恐亦为有唐一代入院翰林学士年龄最轻者。

丁《记》记其于咸通九年八月以兵部郎中知制诰后,接云:"十年六月四日,迁中书舍人,依前充。其年十一月十一日,迁户部侍郎。十一年四月二十六日,加承旨。"按,咸通九年起,徐州及江淮一带即发生庞勋兵乱,对当时政治、经济影响极大,这也使翰林学士撰制职责加重。《旧传》记云:"俄迁中书舍人。十年,王师讨徐方,禁庭书诏旁午,畋洒翰泉涌,动无滞思,言皆破的,同僚阁笔推之。寻迁户部侍郎。庞勋平,以本官充承旨。"《新传》亦记云:"会讨徐州贼庞勋,书诏纷委,畋思不淹晷,成文粲然,无不切机要,当时推之。"按咸通十年(869),在院之学士,前后有十人(参书后"学士年表"),人数之多,在晚唐时也较为突出,而郑畋在此期间,则以撰写制文"洒翰泉涌","成文粲然",为"当时推之",堪可注意。咸通十年,郑畋亦仅二十八岁,未至三十,当亦与年富力强有关。如前所引述之《授李师望定边军节度使制》,近五百字,其篇幅于晚唐时也极少见(一般类似之授节镇制文,仅二、三百字)。不过郑畋于此期间所撰制文虽繁多,但后所传存者仅数篇(见《全唐文》卷七六七)。唯《新唐书》卷六〇《艺文志》四,集部别集类,著录郑畋所作,有:《玉堂集》五卷,《凤池稿草》三十卷,《续凤池稿草》三十卷。就书名而言,当为在院时所草制诰后编成集的,其《稿草》前后共六十卷,也是晚唐时极少见的。

又,郑畋另有十二篇诗,抒写在院值班时情景,也是懿宗朝翰林学士所未有的。现录其诗题(《全唐诗》卷五五七),供参研:

《中秋月值禁苑》,《五月一日紫宸候对时属禁直穿内而行因书六韵》(有云:"朱夏五更后,步廊三里余。有人从翰苑,穿入内中书。"),《初秋寓直三首》,《夜景又作》,《杪秋夜直》,《禁直寄崔员外》,《闻号》,《禁直和人饮酒》,《下直早出》,《金銮坡上南望》(有云:"极眼向南无限地,绿烟深处认中书。")。这对了解、研究当时翰林学士处境、心情,很有参考价值。

郑畋还与在院同僚有文字交往,如《酬隐珪舍人寄红烛》:"蜜炬殷红画不如,且将归去照吾庐。今来并得三般事,灵运诗篇逸少书。"此隐珪为韦蟾,《唐诗纪事》卷五八韦蟾条,称其字隐珪。韦蟾于咸通十年六月入院,同年十一月十一日,由户部郎中、知制诰迁中书舍人,十二年正月二十六日,迁工部侍郎、知制诰(见丁《记》)。郑畋诗题称其舍人,当作于咸通十年、十一年间(知制诰亦可称舍人)。诗中所云"三般事",即韦蟾赠以红烛并诗,及郑畋所作答诗。这也是当时翰林学士交友之情谊,在懿宗朝也非常见。惜韦蟾原诗未见(韦蟾有诗载《全唐诗》卷五六六)。

丁《记》记郑畋出院,为:"(十一年)九月二十七日,授梧州刺史。"此事,两《唐书》本传有记,《旧传》:"其年八月,刘瞻以谏因医工宗族罢相,出为荆南节度使,畋草制过为美词,懿宗省之甚怒。"遂贬为梧州刺史。《新传》亦记为"畋草制书多褒言",但云"韦保衡等怨之,以为附下罔上,贬梧州刺史"。关于刘瞻被贬事,详见前刘瞻传。据《通鉴》(卷二五二)及两《唐书·刘瞻传》,咸通十一年(870)八月,同昌公主卒,懿宗乃将翰林医官韩宗召等二十余人杀死,并收捕其亲族三百余人,时为宰相的刘瞻直言上奏,认为此乃"肆暴不明",使"物议沸腾,道路嗟叹"。这就使懿宗更为大怒,并由韦保衡谋划,使刘瞻出贬为荆南节度使。当时郑畋作为翰林学士承旨,乃受命草撰刘瞻罢相之制,其制中却有"安数亩之居,仍非己有;却四方之赂,惟畏人知",确为褒辞,表达独立之见,以示翰林学士之职责,但却因此被诬为"乃表荐刘相",立即使其出院,外贬。郑畋虽因此受贬,但此次所撰之制,却广为人所知,"是时都下传写,为之纸贵"(《剧谈录》卷下)。

郑畋于咸通十一年(870)九月被贬于梧州,历经数年,僖宗即位后,韦保衡等被贬,郑畋召还,并于乾符元年(874)十月任命为相。此后又值战乱,两《唐书》本传及《通鉴》等记其事甚繁,间有误,《郑畋宦绩考论》于此有所辨析,这里就不再复述。又,郑畋卒年,《旧传》记为僖宗中和二年(882)冬,年五十九,《新传》、《通鉴》记于中和三年(883),谓年六十三,当以《新传》、《通鉴》所记为是。另《中国史研究》2005 年第 1 期刊有《郑畋卒年考》一文(旷天全著),据四川省通江县文物管理所保存有郑畋所撰《壁州新建山寺记》,谓据文中所记,中和四年七月,郑畋尚在世。此备考。

郑畋之著,前所引《新唐书·艺文志》已著录。其诗文,载于《全唐诗》卷五五七,《全唐文》卷七六七,前亦已述及,其余大部分则为出院后任相及外任节镇时所作。

张 祎

张祎,《旧唐书》卷一七八有传,《新唐书》无传。《旧传》:"张褐,字公表,河间人。"《新唐书》卷七二下《宰相世系表》二下,河间张氏,亦记有张褐。河间,当为其郡籍。

《旧传》记其父君卿,"元和中举进士,词学知名,累历郡守"。《新唐书·宰相世系表》记其祖绸,兰溪令;父君卿,正字。此正字或为太子正字,从九品上。可见其家世官秩不高。

又张褐卒年,所记有异(详后),据《通鉴》卷二五三,当卒于僖宗乾符六年(879),又据《旧传》,卒年六十四,则当生于宪宗元和十一年(816)。

《旧传》载其"会昌四年进士擢第",清徐松《登科记考》卷二二即据此系于武宗会昌四年(844)。时当为二十九岁。

《旧传》记张褐及第、释褐后仕于寿州,为防御判官,当类似于在节镇幕府供职。寿州,唐时属淮南道,辖境相当于今安徽淮南、寿县等地。《旧传》并记张褐在寿州时,于琮尚为布衣,"客游寿春,郡守待之不厚",而张褐则"异礼遇之",尽以自己俸薪所得绢五十匹赠之。按于琮于宣宗大中十二年(858)才登进士第,即在张褐寿州任后十余年,故当时确尚为布衣。张褐如此厚礼待之,故《旧传》记于琮后任宰相时,即举荐张褐入朝,先为司勋员外郎,后即召为翰林学士。但《旧传》所记年时,却有显误。

《旧传》谓张褐后曾在太原河东节镇幕府任职(掌书记),接云:"大中朝,琮为翰林学士,俄登宰辅,判度支。琮召褐为司勋员外郎、判度支,寻用为翰林学士。"按据前所述,于琮于大中十二年才登进士第,而宣宗于大中十三年八月即卒,于琮怎能于进士及第后一年间,即于宣宗朝任为宰相?据丁《记》,于琮乃于懿宗咸通四年(863)六月才入为翰林学士,又据《新唐书·宰相年表》,于琼于咸通八年（867）七月任相。《旧唐书·张褐传》竟叙于琼入院、任相，有如此显误，其所记之"大中朝"，当为"咸通朝"之误，而当前点校本则未涉及。

丁《记》记张褐，"咸通九年六月十三日，自刑部员外郎入"。时于琼确在相位，当由于琼推荐，此亦为翰林学士受宰相举荐之一例。

按《旧传》称"（于）琼召褐为司勋员外郎、判度支，寻用为翰林学士"，而丁《记》则记为自刑部员外郎入。清劳格《唐尚书省郎官石柱题名考》对此有所考，卷八司勋员外郎原未载有张褐，而于卷末"附存"列有张褐，引丁《记》，即谓"不云勋外，疑《传》误"。岑氏《注补》云"劳氏所疑近是"，则《旧传》所谓于琼召为司勋员外郎，当不确，应为刑部员外郎。

丁《记》记张褐于咸通九年六月十三日自刑部员外郎（从六品上）入，仅两日，同月十五日，即迁祠部郎中（从五品上），则张褐任刑部员外郎至少已有一、二年，当为于琼于咸通八年七月任相后即召张褐入朝任此职。

丁《记》接云："（咸通九年）九月十七日，知制诰，依前充。十月十六日，召对赐紫。十年七月十日，迁中书舍人，依前充。其年十一月，迁工部侍郎，依前充。十一月二日，加承旨。十二年正月二十六日，迁户部侍郎、知制诰，依前充。十一月十八日，迁兵部侍郎、知制诰，依前充。十三年五月十二日，贬封州司马。"

此处记咸通十年十一月迁工部侍郎，应加"知制诰"，因前已为中书舍人（正五品上），现既迁为正四品下之工部侍郎，当兼知制诰，此为唐翰林学士在职期间之惯例，如后记户部侍郎、兵部侍郎,均加有"知制诰"三字。又丁《记》记咸通十年十一月迁工部侍郎,后接云:"十一月二日,加承旨。"则其为承旨亦为咸通十年,后又记咸通十二年正月二十六日迁工部侍郎,其间未有记十一年事。而韦保衡于咸通十年三月十三日入院,即加承旨,直至十一年四月二十五日拜相出院(见后韦保衡传),则张祎如于咸通十年十一月二日加承旨,则与韦保衡所任有冲突。岑氏《补文宗至哀帝七朝翰林承旨学士记》亦有说,乃谓应将"十一月二日"改为"十一年十二月",虽为推测,但可信,因韦保衡于咸通十一年四月出院拜相后,刘邺于十一年十一月二十二日为承旨,但旋于同年十二月二十三日出院(参据丁《记》),张祎当接刘邺任,于十一年十二月二十三日后加为承旨。

张祎在院,前后历时五年,并不短,但未有撰制、议政等记载。可以提及的,为有士人向其献诗以求举荐者,如张蠙有《投翰林张侍郎》(《全唐诗》卷七○二):"举家贫拾海边樵,来认仙宗在碧霄。丹穴虽无凡羽翼,灵椿还向细枝条。九衢马识他门少,十载身辞故国遥。愿与吾君作霖雨,且应平地活枯苗。"按诗题称"翰林张侍郎",当为咸通十年(869)十一月张祎迁工部侍郎后。张蠙于昭宗乾宁二年(895)才登进士第,距咸通十年有二十余年,可见多年不第。据《唐摭言》卷十《海叙不遇》条,张蠙亦为"咸通十哲"之一,即虽有文才,但多为家贫累试不第者。张蠙于咸通十一年京兆府试,曾名列第七,但翌年仍未及第,故张蠙屡有诗抒怀:"十载长安迹未安,杏花还是看人看"(《下第述怀》)、"十五年看帝里春,一枝头白未酬身"(《投所知》,均《全唐诗》卷七○二)。由此,则张蠙《投翰林张侍郎》诗,咸通十一、二年间,自称"举家贫拾海边樵"（张为池州人，即今安徽贵池县），但为应举，故特"来认仙宗在碧霄"。其末二句，喻身在天上的翰林，能"作霖雨"以活"枯苗"①。按《全唐诗》于此诗后又载其《投翰林萧侍郎》，为投献萧遘，萧遘于僖宗乾符初为翰林学士（见后传），当亦为张祎于应试前向时为翰林学士萧遘求荐者。

关于张祎出院，丁《记》记为："十三年五月十二日，贬封州司马。"此事，《旧唐书·懿宗纪》亦有记，咸通十三年（872）五月辛巳，云"翰林学士承旨、兵部侍郎、知制诰张祎贬封州司马"，与丁《记》合。《旧传》则述及出贬之原因："咸通末，（于）琮为韦保衡所构谴逐，祎坐贬封州司马。"《通鉴》卷二五二更有详记，咸通十三年二月，于琮即已罢相，出为山南东道节度使，同年五月，又因韦保衡之谮，再贬为普王傅、分司（详见前于琮传），同时韦保衡又谋议贬朝臣十四人，"坐与琮厚善故也"，其中即有张祎。这是懿宗朝人事纷争最突出事件，也是翰林学士出于宰相之谋而被贬之一例。

《旧传》接云："（韦）保衡诛，（于）琮得雪，祎量移入朝，为太子宾客，迁吏部侍郎、京兆尹。"《旧唐书》卷一九下《僖宗纪》，于

---

①按陶敏《全唐诗人名考证》（页915）引及郑谷《寄司勋张员外学士》诗，即据《旧传》所云张祎因于琮之荐，为司勋员外郎，寻为翰林学士，故疑此张员外为张祎。按据前考，张祎未曾任司勋员外郎，且据丁《记》，张祎乃以刑部员外郎入，在职期间也未有任司勋员外郎。赵昌平等《郑谷诗集笺注》（上海古籍出版社，1991年）卷一为此诗所作注，也未提及张祎，引岑仲勉《补唐代翰林两记·昭宗朝》疑为张文蔚（张祎子），赵昌平等注认为张文蔚仕迹亦与诗题不合，谓此张员外当为张茂枢，备参。由此可确定郑谷此诗非寄张祎。

咸通十四年(873)九月记韦保衡贬贺州刺史，"以岳州刺史于琮为太子少傅，缘琮贬逐者并放还"，"前兵部侍郎、知制诰、翰林学士张裼为太子宾客"；后于乾符二年(875)四月记："新除吏部侍郎张裼为京兆尹。"

关于张裼晚年仕迹及卒年，《旧唐书》之纪、传均有误。《旧传》云："乾符三年，出为华州刺史。其年冬，检校吏部尚书、郓州刺史、天平军节度观察等使。四年，卒于镇，时年六十四。"即乾符三年由京兆尹出为华州刺史，其年冬，改为郓州刺史、天平军节度使，乾符四年卒于任。而《旧唐书·僖宗纪》，乾符二年七月载："以京兆尹张裼检校户部尚书，兼郓州刺史、御史大夫，充天平军节度、郓曹濮观察等使。"后则未记。据《旧纪》，张裼乃由京兆尹出为郓州刺史、天平军节度使，未曾任华州刺史，与《旧传》异。而《新唐书》卷九《僖宗纪》则于乾符五年(878)记："是岁，天平军节度使张裼卒，衙将崔君裕自知州事。"云乾符五年卒，亦异于《旧传》所云四年卒。两《唐书》纪、传竟有如此互异，而当前点校本均未有校。

按《全唐文》卷八四二载许鼎《唐通和先生祖君墓志铭》，记此通和先生祖贯，本为道家，以治丹著称，"喧动公卿耳目，求见就谒，凡累十人"，于是，"丁酉年，鄂侯杨公为华牧张公乞丹于先生"。丁酉，即乾符四年。于此可证，张裼确曾任华州刺史，乾符四年尚在任，则《旧唐书·僖宗纪》记乾符二年由京兆尹出为郓州刺史，未有任华州刺史，误。

关于卒年，《通鉴》则有详切的记载，卷二五三乾符五年(878)二月记："(黄)巢袭陷沂州、濮州，既而屡为官军所败，乃遗天平节度使张祎书,请奏之,诏以巢为右卫将军,令就郓州解甲,巢竟不至。"《通鉴》于此有《考异》,谓据《实录》,当可信。由此,则《旧传》所云乾符四年卒,《新唐书·僖宗纪》谓五年卒,均非。《通鉴》后即于乾符六年(879)记:"三月,天平军节度使张祎薨,牙将崔君裕自知州事,淄州刺史曹全晸讨诛之。"则张祎确于乾符六年三月卒于郓州任。

另,笔记中亦有误记者,如北宋初钱易《南部新书》丁卷记云:"张祎尚书牧晋州,外贮营妓,生子曰仁龟。"《唐刺史考全编》卷八一河东道晋州即据此系张祎于咸通中为晋州刺史,但未记年。按据前所述,张祎于咸通九年入任翰林学士前,历任司勋员外郎、刑部员外郎,未有记出任晋州刺史者;咸通九年六月入院,十三年五月出贬封州司马,直至咸通末均在封州;僖宗时返朝,又居相位、历节镇,更不可降任晋州刺史。《南部新书》所记当本于五代末《北梦琐言》,见其书卷八《张仁龟阴责》条。又《北梦琐言》卷八《三朝士以名取戏》条,更称张祎"与韦相保衡有分",甚有交情,后韦保衡贬,张祎遂"竟不大拜",完全不合事实,实际上张祎是受韦保衡之陷害而被贬。

张祎著述,未有载记,《全唐诗》、《全唐文》也未载其诗文。

崔　充

崔充,附见于《旧唐书》卷一五九《崔群传》后,仅数句,云:"子充,亦以文学进,历三署,终东都留守。"未记翰林学士事。崔群为其父。群系宪宗朝翰林学士,后曾为相,文宗大和六年(832)卒(见前传)。此亦为唐时父子连任翰林学士之一例。

《旧唐书·崔群传》记为清河武城人。武城即今河北省武成县。《新唐书》卷七二下《宰相世系表》二下,崔氏清河小房,记有崔充,云"字茂用,东都留守"。《旧传》未记其字号。

崔充,入院前仕迹不详。丁《记》记为:"咸通九年□月十七日,自考功员外郎入,守本官充。十月十六日,召对赐绯。闰十二月二日,三殿召对赐紫。十年五月二十五日,加库部郎中、知制诰,依前充。十二年正月二十六日,迁户部侍郎、知制诰,依前充。十三年六月十日,宣充承旨。九月二十八日,加检校工部尚书、东川节度使。"

按丁《记》记其入院,于咸通九年(868),月份缺字。按同年入院,在崔充之前者张裼,为六月十三日,丁《记》又记崔充入院后"十月十六日召对赐绯",则其入院当在七至十月之间(岑氏《注补》亦有此说,谓所缺之字当为六、七、八、九)。又清劳格《唐尚书省郎官石柱题名考》卷十考功员外郎记有崔充,则崔充于入院前即已任考功员外郎。

又丁《记》记崔充于咸通十三年(872)六月十日充承旨,按此前任承旨者为张裼,张裼于此年五月十二日因受于琮之累,为韦保衡所谮,出贬封州司马(见前张裼传),此时崔充为在院资历最深者(参见书后"学士年表"),故于六月十日接任承旨。

崔充于咸通十三年九月二十八日出院,授为检校工部尚书、东川节度使。临行前,薛能有诗送之:《送崔学士赴东川》(《全唐诗》卷五六〇):"羽人仙籍冠浮丘,欲作酂侯且蜀侯。导骑已多行剑阁,亲军全到近绵州。文翁劝学人应恋,魏绛和戎成自休。唯有夜樽欢莫厌,庙堂他日少闲游。”按薛能于会昌六年(846)登进士第,后仕历颇顺,咸通十一年(870)八月,时居相位之刘瞻因谏被韦保衡所谮,罢相被贬(见前刘瞻传),时京兆尹温璋亦与刘瞻同谏,被斥责而死(《通鉴》卷二五二),薛能遂接其任为京兆尹。薛能亦“耽癖于诗”,“尝以第一流自居”(《唐才子传》卷七)①。薛能此送行诗,首句“羽人仙籍”,喻翰林学士地位不同凡俗。次句“欲作酂侯且蜀侯”,酂侯,以西汉萧何为喻,萧何曾封为酂侯,后为相。此句即谓本可由学士擢拔入相,现在只好暂任蜀镇。第五句之“文翁”,据《汉书·循吏·文翁传》,文翁于汉景帝末为蜀郡守,仁爱好教化,修学馆于成都,招子弟入学,后武帝令天下郡国皆立学校官,当自文翁为之始。句六之魏绛,见《左传·襄公十一年》,春秋时晋大夫,以和戎为主。此二句当望其节镇东川,修学、和戎,即能为朝廷所重。薛能时为京兆尹重任,故特以修政之事慰勉,与一般文士不同。

崔充于咸通十三年九月出任东川节度使,至僖宗乾符二年(875)四月,改任河南尹。《旧唐书》卷一九下《僖宗纪》,乾符二年四月,“以东川节度使、检校户部尚书崔充为河南尹”。按丁《记》记崔充出为东川节度使时,为检校工部尚书,而此处云检校户部尚书,疑当据丁《记》,仍为检校工部尚书。

《新唐书·宰相世系表》及《旧唐书·崔群传》,皆记崔充官终东都留守,未记年。按《唐大诏令集》卷一一七《宣抚东都官吏

①薛能事,可参《唐才子传校笺》卷七《薛能传》谭优学笺,中华书局,1990年。

敕》，为乾符三年（876），云："敕东都留守王讽、河南尹刘允章。"则于乾符三年，河南尹、东都留守皆未有崔充，可能崔充于乾符二年四月为河南尹后，不久即卒。

崔充诗文等著作皆未有载记。

韦保衡

韦保衡，两《唐书》有传，见《旧唐书》卷一七七、《新唐书》卷一八四。

《旧传》："韦保衡者，字蕴用，京兆人。祖元贞，父悫，皆进士登第。"《旧传》并谓韦悫于宣宗大中四年（850）为礼部侍郎，五年（851）知贡举，"颇得名人"。《新传》谓韦悫，宣宗时终武昌军节度使，《全唐文》卷七六三沈珣（当作询，见前沈询传）《授韦悫鄂岳节度使制》，即武昌军节度使。沈询此制，对韦悫评议甚佳，称其"自驰声词苑，耀价儒林，雅范兰馨，词雄绮丽"，特举其以礼部侍郎知贡举事："洎职司诰命，参贰春官，业弥振于训词，道愈光于得士。"则韦悫于礼部侍郎前，当曾任中书舍人（"职司诰命"）。又，就沈询此制所称，则其时甚有声望，当对韦保衡能尚公主，较有影响，因韦保衡本人是无甚才艺的。如韦保衡于懿宗咸通五年（864）登进士第，《旧唐书》卷一七九《萧遘传》有云："与韦保衡同年登进士第，保衡以幸进无艺，同年门生皆薄之。"

又，韦悫之名，《新唐书》卷七四上《宰相世系表》四上，所记有异，记为韦愨，"字端士"。前所引述之沈询制文，其名作悫，与两《唐书》本传同，当以作"愍"为是。

《旧传》记其登第后，云"累拜起居郎"，而据晚唐佚名《玉泉子》所记，韦保衡于进士登第后，曾在东川节度使幕府供职。《玉泉子》有云："又保衡初既登第，独孤云除西川，辟在幕中。……无何，堂牒追保衡赴阙下，乃尚同昌公主也。"①按咸通五至九年间（864—868），剑南西川节度使为李福、刘潼，《通鉴》皆有记。而《太平广记》卷二七三《韦保衡》条，亦据《玉泉子》，但谓"独孤云除东川"。如此，则韦保衡当于咸通五年后曾在东川节镇幕府，后又入朝，累为起居郎（从六品上，与尚书诸司员外郎同阶）。但未如《玉泉子》所云在东川幕府时即下诏召回，尚同昌公主。

《旧唐书》卷一九上《懿宗纪》，咸通十年（869）正月，"癸亥，以右拾遗韦保衡为银青光禄大夫、守起居郎、驸马都尉，尚皇女同昌公主"。《通鉴》卷二五一咸通十年正月丁卯，亦记为："同昌公主适右拾遗韦保衡，以保衡为起居郎、驸马都尉。"右拾遗为从八品上，韦保衡当由东川幕府返朝后，先为右拾遗，后选其尚同昌公主，乃擢迁为起居郎（从六品上）、驸马都尉。按韦保衡当时并无文名，何以被选为尚同昌公主，并加重礼，不知何故，史书亦无有记。据前所述，其父曾任礼部侍郎，知举，"颇得名人"，可能与其父之声望有关。

又，《通鉴》卷二五〇咸通八年（867）七月记："宣歙观察使杨收过华岳庙，施衣物，使巫祈祷；县令诬以为收罪。右拾遗韦保衡

———————————

①此见上海古籍出版社编印之《唐五代笔记小说大观》点校本，页1430，2000年。

复言,(杨)收前为相,除严譔江西节度使,受钱百万,又置造船务,人讼其侵隐。八月庚寅,贬收端州司马。"杨收事,见前传,由此,则韦保衡于咸通八年已任为右拾遗。

同昌公主,为懿宗妃郭淑妃女,《旧传》称:"妃有宠,出降之日,倾宫中珍玩以为赠送之资。"《通鉴》更有具体描述,云"赐第于广化里,窗户皆饰以杂宝","赐钱五百万缗,他物称是"。这实是懿宗朝后期朝政不正常现象,尤其是表现在韦保衡自翰林学士擢迁为宰相后,政局更加混乱。

《旧传》记韦保衡尚同昌公主,为驸马都尉后,接云:"寻以保衡为翰林学士,转郎中,正拜中书舍人,兵部侍郎、承旨。"《新传》则仅一句:"俄历翰林学士、承旨。"丁《记》具记为:"咸通十年三月十三日,自起居郎、驸马都尉入守左谏议大夫、知制诰,充承旨。其年十一月十日,迁兵部侍郎,依前充。十一年四月二十五日,以本官同中书门下平章事。"即尚公主、为驸马都尉后,不到三个月,即入为翰林学士,这也是唐翰林学士之特例。另有一特例,即据丁《记》,入院时即加承旨,而此时在院者刘瞻尚任承旨,于该年六月十七日出院任相,则韦保衡于是年三月入,同时即加承旨,则与刘瞻相重。岑氏《注补》及《补文宗至哀帝七朝翰林承旨学士记》于此有说,谓"唐制无两人同承旨",丁《记》有脱文。按岑说有一定道理,但此有两种可能,一为懿宗特予破例,以显示其对韦保衡之宠信;另一为韦保衡接刘瞻之任,即刘瞻于六月十七日出院,韦保衡即于此后接为承旨,或于十一月十日迁兵部侍郎时,又加承旨。《旧传》也提为翰林学士、承旨。《通鉴》卷二五一记韦保衡于咸通十年三月入院,仅云"充翰林学士",未提承旨。则当参据前说，以第二种可能性较合实际。但《旧传》记韦保衡入院后，谓"转郎中，正拜中书舍人"，后为"兵部侍郎、承旨"，而丁《记》未记韦保衡在院时曾有迁转郎中、中书舍人者，《旧传》此处所记则不合实。

丁《记》记咸通十一年（870）四月二十五日，拜相出院，《新唐书·懿宗纪》、《新唐书·宰相年表》及《通鉴》卷二五二皆同。但《旧唐书·懿宗纪》却系于咸通十一年正月："以兵部侍郎、翰林学士承旨、扶风县开国子、食邑五百户、驸马都尉韦保衡本官同平章事。"按《旧纪》记此年事，正月所记多未记日，后缺二、三月，未有记，后接四月。则韦保衡入相，原当亦列于四月，因实录佚失甚多，遂误移于正月。

韦保衡在院，实仅一年，无有业绩。任相后，《旧传》记云："保衡恃恩权，素所不悦者，必加排斥。王铎贡举之师，萧遘同门生，以素薄其为人，皆摈斥之。以杨收、路岩在中书不加礼接，媒孽逐之。"据《通鉴》所载，咸通十二年（871）四月，路岩罢相出为西川节度使；十三年（872）五月，山南东道节度使于琮贬为普王傅、分司；十四年（873）六月，王铎亦罢相，出为宣武节度使；《通鉴》皆记为"保衡皆摈斥之"。而最为突出的是，咸通十一年八月，因同昌公主病卒，懿宗杀翰林医官韩宗召等二十余人，并收捕其亲族三百余人，时居相位的刘瞻上奏直谏，即被免相出贬，并由韦保衡所谋，此次被贬者更多，详见前刘瞻传。

可能正因此，咸通十四年（873）七月，懿宗卒，僖宗立，韦保衡即为人所告，于是年九月，免相，出贬贺州刺史。《通鉴》卷二五二于十月又记："韦保衡再贬崖州澄迈令，寻赐自尽。又贬其弟翰林学士、兵部侍郎保乂为宾州司户，所亲翰林学士刘承雍为涪州司马。”韦保乂、刘承雍，见后传。这也是翰林学士因朝事纠纷而受牵累，晚唐时这类事例不少。

关于韦保衡被贬外出，《南部新书》辛卷有具体、形象记述："驸马韦保衡之为相，以厚承恩泽，大张权势。及败，长安市儿忽竞彩戏，谓之'打围'。不旬馀，韦祸及。""围"，谐音"韦"，可见当时民间对其忿恨之情。

《新唐书》卷五八《艺文志》二，史部，著录有："《武宗实录》三十卷，韦保衡监修。"则为其任相时监修。《直斋书录解题》卷四起居类，亦著录为三十卷，但云："《唐志》惟有《武宗实录》三十卷，其后皆未尝修纂。更五代，《武录》亦不存，《邯郸书目》惟存一卷而已。"即宋时已未存。

韦　蟾

韦蟾，附见于《旧唐书》卷一八九下《儒学下·韦表微传》，京兆万年人。韦表微为其父，穆宗朝翰林学士。

《旧唐书·韦表微传》后附记韦蟾事，甚简，仅数句，云："子蟾，进士登第，咸通末为尚书左丞。"未提及翰林学士事。

《唐诗纪事》卷五八韦蟾，记其字隐珪，大中七年（853）进士及第。清徐松《登科记考》卷二二即据《唐诗纪事》系于宣宗大中七年。

《唐诗纪事》又记其"初为徐商掌书记，终尚书左丞"。按徐商于宣宗大中十年（856）春至十四年（860）十一月任山南东道（襄州）节度使，曾辟有不少文人在其幕府，多有诗酬和，后编有《汉上题襟集》（参见前武宗朝徐商传、懿宗朝李骘传）。《直斋书录解题》卷一五总集类，著录《汉上题襟集》三卷，云："唐段成式、温庭筠、逢皓、余知古、韦蟾、徐商等倡和诗什，往来简牍，盖在襄阳时也。"①又《唐诗纪事》卷五八："尚书东苑公镇襄阳，（段）成式、（温）庭筠、韦蟾皆从其事，上元唱和诗各三篇。"此"上元唱和诗"，即段成式《观山灯献徐尚书》三首并序，温庭筠与韦蟾亦各有和作（《唐诗纪事》卷五八）。韦蟾之作又载于《全唐诗》卷五六六，题《上元（一作奉和山灯）三首》。《唐诗纪事》同卷又记韦蟾《题僧壁》诗，段成式有和作。韦蟾另有《和柯古穷居苦日喜雨》（《全唐诗》卷五六六），柯古即段成式字。由此可见，韦蟾于大中七年进士登第后，于大中后期在徐商山南东道节度幕府（任掌书记），与段成式、温庭筠等多有诗唱和，可见其早期即与文士甚有文学交往。

离徐商幕后，历武宗、宣宗及懿宗朝前期，共二十余年，未有载其仕迹。后即丁《记》所记："咸通十年六月□日，自职方郎中充。九月七日，加户部郎中、知制诰。十一月十一日，迁中书舍人，依前充。十二月二十八日，三殿召对赐紫。十二年正月二十六日，迁工部侍郎、知制诰，依前充。十三年十月十五日，加承旨。十一月十五日，改御史中丞兼刑部侍郎出院。"

丁《记》记其入院，"六月□日"，"日"前缺字。在院期间，官

---

① 《直斋书录解题》，上海古籍出版社，点校本，1987年。

衔迁升甚速,如刚入院不到半年,即由从五品上之职方郎中、户部郎中迁为正五品上之中书舍人,又仅历时一年,迁为正四品下之工部侍郎。懿宗朝翰林学士之官阶迁转,较前朝甚快,可以注意。

又,丁《记》记韦蟾于咸通十三年(872)十月十五日加承旨,按此前任承旨者先后有张裼、崔充,张裼于咸通十三年五月十二日出贬,崔充于六月十日接任,后于九月二十八日出为东川节度使,则此时在院,资历最深者即为韦蟾,故于十月十五日接任承旨。唯丁《记》记郑延休于咸通十三年正月四日宣充承旨,当不确(详见后郑延休传)。

丁《记》记韦蟾于咸通十三年十一月十五日,由工部侍郎、知制诰改御史中丞兼刑部侍郎出院。按御史中丞为正五品上,较工部侍郎(正四品下)低二阶,故仍兼刑部侍郎,其实职则为御史中丞。

《旧唐书·懿宗纪》咸通十四年(873)正月载:"御史中丞韦蟾奏……"即《全唐文》卷八〇五韦蟾《请禁托故请假奏》。由此,则此时韦蟾仍任为御史中丞。此年七月懿宗即卒,则《旧唐书·韦表微传》记韦蟾"咸通末为尚书左丞",误,其为尚书左丞,已在僖宗乾符时(见后)。

又韦蟾在院,前后历时四年,并不短,但并未有草撰制诰等记载,也未有制文传存。不过与同院学士有交往,郑畋有《酬隐珪舍人寄红烛》诗,见前郑畋传。出院后,则与文士交往更多。

《全唐诗》卷五八九载有李频《送鄂渚韦尚书赴镇》①。又《太

————————

①《唐刺史考全编》卷一六四江南西道鄂州韦蟾名下亦引有此诗,但所记《全唐诗》卷次误作卷五八八。

平广记》卷二七三《武昌妓》，引自《抒情诗》，有云："韦蟾廉问鄂州，及罢任，宾僚盛陈祖席。"即韦蟾曾出任鄂州刺史，但均未记年。《唐代墓志汇编》（周绍良编纂，上海古籍出版社，1992年）载有韦厚所撰《唐故陇西李氏墓志铭并序》（乾符〇九一，页2471），记此李氏嫁于河南府洛阳县丞韦府君，生有子秉谊，此韦秉谊长大后"不专宦途，志在进取，亲友咸称其德"，于是"新授鄂州观察使韦蟾早以才气知重，累于名府推荐"。按此墓主李氏卒于咸通十四年（873）十一月，葬于乾符元年（874）甲午二月，志中称韦蟾为"新授鄂州观察使"，则其出任鄂州当在咸通十四年秋冬，李频此诗当作于此时。

李频《送鄂渚韦尚书赴镇》诗："夏口本吴头，重城据上游。戈船转江汉，风月宿汀州。执宪倾民望，衔恩赴主忧。谁知旧寮属，攀饯泪仍流。"按李频于宣宗大中八年（854）进士及第，后历任秘书郎、南陵主簿、武功令等，据《新唐书》卷二〇三《文艺下》本传，"懿宗嘉之，赐绯衣、银鱼，俄擢侍御史，守法不阿徇，迁累都官员外郎"。据《唐才子传校笺》卷七《李频传》梁超然笺（中华书局，1990年），其任侍御史约在咸通十三年前后。李频此诗自称"旧寮属"，当韦蟾于咸通十三年十一月出院为御史中丞，李频曾为其寮属，故此次韦蟾由御史中丞出为鄂州观察使，李频即作诗相送，并特云"攀饯泪仍流"。按李频当时亦有诗名，《新唐书·李频传》称姚合极为赞颂其诗，"大加奖挹，以女妻之"。

李频为韦蟾赴鄂州送行，而韦蟾在鄂州时，罗隐又频有诗文进献。罗隐《上鄂州韦尚书》（《全唐诗》卷六五六）："往岁先皇驭九州，侍臣才业最风流。文穷典诰虽馀力，俗致雍熙尽密谋。兰省换班青作绶，柏台前引绛为鞲。都缘未负江山兴，开济生灵校一秋。"前四句即称誉韦蟾在前朝（懿宗朝）任翰林学士，"才业最风流"，撰制诏诰，参预密谋，都甚出色；五、六两句又称其在御史台时之政绩；末二句期望其在鄂州必当"开济生灵"。按罗隐长期应举不第，《唐摭言》卷二《等第罢举》，记罗隐于乾符三年（876）虽州府荐送，礼部省试仍落第。黄滔《司直陈公墓志铭》称咸通、乾符之际，富有才名者温歧、韩铢、罗隐，"皆退黜不已"（《全唐文》卷八二六）。由此，则罗隐当于乾符前几年在鄂州，献诗于韦蟾，当求其举荐。后韦蟾返朝，为尚书左丞，罗隐又有《投寄韦左丞》（《全唐诗》卷六五九）。

《旧唐书》卷一七七《豆卢瑑传》："（乾符）六年，与吏部侍郎崔沆同日拜平章事。宣制日，大风雷雨拔树，左丞韦蟾与瑑善，往贺之。瑑言及雷雨之异，蟾曰：'此应相公为霖作解之祥也。'瑑笑答曰：'霖何甚耶？'"按据《新唐书》卷六三《宰相年表》，豆卢瑑、崔沆并同中书门下平章事，在乾符五年（878）五月丁酉，《新唐书》卷九《僖宗纪》、《通鉴》卷二五三同。因此时郑畋、卢携议南诏事争论激怒，同日罢相，遂以翰林学士承旨、户部侍郎豆卢瑑为兵部侍郎，吏部侍郎崔沆为户部侍郎，并同平章事，入相。而前所引述之《旧唐书·豆卢瑑传》记于乾符六年，《旧唐书》卷一九下《僖宗纪》更具记于乾符六年五月，则又为显误。由此亦可定，韦蟾于乾符五年五月已在尚书左丞任，其由鄂州入朝，当在乾符四、五年间。由此并可订正《旧唐书·韦表微传》称韦蟾"咸通末为尚书左丞"之误。

韦蟾此后事迹不详，尚书左丞当为其终官。

《全唐诗》卷五六六载其诗十首，颇有文采，主要即为在徐商幕府时唱和之作。《全唐文》卷八〇五载《请禁托故请假奏》，即《旧唐书·懿宗纪》所载者，前已述。

又有一事须辨正者，《全唐诗》卷五三九载有李商隐《和孙朴韦蟾孔雀咏》诗，陶敏《全唐诗人名考证》（页798）谓此韦蟾即懿宗朝翰林学士韦蟾。刘学锴、余恕诚《李商隐诗歌集解》①，亦载有此诗（页853），及此诗之后的《寄怀韦蟾》，题中皆作"蟾"，并引《旧唐书·韦表微传》所记韦蟾事，则当亦谓此韦蟾即懿宗朝翰林学士韦蟾，与陶《考》同。刘、余《集解》辑引前注，有云："此篇大中三年从桂管还京，选为盩厔尉，京尹初留假参军、管章奏时所作，全以孔雀自喻"（"张曰"）。于《寄怀韦蟾》诗后，又引"张曰"："大中三年，义山自桂返京，曾和韦蟾《孔雀咏》。"按李商隐《樊南乙集序》，自叙于大中二年（848）自桂林幕府归，"选为盩厔尉"，并云："是同寮有京兆韦观文、河南房鲁、乐安孙朴、京兆韦峤。……是数辈者，皆能文字。"此处将孙朴、韦峤并提，而前所引述之《和孙朴韦蟾孔雀咏》诗，亦以孙朴、韦蟾并提，当为同时所作，但其中一为韦峤，一为韦蟾。《樊南乙集序》谓此数人皆为京兆任职时之"同寮"，则此韦姓者已入仕。而据前考述，韦蟾于大中七年才登进士第，则大中二年绝未能入仕；且大中三年为其登第前四、五年，不可能称之为"皆能文字"。故李商隐《和孙朴韦蟾孔雀咏》诗之韦蟾，不可能为本传记述之懿宗朝翰林学士韦蟾，此诗中之韦蟾当与《樊南乙集序》中韦峤为同一人，唯"蟾"、"峤"，

---

①刘学锴、余恕诚《李商隐诗歌集解》，台北洪叶文化事业有限公司，1992年。

何者为是,则俟考。关于此事,当今研究者似未有注意者,故特提出,以供参研。

杜裔休

杜裔休,两《唐书》无专传,仅附于《新唐书》卷一六六《杜悰传》后。杜悰为其父,武宗、宣宗时曾居相位,又历任方镇。

《新唐书》卷七二上《宰相世系表》二上,京兆杜氏,记有杜裔休,云字徽之,未记官名。《新唐书·杜悰传》附记杜裔休,甚简,仅云:"懿宗时历翰林学士、给事中,坐事贬端州司马。"今据有关史料,略考如下。

《唐语林》卷六记欧阳琳尝拜谒杜悰,乃因杜悰子裔休与其同年("杜邠公在岐下,以子裔休同年,谒之")。清徐松《登科记考》卷二三,据《永乐大典》所辑之《闽中记》,载欧阳琳为咸通七年(866)及第,乃《唐语林》所记与欧阳琳同年,亦以杜裔休为咸通七年进士及第。

杜裔休于咸通七年及第,咸通九年(868)初已在拾遗任。唐末五代初王定保《唐摭言》卷一三《无名子谤议》条,有记云:"刘允章试《天下为家赋》,为拾遗杜裔休驳奏,允章辞穷,乃谓与裔休对。时允章出江夏,裔休寻亦改官。"关于此事,《太平广记》卷一八三《刘允章》,据《卢氏杂记》,亦有记,云:"杜裔休进疏论事,虽不行,时以为当。"按《唐摭言》所记杜裔休奏议刘允章赋试题事,文意不清。徐松《登科记考》卷二三,即据《唐摭言》,载咸通九年刘允章知举之赋试题即为《天下为家赋》，但未有诗试题。徐《考》也未考述杜裔休所奏何意，此赋试之题究有何缺，刘、杜二人如何辨议；又"裔休寻亦改官"，也未有具体记述。实则刘允章此年知举，甚为公正，其"通连中官"即勾通宦官之"十哲"，刘允章也坚予拒绝（详见前刘允章传）。

不过据《唐摭言》所记，杜裔休于咸通九年已任为拾遗，拾遗为从八品上，并不低，其进士及第后仅两年已有此官阶，甚不易。且后又仅历两年，又改迁为从六品上之起居郎，并入为翰林学士。

丁《记》记为："咸通十一年正月十一日，自起居郎入守本官充。五月二十七日，三殿召对赐紫。九月十一日，加司勋员外郎、知制诰，依前充。十三年二月九日，守本官出院。"

司勋员外郎，清劳格《唐尚书省郎官石柱题名考》卷八司勋员外郎，列有其名。

丁《记》记杜裔休于咸通十三年（872）二月九日以司勋员外郎（从六品上）、知制诰出院，当旋又升迁为给事中（正五品上），即《旧唐书》卷一九上《懿宗纪》咸通十三年五月记："给事中杜裔休贬端州司马。"即此年出贬时，已为给事中。关于此次出贬，《通鉴》卷二五二有具记：咸通十三年，"五月，国子司业韦殷裕诣阁门，告郭淑妃弟内作坊使敬述阴事，上大怒，杖杀殷裕，籍没其家。乙亥，阁门使田献铦夺紫，改桥陵使，以其受殷裕状故也。殷裕妻父太府少卿崔元应、妻从兄中书舍人崔沆、季父君卿皆贬岭南官。给事中杜裔休坐与殷裕善，亦贬端州司户"。按同月又贬山南东道节度使于琮，翰林学士承旨、兵部侍郎张裼等十余人，《通鉴》载谓"韦保衡谮之也"（详见前张裼等传）。韦保衡即尚郭淑妃女同昌公主。应该说，国子司业韦殷裕告郭淑妃弟内作坊使敬述阴事，是正当行为，杜裔休乃因与之善，即受累出贬，这也是晚唐时翰林学士不幸遭遇之一例。

杜裔休此后事迹不详。北宋初钱易《南部新书》癸卷，记韦保衡、路岩作相时，因不附己而被贬者，列有十位，其中有杜裔休贬端州；又记崔彦融贬恩州，云"唯恩州不回"。即僖宗于咸通十四年（873）七月即位后，除贬于恩州之崔彦融未回，其他皆返朝[①]，则杜裔休当亦返回，但具体事迹不详。

杜裔休著作也未有载记。

郑延休

郑延休，两《唐书》无传，仅《新唐书》卷七五上《宰相世系表》五上，郑氏北祖房，记有郑延休，"山南西道节度使"；《新表》又记其父涯，为检校右仆射、同中书门下平章事。郑涯为文宗大和时翰林学士（见前传）。则郑涯、郑延休亦为有唐一代父子连任翰林学士之一例。但郑涯父子，两《唐书》皆无传，故事迹亦不详。

《旧唐书》卷一八下《宣宗纪》，大中元年（847）二月，"丁酉，礼部侍郎魏扶奏：'臣今年所放进士三十三人，其封彦卿、崔琢、郑

---

①《太平广记》卷一八八《高湘》条，据《玉泉子》，亦载此，唯云"内绣州、播州、雷州（崔彦融）三人不回"，稍有异。据《南部新书》，贬绣州为李渎，贬播州为萧遘。

延休等三人，实有词艺，为时所称，皆以父兄见居重位，不得令中选。'诏令翰林学士承旨、户部侍郎韦琮重考覆，敕曰：'彦卿等所试文字，并合度程，可放及第。有司考试，只在至公，如涉请托，自有朝典。今后但依常例放榜，不得别有奏闻。'"清徐松《登科记考》卷二二即据以列郑延休等三人为大中元年续放进士及第者。魏扶知举时，是着意于不宜使举试者以名门家世列为优选者，故特提出郑延休等三人（郑延休当因其父郑涯曾为相），以见其公正。魏扶为武宗朝翰林学士（见前传）。

郑延休于进士及第后，仕历不详，至懿宗咸通十一年（870），入为翰林学士，其间历有二十三年。

丁《记》记为："咸通十一年五月十八日，自司封郎中、知制诰迁中书舍人充。十二年正月二十八日，三殿召对赐紫。十一月十八日，迁工部侍郎、知制诰，依前充。十三年正月四日，宣充承旨。七日，迁工部侍郎，依前充。十四年八月二十二日，加金紫光禄大夫、尚书左丞、知制诰，依前充。十五年正月十三日，除检校吏部尚书、充河阳三城节度使。"

据丁《记》，郑延休于咸通十一年（870）五月十八日入院时，即由司封郎中、知制诰迁中书舍人，则入院前，至少已有年余任为司封郎中、知制诰，故入院时即迁为中书舍人。又十二年十一月十八日，即入院仅一年半，又自正五品上之中书舍人迁为正四品下之工部侍郎，可见懿宗朝翰林学士官阶迁转之速。不过岑氏《注补》对此有疑，云："按工部侍郎只一员，今前文韦蟾条于十二年正月迁工侍、知制诰，至十三年十一月十五始改中丞出院，同时焉得有两工侍？唐制虽常设同正或员外置之官，然不过位置闲员，非所以待禁林要职也，故知两条中必任一有误。"岑说有一定道理，但工部侍郎等，于翰林学士仅为所带之官衔，并非实际行职，如白居易于元和时在翰林学士任期内曾为京曹参军，但实际未去京兆任职，故不必严限。如以咸通十二年为例，郑畋于正月至九月为户部侍郎、知制诰，张裼于正月二十六日至十一月十八日为户部侍郎、知制诰，崔充于正月二十六日亦迁为户部侍郎、知制诰，即同一时期，户部侍郎有三员，因户部侍郎于此三位翰林学士仅为挂衔。故不能说韦蟾与郑延休之工部侍郎必有一误。

又丁《记》记咸通十三年（872）正月四日宣充承旨，则确与张裼于五月十二日前已任承旨相重，且此后张裼于五月十二日出贬，崔充又于六月十日接任承旨，后崔充于九月二十八日出为东川节度使，韦蟾于十月十五日接任。后韦蟾于同年十一月十五日出院，则郑延休当可能于十一月二十四日或十二月四日接为承旨。总之，丁《记》记为"正月四日"，误，当为后传抄时讹写。如此，则丁《记》于宣充承旨后，记"七日，迁工部侍郎"，当亦应为十一月二十七日或十二月七日，并于工部侍郎后补"知制诰"三字。

至于其出任河阳节度使后，《新唐书》卷二二五下《黄巢传》有记："巢寇叶、阳翟，欲窥东都。会左神武大将军刘景仁以兵五千援东都，河阳节度使郑延休兵三千壁河阴。"《通鉴》卷二五三则记此事于僖宗乾符五年（878）三月："黄巢攻卫南，遂攻叶、阳翟，诏发河阳兵千人赴东都与宣武、昭义兵二千人，共卫宫阙，以左神武大将军刘景仁充东都应援防遏使。"此处虽未提及郑延休之名，但所叙之事与《新唐书·黄巢传》同，由此亦可确定郑延休于乾符五年三月在河阳节度使任。

后黄巢军于广明元年（880）十二月攻占长安，僖宗奔蜀，郑延休当于乾符五、六年间离河阳任返朝，亦随僖宗至蜀。《益州名画录》卷上，记常重胤于中和时录记僖宗幸蜀随驾文武臣僚画像，即记有检校司徒郑延休。此后仕迹不详。《新唐书·宰相世系表》记郑延休为"山南西道节度使"，似为其终官，但未有史料确定其时间。《唐刺史考全编》卷二〇五山南西道梁州，列郑延休于乾符六年至广明元年，其所引材料，亦仅《新表》，未有说明，不过于乾符元年、广明元年后各打问号（？），可能即表示存疑。

郑延休，无著述载记。

薛　调

薛调，两《唐书》无传。《新唐书》卷七三下《宰相世系表》三下，薛氏西祖房，记有薛调，未注字号、官名；又记其祖苹，浙西观察使，父膺，婺州刺史。《旧唐书》卷一八五《良吏下·薛苹传》，记为河东宝鼎人。据《元和郡县图志》卷一二河东道河中府，有宝鼎县，本汾阳县，今山西万荣县西南。薛苹，宪宗时历任湖南、浙东、浙西观察使。两《唐书·薛苹传》则皆未记薛调。

《唐语林》卷四："薛调、季瓒，同年进士。"清劳格《读书杂识》卷七《李瓒》条引《唐语林》此文，谓季当作李，并考为大中八年进士及第。按李瓒为李宗闵子，亦为懿宗时翰林学士（见前传）。由此，则薛调为宣宗大中八年（854）登进士第。孟二冬《登科记考补正》卷二二即据《唐语林》及陈尚君《登科记考补》，亦补薛调于大中八年进士及第。

又前所引《唐语林》同条又记:"刘元章罢江夏入朝,以风标自任。一日,(薛)调谒之,倒屣出迎,爱其风韵,去而复留者数四。"此处提及之"刘元章",清劳格《唐尚书省郎官石柱题名考》卷一二户部员外郎,薛调名下亦引有《唐语林》此文,谓"元"当作"允",是①。按刘允章亦为懿宗时翰林学士,咸通九年(868)知礼部贡举,后出为鄂州观察使,又改任东都留守(见前传)。《唐语林》云"罢江夏入朝",当在咸通十年间。时薛调亦已在朝任职(见后)。

丁《记》记为:"咸通十一年十月十七日,自□部员外郎加驾部郎中充。十二年正月二十六日,加知制诰,依前充。十三年二月二十六日,卒官;三月十一日,赠户部侍郎。"丁《记》记薛调入院时"自□部员外郎",清劳格《唐尚书省郎官石柱题名考》卷一二户部员外郎薛调名下亦引丁《记》此记,谓所缺"疑即'户'字"。因卷一二为户部员外郎,既有薛调,则薛调曾任户部员外郎,劳格说是,可补。又丁《记》记其入院时即由原户部员外郎加改为驾部郎中,则其入院前任户部员外郎当已有数年。刘允章自鄂州返朝时,薛调前往谒见,当已为户部员外郎。

前所引《唐语林》,同条又云:"(薛)调为翰林学士,郭妃悦其貌,谓懿宗曰:'驸马盍若薛调乎?'顷之暴卒,时以为中鸩。卒年四十三。"按薛调于咸通十一年十月入院,郭妃于其入院后见到他,悦其貌,欲以其为驸马,而实则其女同昌公主已于咸通十年正

---

① 周勋初《唐语林校证》(中华书局,1987年)未提及劳格订正事。

月嫁于韦保衡,韦保衡后即以驸马都尉入为翰林学士(见前韦保衡传)。如此,则郭妃何以又能向懿宗进言:"驸马盍若薛调乎?"且据其所记,薛调卒时已四十三岁,则其入院为四十一岁,唐时年龄过大,不能再尚公主。由此,则《唐语林》此处所记亦不合实。

又,《唐语林》记其卒时为四十三岁,可备一说,则当生于文宗大和四年(830),大中八年(854)进士及第时为二十五岁,咸通十一年(870)入院为四十一岁。

其著作未有载记。

韦保义

韦保义,附于两《唐书》其兄韦保衡传后,即《旧唐书》卷一七七、《新唐书》卷一八四,所记甚简。《旧传》:"弟保义,进士登第,尚书郎、知制诰,召充翰林学士,历礼、户、兵部三侍郎,学士承旨。坐保衡免官。"《新传》更简略,仅谓"自兵部三侍郎贬宾州司户参军",未记任翰林学士事。

《旧传》云"进士登第",未记年。《唐摭言》卷九《敕赐及第》条有云:"韦保义,咸通中以兄在相位,应举不得,特敕赐及第,擢入内庭。"清徐松《登科记考》卷二三即据此系于咸通十二年(871),谓:"按韦保衡于咸通十一年四月同平章事,十三年十一月拜司空,应附此年。"谓韦保衡于咸通十一年(870)四月拜相,此年二月科试时尚未能敕赐及第,当于十二年初特赐及第,后即于同年十二月召入为翰林学士。岑氏《注补》有不同意见,谓:"今按记

（丁《记》）十二年二月前，保乂已官尚书郎，安复应举，《摭言》所闻，殆不实不尽，大抵保乂以兄有宠而赐第，非以应举不得而赐第也。"按韦保乂于咸通十二年二月，以户部员外郎入院，户部员外郎为从六品上，当此前已累历官，即虽未科试及第，但当以其他途径入仕。后其兄韦保衡入相，即因此而敕赐及第，亦为唐科举常例，如前刘邺亦然（见前刘邺传）。

其入院，丁《记》记为："咸通十二年二月十三日，自户部员外郎入守本官。三月十六日，特恩赐紫。五月十日，加户部郎中、知制诰，依前充。十四年十月，贬宾州司户。"

按丁《记》所记韦保乂在院所具官衔，如户部员外郎、户部郎中，清劳格《唐尚书省郎官石柱题名考》卷一二户外、卷一一户中，确有其名。唯丁《记》未有记咸通十三年，则咸通十四年十月出院外贬前仍为十二年五月所授之户部郎中，而《通鉴》卷二五二咸通十四年十月记为："翰林学士、兵部侍郎保乂为宾州司户。"《新传》亦谓"自兵部侍郎贬宾州司户参军"。则当于咸通十三年某月，由户部郎中、知制诰迁为兵部侍郎，仍知制诰。唯《旧传》云："历礼、户、兵三侍郎，学士承旨。"即兵部侍郎前又曾迁礼部侍郎、户部侍郎，一年之内，不可能如此重迁。《旧传》又记迁三侍郎时，加任承旨，按咸通十三年，任承旨者历为张裼、崔充、韦蟾、郑延休，时间皆相接（见前张裼等传，及书后"学士年表"），咸通十四年郑延休仍在承旨任，韦保乂于此期间当未能任承旨，《通鉴》于咸通十四年十月记其出贬时，亦称其为翰林学士，未加称承旨。此又为《旧传》之误。

宾州，《元和郡县图志》卷三八岭南道，有宾州，谓"古越地"，其州治为领方县，今广西宾阳县东南。按韦保衡于咸通十四年十月贬崖州澄迈县，后令其自尽，韦保乂被贬后，不详。

韦保乂任翰林学士实为两年半，乃因韦保衡之弟，在韦保衡任相时举荐而入者，时朝政甚混乱，韦保乂在院当亦无甚业绩，亦无著述。

刘承雍

刘承雍，附见于《旧唐书》卷一六〇《刘禹锡传》后，为刘禹锡子，所记甚简，仅云"登进士第，亦有才藻"。

《旧唐书·刘禹锡传》记为彭城人，而据刘禹锡《子刘子自传》（陶敏、陶红雨《刘禹锡全集编年校注》卷一九）[1]，实为洛阳人。又，刘禹锡《名子说》（同上，卷二〇），有云："今余名尔长子曰咸允，字信臣；次曰同廙，字敬臣。"陶敏、陶红雨注，据《云溪友议》卷中《中山海》条所记刘禹锡诫"子弟咸元、承雍"，谓承雍似即同所改名。按此文所作，确切年代无考，当作于元和、长庆间。又柳宗元有《殷贤戏批书后寄刘连州并示孟崙二童》（《柳宗元集》卷四二）[2]，此孟、崙二童，当即指刘禹锡之咸允、同（承雍）二子。此云"刘连州"，则时为刘禹锡在连州刺史任，时柳宗元为永州刺史，柳宗元此文当作于元和十年至十四年间（815—819）。据

①陶敏、陶红雨《刘禹锡全集编年校注》，岳麓书社，2003年。
②《柳宗元集》，中华书局点校本，1979年。

此，则刘承雍时为孩童，随其父在连州（今广东北部连州市）。

《旧传》谓刘承雍"登进士第"，未记年，故清徐松《登科记考》列于已登科但未记年之卷二七。登第后仕迹皆不详。

丁《记》亦仅记为："咸通十四年十月，贬涪州司户。"未记入院及在院迁转情况。按丁《记》将其列于韦保义后，韦保义入院为咸通十二年（871）二月十三日；刘承雍既与韦保衡、韦保义同时出贬，则其入院当亦受韦保衡之举荐，与韦保义大致同时入院，当亦为咸通十二年二月或稍后。又清劳格《唐尚书省郎官石柱题名考》卷二左司员外郎列有刘承雍，则刘承雍可能即以左司员外郎入院。

又丁《记》记其于咸通十四年（873）十月出贬涪州司户，亦未载其出院前之官衔。按咸通十四年七月，懿宗卒，僖宗立，是年九月，即罢免韦保衡相位，贬贺州刺史。《通鉴》卷二五二咸通十四年十月接记云："韦保衡再贬崖州澄迈令，寻赐自尽。又贬其弟翰林学士、兵部侍郎保义为宾州司户，所亲翰林学士、户部侍郎刘承雍为涪州司马。"则刘承雍出贬前，在院时任为户部侍郎（当兼知制诰）。两《唐书·僖宗纪》未记刘承雍被贬事。又，丁《记》记为涪州司户，《通鉴》记为涪州司马，此为小异。涪州，治涪陵县（今重庆涪陵市）。

刘承雍后数年当返朝。《旧唐书》卷一九下《僖宗纪》，乾符三年（876）记："七月，草贼王仙芝寇掠河南十五州，其众数万。是月，贼逼颍、许，攻汝州，下之，虏刺史王镣。刑部侍郎刘承雍在郡，为贼所害。"《通鉴》卷二五二乾符三年，记王仙芝陷汝州，执刺史王镣，在九月（《旧纪》作七月，当非），但未记刘承雍。由此，刘承雍于咸通十四年十月被贬后，乾符初又入朝，至乾符三年七月前已任为刑部侍郎，而于乾符三年九月，因事至汝州，为王仙芝军所害。

又，《唐文拾遗》卷三二杨检《唐故岭南节度使右常侍杨公女子书墓志》，记此女名芸，字子书，为杨发女，卒于乾符五年六月七日，葬于十月廿八日。文中云："子书之诸姊皆托华胄，如户部侍郎、翰林学士刘公承雍，五朝达。"由此，则刘承雍为杨发婿，在院时确具户部侍郎衔。杨发，《旧唐书》卷一七七、《新唐书》卷一八四有传，为懿宗朝翰林学士杨收兄，宣宗时曾任福建观察使、岭南节度使，后以事贬婺州刺史。

刘承雍亦未有著述著录。

崔　璙

崔璙，两《唐书》无传，仅附见于《旧唐书》卷一五五、《新唐书》卷一六三《崔郾传》。《旧传》记崔郾有子五人，为：瑶、瓘、瑾、珮、璙，并云"瓘、珮、璙，官至郎署给谏"。《新传》亦仅记其五子名，未记事。按崔郾为敬宗时翰林侍讲学士，有令誉；郾弟郸，文宗大和时翰林学士；崔郾子珮，懿宗咸通八年至十年亦为翰林学士（见前传）。则崔璙之父、叔、兄，皆曾在院供职，可见崔氏确为当时名族，于晚唐时亦为少见。

《新唐书》卷七二下《宰相世系表》二下，记有崔璙，云："璙字致美，相黄巢。"可能正因此，丁《记》即仅列其名，而未记其事。

按丁《记》记懿宗朝晚期翰林学士，自前刘承雍起，记事即残缺，有仅记出院而未记入院者（刘承雍），有仅记入院而未记出院者（崔湜），有虽记有入、出，但未记月日及其间迁转者（卢携），而崔璆、李溥、豆卢琢三人则仅列名而未记事。

据前刘承雍传所考，刘之入院，当在咸通十二年（871）二月以后，而后崔湜，于咸通十四年（873）十一月二十三日入（见后传），已为僖宗即位后，则崔璆、李溥、豆卢琢或即于咸通十二年至十四年间入者。崔璆之入，以在咸通十二年下半年或十三年为是。何时出院，则不详。丁《记》记崔璆，虽仅列名，但总提供其为翰林学士之信息，如无丁《记》记名，则唐翰林学士即未有崔璆。

《会稽掇英总集》有崔璆任越州刺史、浙东观察使，云："崔璆：乾符四年闰二月自右谏议大夫知匦使授，五年六月加正议大夫。"则有可能崔璆于僖宗乾符四年（877）前即已出院，于此年闰二月出任为浙东观察使、越州刺史。

《旧唐书》卷一九下《僖宗纪》，乾符六年（879），"五月，贼（指黄巢军）围广州，仍与广南节度使李岩、浙东观察使崔璆书，求保荐，乞天平节钺。璆、岩上表论之，诏公卿议其可否。宰相郑畋、卢携争论于中书，词语不逊"。由此，则崔璆于乾符六年五月仍在浙东任。

《通鉴》卷二五三于乾符六年五月后，记黄巢率兵由岭南北上，先攻江陵，后沿江东下，十一月，"转掠饶、信、池、宣、歙、杭十五州，众至二十万"。《新唐书》卷二二五下《黄巢传》，则记黄巢军北上，"转寇浙东，执观察使崔璆"。即崔璆于乾符六年十一、二月间在浙东任时为黄巢军所掳。

第二年，广明元年（880）十二月，黄巢攻占长安，自立帝位。《旧唐书·僖宗纪》广明元年十二月，记黄巢"以赵章为中书令，尚让为太尉，崔璆为中书侍郎、平章事"。《旧唐书》卷二〇〇下《黄巢传》亦载："贼搜访旧宰相不获，以前浙东观察使崔璆、杨希古、尚让、赵章为四相。"《通鉴》卷二五四广明元年十二月亦载此事，但记崔璆，云"时罢浙东观察使，在长安，巢得而相之"，则与《新唐书·黄巢传》所载黄巢攻占浙东时又掳崔璆不同，即黄巢攻占浙东，崔璆即离任返朝。不过黄巢于广明元年十二月占长安，自立为帝，迫使崔璆为相，则可确定。

黄巢后败，离长安，崔璆事，未有记载，可能即被处死。

李　溥

李溥，两《唐书》无传，丁《记》亦仅列其名，未有记，在崔璆后。据前崔璆传所述，李溥当亦于咸通十三、四年（872、873）间入院，但何时出院，任何官职，未见记载。现仅可知者，为僖宗广明元年（880）十二月黄巢军攻入长安后，李溥被杀，时为刑部侍郎。

《旧唐书》卷一九下《僖宗纪》，广明元年十二月，"时宰相豆卢瑑、崔沆，故相左仆射刘邺，太子少师裴谂，御史中丞赵蒙，刑部侍郎李溥，故相于琮，皆从驾不及，匿于闾里，为贼所捕，皆遇害"。《新唐书》卷九《僖宗纪》、卷二二五下《黄巢传》，及《通鉴》卷二五四，所载皆同，并记李溥时为刑部侍郎。

李溥事，唐五代笔记稗史亦皆无记。

豆卢瑑

豆卢瑑，两《唐书》有传，见《旧唐书》卷一七七、《新唐书》卷一八三。《旧传》："豆卢瑑者，河东人。"《新传》："豆卢瑑者，字希真，河南人。"一云河东，一云河南，有异，未能定。

《旧传》记其父名籍。《新唐书》卷七四下《宰相世系表》四下，记豆卢籍，为左司郎中兼侍御史、知杂事。

《旧传》载豆卢瑑"大中十三年亦登进士科"。清徐松《登科记考》卷二二即据此系于宣宗十三年（859）。

豆卢瑑进士登第后，约十余年未详其仕迹。《旧传》记其进士登第后，接云："咸通末，累迁兵部员外郎，转户部郎中、知制诰，召充翰林学士，正拜中书舍人。乾符中，累迁户部侍郎、学士承旨。六年，与吏部侍郎崔沆同日拜平章事。"《新传》亦略云："仕历翰林学士、户部侍郎，与崔沆皆拜同中书门下平章事。"按丁《记》所记，于崔瑑、李溥后有豆卢瑑，但亦仅列其名，未记事。豆卢瑑后为崔湜，崔湜于咸通十四年（873）十一月二十三日入院（见后崔湜传），已为僖宗即位后，豆卢瑑之入或仍在懿宗时，即咸通十三、十四年间，但其在院任职，主要在僖宗时，现姑仍列于懿宗朝，为懿宗朝最后一位翰林学士。

因丁《记》全未有记，故岑氏《注补》即据《旧传》仿丁《记》例，略记其迁转官衔。今亦略考述如下。

《旧传》云："咸通末，累迁兵部员外郎，转户部郎中、知制诰，召充翰林学士。"则当咸通十一、二年间为兵部员外郎,咸通十四年上半年以兵部员外郎入为翰林学士,又转迁为户部郎中、知制诰。清劳格《唐尚书省郎官石柱题名考》卷一一户部郎中有豆卢瑑,在韦保乂后,韦保乂则于咸通十二年二月十三日自户部员外郎入,五月十日加户部郎中、知制诰,则豆卢瑑亦当先由兵部员外郎入,后改迁户部郎中、知制诰。

《旧传》接云"正拜中书舍人",当在乾符初。后云:"乾符中,累迁户部侍郎、学士承旨。"按郑延休约于咸通十三年(872)十二月为学士承旨,咸通十五年(乾符元年,874)正月出院(见前郑延休传),当由卢携接任,而卢携又于同年五月拜相(见后卢携传),则豆卢瑑当于乾符元年五月后,或秋冬间,接为承旨,因乾符元年、二年未另有学士为承旨之记载。至乾符五年(878)五月,豆卢瑑迁为宰相(见后),即由王徽继任(见后僖宗朝王徽传)。《旧传》谓豆卢瑑于乾符中为学士承旨,不确。

《旧传》后云:"(乾符)六年,与吏部侍郎崔沆同日拜平章事。"《新传》未记年,但亦谓"与崔沆皆拜同中书门下平章事"。《旧唐书》卷一九下《僖宗纪》亦记于乾符六年,其五月记黄巢围广州,求天平节度,浙东观察使崔璆等上疏为之请,时宰相郑畋、卢携争议不合,乃俱罢相,接云:"以吏部侍郎崔沆为户部侍郎,户部侍郎、翰林学士豆卢瑑为兵部侍郎,并本官同平章事。"即豆卢瑑、崔沆乃接郑畋、卢携为相者。而《新唐书》卷九《僖宗纪》则记此免相、任相事,在乾符五年,云:"五月丁酉,郑畋、卢携罢。翰林学士承旨、户部侍郎豆卢瑑为兵部侍郎,吏部侍郎崔沆为户部侍郎,同中书门下平章事。"《新唐书》卷六三《宰相年表》所记同,亦具体系于五月丁酉。

《通鉴》卷二五三所记年月亦与《新纪》《新表》同，可以注意的是，《通鉴》所记郑、卢所以罢相之事，与《旧纪》异，非黄巢事，而为南诏事。《通鉴》于乾符五年记云："五月丙申朔，郑畋、卢携议蛮事，（卢）携欲与之和亲，（郑）畋固争以为不可。携怒，拂衣起，袂胃砚堕地，破之。上闻之，曰：'大臣相诟，何以仪刑四海！'丁酉，畋、携皆罢为太子宾客、分司。以翰林学士承旨、户部侍郎豆卢瑑为兵部侍郎，吏部侍郎崔沆为户部侍郎，并同平章事。"《通鉴》于此处并有《考异》，详为辨析，并引《实录》亦记乾符五年五月丙申朔宰臣郑畋、卢携议南蛮事，谓卢携请降公主通和，郑畋固争以为不可；《考异》并引郑延昌所撰郑畋行状，亦云"议蛮事"，故定以《新纪》《新表》为是。按《通鉴》于此年四月即记有"南诏遣其酋望赵宗政来请和亲"，可见五月丙申朔郑畋、卢携所议确为南诏和亲事。又《新唐书》卷二二二中《南蛮中·南诏传》，亦记南诏遣使者"再入朝议和亲"，"宰相郑畋、卢携争不决，皆赐罢"。且黄巢攻占广州乃在乾符六年九月，而《旧纪》却记郑畋、卢携议黄巢事在五月，与时不合。由此可定，《旧纪》所记郑、卢罢相，豆卢、崔接任，在乾符六年五月，且为争议黄巢事，时、事皆误。而岑氏《注补》则谓仍当据《旧纪》，不确。

《旧传》后云："及（黄）巢贼犯京师，从僖宗出开远门，为盗所制，乃匿于张直方之家，遇害。"时为广明元年（880）十二月。《通鉴》卷二五四即记："豆卢瑑、崔沆及左仆射于琮、右仆射刘邺、太子少师裴谂、御史中丞赵濛、刑部侍郎李溥、京兆尹李汤崾从不及，匿民间，巢搜获，皆杀之。"此处豆卢瑑、于琮、刘邺、李溥，皆为懿宗时翰林学士，另卢携亦被杀，为僖宗朝翰林学士。

僖宗朝翰林学士传

崔　湜

　　崔湜，两《唐书》无传，两《唐书》全书亦无一字提及者，唐五代其他史料亦未有叙及。记其事者，仅丁《记》，但丁《记》所记，仅记其入院，后皆未记，云："咸通十四年十一月二十三日，自殿中侍御史改司封员外郎充。"按咸通十四年（873）七月辛巳，懿宗卒，僖宗即位，崔湜既于咸通十四年十一月入院，则当为僖宗朝首次召入的翰林学士。丁《记》原记有"咸通后三十二人"，即此三十二人均为懿宗朝咸通时翰林学士，实则最后两位，即崔湜、卢携，崔湜于咸通十四年十一月入，卢携于咸通十四年十二月入（据丁《记》），皆为僖宗即位以后，故应列于僖宗朝。

　　按僖宗即位后，受众议，罢韦保衡相位，又出贬，赐死；另两位翰林学士，即韦保衡之弟保义，其亲善者刘承雍，亦于此年十月贬出（见前懿宗朝此三人传）。此时在院者为郑延休、豆卢瑑，另如崔璆、李溥,是否仍在院,未能定,即此时在院者甚少,可能即于十一月、十二月召崔湜、卢携入。

丁《记》记崔湜,仅此一句,入院后仕迹如何,何时出院,皆不详,唯丁《记》虽仅一句,亦提供僖宗朝翰林学士之材料,如未有丁《记》所记,唐翰林学士即未有崔湜。

卢　携

卢携,两《唐书》有传,见《旧唐书》卷一七八、《新唐书》卷一八四。《旧传》:"卢携字子升,范阳人。"《新传》则云:"其先本范阳,世居郑。"《新唐书》卷七三上《宰相世系表》三上,即记其为范阳卢氏。范阳当为其郡望,其实籍当如《新传》所载为郑州。

《旧传》记其"大中九年进士擢第",《新传》未记。清徐松《登科记考》卷二二即据《旧传》,系于宣宗大中九年(855)。

《北梦琐言》卷五《韦尚书鉴卢相》条曾记卢携早年即为人所知,而卢携执政后亦着意于提拔人才,云:"唐大中初,卢携举进士,风貌不扬,语亦不正,呼'携'为'彗'(平声),盖短舌也。韦氏昆弟皆轻侮之,独韦岫尚书加钦,谓其昆弟曰:'卢虽人物甚陋,观其文章有首尾,斯人也,以是卜之,他日必为大用乎!'尔后卢果策名,竟登廊庙,奖拔京兆,至福建观察使。"按韦岫为韦丹子,韦丹见于《新唐书》卷一九七《循吏传》,曾历任河东、江西等节镇,有治迹,文宗大和时江西特为其"刻功于碑"。韦岫为其次子,《新唐书·韦丹传》称其"亦有名",并记云:"卢携举进士,陋甚,岫独谓携必大用。携执政，岫自泗州刺史擢福建观察使。"《北梦琐言》所谓卢携"奖拔京兆"，即指韦岫，因《新唐书·韦丹传》记为京兆万年人。

《旧传》记卢携进士登第后，接云："授集贤校理，出佐使府。咸通中，入朝为右拾遗、殿中侍御史，累转员外、郎中、长安县令、郑州刺史。召拜谏议大夫。"《新传》所叙较简，云："擢进士第，被辟浙东府。入朝为右拾遗，历台省。"

此后即入为翰林学士。《旧传》记云："乾符初，以本官召充翰林学士，拜中书舍人。乾符末，加户部侍郎、学士承旨。四年，以本官同中书门下平章事。"《新传》云："累进户部侍郎、翰林学士承旨。乾符五年，进同中书门下平章事。"新旧《传》所记有异，且有误，详后辨。

按丁《记》有记，为："咸通十四年十二月，自左谏议大夫充承旨学士。十五年，拜相。"丁《记》于卢携前列为崔湜，记崔湜于咸通十四年（873）十一月二十三日入，卢携在其后，于同年十二月入，虽未记日，当合于事理；且记其以左谏议大夫入，亦与《旧传》所叙先为谏议大夫，后"以本官召充翰林学士"合。唯《旧传》谓"乾符初"入，稍不确，当云："咸通末。"

唯丁《记》所记亦有错失，记卢携初入院，即为承旨学士："自左谏议大夫充承旨学士。"实则咸通十四年任承旨者为郑延休，郑延休于第二年即咸通十五年（乾符元年）正月十三日出院（见前郑延休传）。则卢携于咸通十四年十二月入院时未能即为承旨，《旧传》记其入院，亦谓"以本官召充翰林学士"，未提及承旨。或可能于咸通十五年正月十三日郑延休出院后卢携接任承旨。《新唐书·僖宗纪》、《通鉴》卷二五二记卢携于乾符元年十月出院任相，皆记其为翰林学士承旨（详后）。又《旧传》叙其在院时累迁中书舍人、户部侍郎，《新传》亦提及户部侍郎，丁《记》则记其入院后，即谓"十五年，拜相"，缺记在院时之官阶迁转。

不过卢携出院拜相之时间，新旧《传》所记互异，《旧传》谓乾符四年，《新传》谓乾符五年，实则均误。按《旧唐书》卷一九下《僖宗纪》，乾符元年，"五月，以吏部侍郎郑畋为兵部侍郎、同平章事，户部侍郎、知制诰、翰林学士、赐紫金鱼袋卢携本官同平章事"，即卢携与郑畋同时入相，时间为乾符元年（874）五月。而《新唐书》卷九《僖宗纪》，记于乾符元年十月："十月，刘邺罢。吏部侍郎郑畋为兵部侍郎，翰林学士承旨、户部侍郎卢携，同中书门下平章事。"《新唐书》卷六三《宰相年表》同。《通鉴》卷二五二亦于乾符元年记："冬十月，以门下侍郎、同平章事刘邺同平章事，充淮南节度使；以吏部侍郎郑畋为兵部侍郎，翰林学士承旨、户部侍郎卢携守本官，并同平章事。"《通鉴》并有《考异》，提及《旧唐书·郑畋传》亦记郑畋于乾符四年以吏部侍郎同平章事，谓"今从《实录》此年为相"。当为北宋修《唐书》时，曾搜辑唐遗存之《实录》，司马光撰《通鉴》时亦获见，曾多次提及《实录》。

由此可以确定，卢携于咸通十四年十二月自左谏议大夫入为翰林学士，旋迁为中书舍人，并于十二月二十三日后或咸通十五年（乾符元年）初加为承旨，此后又迁为兵部侍郎、知制诰，同年十月，拜相出院。卢携是僖宗朝由翰林学士直接擢拔为宰相之首例，他入院不到一年，即提升为相，也极少见。

关于卢携与郑畋罢相年月，《旧唐书·僖宗纪》所记又有误，其于乾符六年（879）记云："五月，（黄巢）贼围广州，仍与广南节度使李岩、浙东观察使崔璆书，求保荐，乞天平节钺。璆、岩上表论之，诏公卿议其可否。宰相郑畋、卢携争论于中书，词语不逊，俱罢为太子宾客，分司东都。以吏部侍郎崔沆为户部侍郎，户部侍郎、翰林学士豆卢瑑为兵部侍郎，并本官同平章事。"实则郑畋、卢携罢相，豆卢瑑、崔沆接相，为乾符五年（878）五月，且郑、卢之争议非黄巢事，为南诏请和亲事，详见前豆卢瑑传，此不赘。《旧·卢携传》亦记其罢相为乾符五年，是；但仍谓与郑畋争议黄巢请降事，与《旧纪》同误。《新·卢携传》所载与郑畋争议，涉及"南诏和亲"，与《新纪》、《通鉴》同，较确切。

据两《唐书》纪、表等所载，卢携后于乾符六年（879）十二月复为相，而又于广明元年（880）十二月贬为太子宾客、分司东都。关于卢携此次贬责事，《旧·僖宗纪》广明元年十二月记为："辛巳，贼据潼关，时左军中尉田令孜专政，宰相卢携曲事之，相与误谋，以至倾败。令孜恐众罪加己，请贬携官，命学士王徽、裴澈为相。甲申……贬右仆射、门下侍郎、平章事卢携为太子宾客。携闻贼至，仰药而死。"《通鉴》卷二五四则未记卢携曲事宦官田令孜事，直言卢携之贬即受田令孜之诬诮，云："（广明元年十二月甲申）以卢携为太子宾客、分司。田令孜闻黄巢已入关，恐天子责己，乃归罪于携而贬之，荐（王）徽、（裴）澈为相。是夕，携饮药死。"当时之所以归罪卢携，乃在于黄巢攻广州时，曾请降并授以天平军节度使，卢携与淮南节度使高骈善，使其讨伐黄巢以立功，故不从黄巢之请，后黄巢乃北上，攻陷洛阳、潼关，田令孜即以此归罪于卢携。当然，这可能使黄巢对卢携也甚愤恨，故《新传》记："巢入京师,斫棺磔尸于长安市。"

两《唐书》本传记卢携事均有所偏见,实则卢携对朝政,敢直言,颇有见识,如其《乞蠲租赈给疏》(《全唐文》卷七九二),首云"陛下初临大宝",当为僖宗初立,卢携正任翰林学士时。《通鉴》卷二五二即记卢携上此疏于乾符元年正月丁亥,云"翰林学士卢携上言"。卢携于此疏中特提出:"国家之有百姓,如草木之有根柢,若秋冬培溉,则春夏滋荣。"这就是"以民为本",古人有此见识,实不易。正因此,文中指出,"关东去年旱灾,自虢至海,麦才半收,秋稼几无,冬菜至少",可见卢携作为翰林学士,身居宫中,但仍关心民生疾苦,故特提出停止征税,还应加赈给。这在当时翰林学士中也是少见的。可能正因此,晚唐时舆论对卢携甚为称誉,如《唐阙史》卷下《卢相国指挥镇州事》条,称其"清苦律身,剸断无滞","以是四方之誉,翕然归之"①。

卢携对文士亦甚关切。如《旧唐书》卷一九〇下《文苑下·司空图传》记司空图于乾符中为殿中侍御史,因人事纠纷,为御史台所劾,降为光禄寺主簿,分司东都,接云:"乾符六年,宰相卢携罢免,以宾客分司,图与之游,携嘉其高节,厚礼之。……明年携复入朝,路由陕虢,谓陕帅卢渥曰:'司空御史,高士也,公其厚之。'渥即日奏为宾佐。"此事后亦为《北梦琐言》(卷三)、《唐才子传》(卷八)所载,可见后人对卢携关注司空图事之看重②。不过《旧唐书·司空

①《唐阙史》,上海古籍出版社《唐五代笔记小说大观》点校本,2000 年。
②按《北梦琐言》记卢携题诗,作"官班御史雄","雄"字误,应作"卑"。又《唐才子传》卷八《司空图传》所载,谓"卢相携还朝,过陕虢,访图",亦误。

图传》谓"乾符六年,宰相卢携罢免",误,据前考述,卢携于乾符五年五月免相,为太子宾客、分司东都,六年十二月又召入朝。

又陆龟蒙晚年长期隐居于苏州松江甫里,虽有田屋,但仍自称"苦饥"(陆龟蒙自作之《甫里先生传》,《全唐文》卷八〇一)。《新唐书》卷一九六《隐逸·陆龟蒙传》,有云:"李蔚、卢携素与善,及当国,召拜左拾遗;诏方下,龟蒙卒。"此处谓"诏方下,龟蒙卒",误,因据前考述,卢携曾两度为相,先为乾符元年十月至五年五月,后为乾符六年十二月至广明元年十二月;李蔚任相在乾符二年六月至五年九月。而陆龟蒙至中和(881—885)初才卒(参《唐五代文学编年史·晚唐卷》中和元年)。则卢携、李蔚为相时下诏召其为左拾遗,陆龟蒙实未卒。陆龟蒙当未应诏。不过由此亦可见卢携对清贫文士之关切。《北梦琐言》卷六《陆龟蒙追赠》条亦记云:"丞相李公蔚、卢公携景重之。"

《全唐诗》卷六六七载其诗一首,即《旧唐书·司空图传》所载卢携分司东都时对司空图"厚礼之","尝过图舍,手题于壁曰:'姓氏司空贵,官班御史卑。老夫如且在,不用念屯奇。'"可见其对司空图清贫境遇之关切。《全唐文》卷七九二载文二篇,一为前所记述之《乞蠲租赈给疏》,另一为《临池诀》,具述写字之法,可见其对书法亦有研究。

孔 纬

以丁居晦署名之《重修承旨学士壁记》,止于懿宗朝,即至咸通末,前崔澹、卢携因皆于咸通十四年十一、十二月入,故仍列于丁《记》,卢携后即无(关于丁《记》,可参前《唐翰林学士传论》上编《唐翰林学士史料研究劄记》)。丁《记》所记,有记入院、出院年月日及在院期间官阶迁转者,现则仅据两《唐书》、《通鉴》及其他有关史料,并参考岑仲勉《补僖昭哀三朝翰林学士记》,加以考述。

岑氏《补记》于僖宗朝,列首位者为孔温裕,谓僖宗即位后授以翰林侍讲学士。岑说不确,不应列,详见前宣宗朝孔温裕传。现大致按岑氏《补记》所列次序,于卢携后,记叙孔纬。

孔纬,两《唐书》有传,见《旧唐书》卷一七九、《新唐书》卷一六三。《旧传》:"孔纬字化文,鲁曲阜人,宣尼之裔。"即山东曲阜人,孔子后世。

《旧传》又云:"曾祖岑父,位终秘书省著作佐郎,谏议大夫巢父兄也。祖戣,位终礼部尚书,自有传。父遵孺,终华阴县丞。"《新传》亦记其父为遵孺。唯《新唐书》卷七五下《宰相世系表》五下,载戣四子,为温质、温孺、温宪、温裕,温孺之子即纬(云字化文)。则两《唐书》本传记孔纬之父,名遵孺,《新表》作温孺,有异,中华书局点校本未有校。按韩愈《唐正议大夫尚书左丞孔公墓志铭》(《韩昌黎文集校注》卷七)[1],志主即孔戣,记云:"有四子:长曰温质,四门博士;遵孺、遵宪、温裕,皆明经。"据校注,韩愈此志作于长庆四年(824),则此时名为遵孺,而《新表》所记四子,其名皆以"温"相领,则有可能遵孺、遵宪后统一改为温孺、温宪,

<hr>

①《韩昌黎文集校注》,马其昶校注,上海古籍出版社,1986年。

当然也有可能如马其昶所云，"以嫡庶为异"。总之，遵孺、温孺为同一人。

孔戣，宪宗时曾任岭南节度使，穆宗时为吏部侍郎、右散骑常侍，韩愈于长庆任吏部侍郎时曾上疏请留其用（即前所引韩愈所作墓志，及《新唐书》卷一六三《孔戣传》）。孔纬叔父孔温裕，宣宗大中时翰林学士（见前传）。孔纬父遵孺（温孺），《新传》《新表》仅载其名，未记其事及官名，《旧传》云"终华阴县丞"，则官位甚卑。

《旧传》记孔纬"大中十三年进士擢第，释褐秘书省校书郎"。清徐松《登科记考》卷二二引《广卓异记》所载之《登科记》所云"孔纬，大中二年状元"，谓当从本传，即系于宣宗大中十三年（859），但仍标孔纬为该年状元。又，此年进士及第者有李磎、豆卢瑑、崔澹，皆为僖宗朝翰林学士。

《旧传》接云："崔慎由镇梓州，辟为从事。又从崔铉为扬州支使，得协律郎。崔慎由镇华州、河中，纬皆从之，历观察判官。"据《唐刺史考全编》卷二二九，崔慎由于大中十二年至咸通初为梓州刺史；又卷一二三，崔铉于大中九年至咸通三年为淮南节度使。则孔纬于大中十三年初进士及第后，释褐为秘书省校书郎，当旋于大中末、咸通初至崔慎由梓州东川节度使幕，后又至扬州在崔铉淮南幕。崔慎由于咸通四至五年为华州刺史，五年为河中节度使（参据《唐刺史考全编》），则孔纬当于咸通前期又在崔慎由幕。长期在节镇幕中供职，是中晚唐士人举试及第后求仕的一大特色。

又据《旧传》，孔纬当于咸通中因宰相杨收、徐商等之荐，入朝累仕为长安尉(直弘文馆)、监察御史、礼部员外郎、考功员外郎。清劳格《唐尚书省郎官石柱题名考》卷十考功员外郎、卷二〇礼部员外郎,皆列有孔纬。

《旧传》后云:"丁内忧免,服阕,以右司员外郎入朝。宰臣赵隐嘉其能文,荐为翰林学士。"据《新唐书》卷六三《宰相年表》,赵隐于懿宗咸通十三年(872)二月丁巳,以刑部侍郎、判户部改为户部侍郎、同中书门下平章事,入相,僖宗乾符元年(874)二月癸丑出为镇海军(浙西)节度使。《旧唐书》卷一九上《懿宗纪》亦记赵隐任相为咸通十三年二月丁巳。唯岑仲勉《补僖昭哀三朝翰林学士记》(后皆简称为岑氏《补记》),谓"《新唐书》卷六三作三月丁巳,误",实则《新表》所记为"二月丁巳",非"三月",当为岑氏误读。又《旧唐书》卷一九下《僖宗纪》,记赵隐罢相,出为润州刺史、浙西观察使在乾符元年三月,而《新唐书》卷九《僖宗纪》、《通鉴》卷二五二,皆记为乾符元年二月,与《新表》同,则《旧纪》作三月,当误以"二"作"三"。

按据丁《记》,此前卢携入院为咸通十四年(873)十二月,赵隐既于乾符元年(874)二月罢相,则孔纬因赵隐任相时之荐入为翰林学士,当在乾符元年元月。按僖宗于咸通十四年七月即帝位,年仅十二,其立位,宦者左军中尉刘行深、右军中尉韩文约起主要作用,故于是年八月,刘、韩二人"皆封国公"(见《旧·僖宗纪》、《通鉴》卷二五二)。后另一宦者田令孜又得宠,接韩文约为右军中尉,"政事一委令孜,呼为'阿父'"(《通鉴》卷二五二乾符二年)。故僖宗初立时,翰林学士之入,均未出于僖宗,当受宰相或宦者之举荐,特别是宦者所起的作用,是僖、昭二朝的特色(详见有关之学士传）。

孔纬入院后，《旧传》记云："转考功郎中、知制诰，赐绯。正拜中书舍人，累迁户部侍郎。谢日，面赐金紫之服。乾符中，罢学士，出为御史中丞。"《新传》则甚简，仅云"拜翰林学士，俄知制诰，频迁户部侍郎，擢御史中丞"，皆未记时，也未记曾迁中书舍人。按《旧传》有云："宰臣萧遘在翰林时，与纬情旨不协。"据后萧遘传考述，萧遘于乾符二年（875）十月尚未入院，三年（876）九月已为翰林学士，则孔、萧二人有同时在院者，当在乾符三年。《旧传》既云"乾符中"出院，乾符共六年（874—879），则孔纬出院当在乾符三、四年间。

由此，可大致确定，孔纬于乾符元年（874）正月以右司员外郎入，本年即改为考功郎中（《唐尚书省郎官石柱题名考》卷九考功郎中即列有孔纬），并知制诰，后迁中书舍人。乾符三年（876），又迁户部侍郎，复加知制诰。乾符三、四年间，出为御史中丞①。孔纬在院，当为三年余。在院时任职情况，无有载记。《旧传》记其"出为御史中丞"后，云："纬器志方雅，嫉恶如仇。既总宪纲，中外不绳而自肃。""宪纲"乃指御史中丞，其在院时，当亦能"器志方雅，嫉恶如仇"。

孔纬此后仕历颇繁，据两《唐书》本传，及纪、表等，略述如下：乾符中出院为御史中丞，又历户部、兵部、吏部侍郎。广明元年（880）十二月黄巢军入长安，僖宗出奔西川，孔纬亦随从至蜀，改

---

① 严耕望《唐仆尚丞郎表》卷一二《辑考四下·户侍》，谓其出院在乾符二、三年，不确。《唐仆尚丞郎表》，中华书局重印本，1986年。

为刑部尚书,判户部事。在蜀期间,萧遘居相位,因在院时与孔纬不协,即使其改为太子少保之散衔。光启元年(885)三月,孔纬又随僖宗,自蜀返京。同年十二月,李克用等犯京师,僖宗又受田令孜之挟,出奔凤翔、兴元,孔纬亦随行,改授御史大夫。光启二年(886)二月,孔纬与翰林学士承旨、兵部侍郎杜让能并为兵部侍郎,同中书门下平章事,任相。据《新唐书·宰相世系表》,孔纬是唐时曲阜孔氏唯一任宰相者。后随僖宗返京,僖宗于文德元年(888)三月卒,昭宗立,孔纬仍居相位。大顺二年(891),另一宰相张濬因出兵征讨太原,败,罢相贬官,孔纬亦受累于是年正月出为荆南节度使,旋再贬均州刺史,后因朱全忠之援,未就贬,寓居华州。乾宁二年(895)六月,又复为相,但因疾求罢,九月卒。

可以注意的是,孔纬在昭宗朝任相时,对宦官、藩镇是力主加以抑制的。僖宗于文德元年(888)三月将卒时,宦者十军观军容使杨复恭即谋立寿王(李)傑为帝,是为昭宗。据《通鉴》卷二五八龙纪元年(889)十一月记,昭宗即位后,"杨复恭恃援立功,所为多不法",昭宗有所不平,乃与时居相位的孔纬、张濬谋商,"孔纬、张濬劝上举大中故事抑宦者权。复恭常乘肩舆至太极殿。他日,上与宰相言及四方反者,孔纬曰:'陛下左右有将反者,况四方乎!'上矍然问之,纬指复恭曰:'复恭陛下家奴,乃肩舆造前殿,多养壮士为假子,使典禁兵,或为方镇,非反而何!'"对掌有军权的宦者,敢于面斥,在当时朝臣是极为少见的。《通鉴》同卷又载时已封为东平郡王、兼中书令的汴州节度使朱全忠,"求领盐铁","孔纬独执以为不可,谓进奏吏曰:'朱公须此职,非兴兵不可!'全忠乃止"。元胡三省于此处评云:"史言孔纬相唐,欲振纪纲,惜制于时,不得行其志耳。"应当说,孔纬任相时敢于直言,当与其任翰林学士时,有所相通。

《全唐文》卷八〇四载其《请助修孔子庙奏》,文甚短,云:"文宣王祠庙,经兵火焚毁,有司释奠无所,请内外文臣各于本官料钱上,每一缗抽十文,助修国学。"此实本《唐会要》卷三五《褒崇先圣》条,记为"大顺元年二月,宰臣兼国子祭酒孔纬奏"。亦即《旧传》所载,"以国学盗火所焚,令纬完葺,仍兼领国子祭酒"。亦可见孔纬对儒学的重视。

崔　澹

崔澹,两《唐书》皆附记于《崔珙传》,见《旧唐书》卷一七七、《新唐书》卷一八二。按崔珙有弟玙,玙子澹,则崔珙为澹之伯父。

《旧唐书·崔珙传》记为"博陵安平人",《新唐书·崔珙传》亦称为"其先博陵人";《新唐书》卷七二下《宰相世系表》二下,亦标为"博陵安平崔氏"。博陵当为崔氏郡籍。《元和郡县图志》卷一七河北道深州,有安平县,云:"后汉属博陵郡。后魏以来,博陵诸崔,即此邑人也。"安平即今河北省安平县。

据两《唐书》本传,崔珙,武宗会昌时因与李德裕相善,曾入相,后因与崔铉不协,被贬出;宣宗立,召还,又出为凤翔节度使,后分司东都。其弟崔玙,即崔澹父,宣宗大中六年(852)曾以礼部侍郎知贡举。

两《唐书·崔珙传》附记崔澹事,甚简,《旧传》云:"大中十三年登进士第,累迁礼部员外郎,位终吏部侍郎。"《新传》则记有轶闻,而其仕迹,则仅云"擢进士第,累进礼部员外郎",又云"终吏部侍郎",与《旧传》同,皆未叙及翰林学士事。

清徐松《登科记考》卷二二即据《旧传》,列崔澹于宣宗大中十三年(859)进士及第者,同年及第者有孔纬、李磎、豆卢瑑等,皆为僖宗朝翰林学士。

崔澹进士及第后之仕迹,《唐诗纪事》卷六〇崔澹条有所记,先记崔澹《赠美人》诗(七绝),后云:"大中末,崔铉自平章事镇淮海,杨收为支使,收状云:'前时里巷,初迎避马之威;今日藩垣,便仰问牛之代。'澹之词也。"关于所谓《赠美人》诗,其写作背景与时间,详后论述。据《旧唐书》卷一六三《崔铉传》,崔铉于宣宗大中九年(855)为淮南节度使,"咸通初,移镇襄州",即咸通三年(862)冬令狐绹接任(《旧唐书·懿宗纪》)。由此,则崔澹当于大中十三年进士及第后,于咸通初在崔铉淮南幕府供职,时杨收亦在淮南,任节度支使,崔澹则为其起草状词。按崔铉于会昌前期亦为翰林学士(见前传),后任相,与崔澹伯父崔珙不协而罢相,而此时节镇淮南,尚能不念前嫌,辟崔澹在其幕府。

此后,崔澹当入朝,咸通十一年(870)初已在礼部员外郎任。《旧唐书》卷一九上《懿宗纪》,咸通十一年正月,"以吏部尚书萧邺、吏部侍郎于德孙、吏部侍郎杨知温考官,司勋员外郎李耀、礼部员外郎崔澹等考试应宏词选人"。徐松《登科记考》卷二三咸通十一年亦据此载于正月博学宏词科试。按,晚唐时博学宏词已非制举科,为吏部铨试,进士、明经等贡举试一般在正月,吏部铨试不可能亦在正月。《旧纪》咸通十一年,正月有记,无二月、三月,后接四月，此次考试应宏词选人，当在三月，因咸通十二年博学宏词试即在三月（《旧纪》），十三年亦在三月（《登科记考》引《册府元龟》）。

由此，则崔澹于咸通十一年三月前已任为礼部员外郎。《唐尚书省郎官石柱题名考》卷二〇礼部员外郎亦列有崔澹。

此后，《旧唐书·僖宗纪》于乾符二年（875）二月记："以翰林学士崔澹为中书舍人，翰林学士徐仁嗣为司封郎中，学士如故。"即乾符二年二月，崔澹已在院，且升迁为中书舍人，则当于乾符元年入院，因入院迁转尚需一定时间。又《唐尚书省郎官石柱题名考》卷五司封郎中有崔澹，据前所述，崔澹于咸通十一年三月在礼部员外郎任，至乾符二年已有五年，当于咸通末由礼部员外郎迁为司封郎中，乾符元年即以司封郎中入为翰林学士，逾一年，乾符二年二月，又迁为中书舍人，仍在院。

《旧唐书·僖宗纪》，乾符四年（877），"九月，以中书舍人崔澹权知贡举"。《登科记考》卷二三即载崔澹于乾符五年初知贡举。按唐制，知贡举者，一般均在前一年秋冬任命，故崔澹当于乾符四年九月出院，仍为中书舍人，并于翌年知举。这是唐时翰林学士参预科举考试之一例。

关于崔澹此次知举，晚唐笔记记有一轶事，《唐摭言》卷一三《无名子谤议》条，有云："崔澹试以《至仁伐至不仁赋》，时黄巢方炽，因为无名子嘲曰：'主司何事厌吾皇，解把黄巢比武王！'"又《太平广记》卷一八三《刘允章》条，中亦云："崔澹《至仁伐至不仁赋》，亦颇招时议。"时王仙芝、黄巢确已起兵，不过仍在山东一带，还未入中原、淮南等地，影响不大，恐未能就此题引起讥议。《唐摭言》、《太平广记》所记，仅为轶闻，恐不合实。

且此所谓谤议、流言，实际上也并未影响崔澹仕途。据《通鉴》卷二五三，乾符五年（878）四月，南诏曾遣使向唐廷谋请和议，"诏百僚议之，礼部侍郎崔澹等"议。即崔澹于此年初知举，四月，尚参预军政诸事。此后《旧唐书·僖宗纪》，乾符六年（879），"三月，以吏部侍郎崔沆、崔澹试宏词选人，驾部郎中卢蕴、刑部郎中郑頊为考官"。此为吏部铨试，崔澹与崔沆为主试者，且已改转为吏部侍郎。

此后事迹不详，两《唐书》本传皆谓"位终吏部侍郎"，《新唐书·宰相世系表》亦记其为吏部侍郎，当其于乾符六年初由礼部侍郎转任吏部侍郎后，不久即卒。

《全唐诗》卷五六六载其诗一首，题《赠王福娘》，下校云"一作《赠美人》"，诗云："怪得清风送异香，娉婷仙子曳霓裳。惟应错认偷桃客，曼倩曾为汉侍郎。"前所引述之《唐诗纪事》卷六〇崔澹条，即先载此诗（题《赠美人》），后云大中末崔铉在淮南节度使任，杨收时为节度支使，崔澹曾为起草状文（前已述）。依文意顺序，则此诗为崔澹早期在淮南幕府时作。惟王仲镛《唐诗纪事校笺》①，未注此诗出处。今检晚唐孙棨《北里志》之《王团儿》条，记北里志"前曲自西第一家"家主，雇有女数人，"次曰福娘，字宜之，甚明白，丰约合度，谈论风雅，且有天裁，故天官崔知之侍郎尝于筵上与诗曰……"即《全唐诗》所载之《王福娘》诗，其诗题当即据《北里志》。又《北里志》于"崔知之"句下注："名澹，赠诗方在内

---

① 王仲镛《唐诗纪事校笺》，巴蜀书社，1989年。

庭。"内庭,一般乃指为翰林学士院。而于诗末又注云:"时为内庭月部侍郎。"月部系喻指礼部,天部喻指吏部。据《北里志》所记,则此诗为崔澹任礼部侍郎时,在北里妓院,与妓女宴饮时所作。此甚可疑。孙棨于此书序中曾谓,当时来京应试之举子常至北里诸院玩游,中云:"诸妓皆居平康里,举子、新及第进士、三司幕府但未通朝籍未直馆殿者,咸可就诣。"即应试举子,新及第而尚未入仕之进士,才可至平康里妓院游宴,以礼部侍郎之高位,及曾居于禁署之翰林学士,如何能公然在妓院欢宴作诗?故《北里志》所载崔澹任礼部侍郎于北里妓院作此诗,当不确。很可能就《唐诗纪事》所记,为崔澹早期在淮南幕府,于扬州与当地歌伎宴饮时所作。

笔记稗史所载,确有错失不合实际的。如前所引述,《新唐书·宰相世系表》记崔珙子涓、潼,崔珙弟玙,玙子澹,即崔涓与崔澹为堂兄弟。《旧唐书·崔珙传》同,亦记"子涓,大中四年进士擢第",又记其弟玙,玙子澹;《新唐书·崔珙传》亦同。而五代南唐刘崇远《金华子杂编》卷上有云:"崔涓,大夫玙之子,小宗伯澹之兄。"又云"崔涓弟澹"①。《唐语林》卷三亦谓:"崔大夫涓,玙之子,礼部侍郎澹之兄。"当承袭《金华子杂编》,皆误以崔涓为崔玙子,与崔澹为亲兄弟。

崔澹之作,除《全唐诗》所载《赠美人》外,其他皆无诗文载记。

---

①孟二冬《登科记考补正》卷二二,大中十三年,崔澹名下亦引及此,未注其误。

徐仁嗣

徐仁嗣，两《唐书》无传。《新唐书》卷七五下《宰相世系表》五下，记有徐仁嗣，唯未注字号、官名。

《唐尚书省郎官石柱题名考》卷五司封郎中，列有徐仁嗣，清劳格即引《新唐书·宰相世系表》，谓徐仁嗣为徐商子，徐彦若弟。按《新表》于徐商下格为徐彦若，即彦若确为徐商子，又见《旧唐书》卷一七九《徐彦若传》；而《新表》于徐彦若平列，依次横排者为仁嗣、仁矩、仁范、仁勖，而仁嗣等四人上格未有名，劳格即定仁嗣为徐商子。赵超《新唐书宰相世系表集校》（页905）对此有考，谓："《旧唐书》卷一七九《徐彦若传》云：'弟彦枢，位至太常少卿。'今《新表》彦若有弟仁嗣、仁矩、仁范、仁勖，皆以仁字排名，《新表》不载彦枢，颇疑此仁嗣等人非彦若弟。"①赵说有一定道理。《新表》似于徐仁嗣上格缺载其父之名；其非徐商子，可以肯定，劳格说非。

不过劳格于徐仁嗣之进士及第，提供确切材料，云："《文苑英华》百八十五有徐仁嗣省试《天骥呈材诗》。黄璞《王郎中传》：咸通三年，郑侍郎从谠试《倒载干戈赋》、《天骥呈材诗》。仁嗣当是三年进士。"清徐松《登科记考》卷二三即据《文苑英华》所载徐仁嗣此诗，系于懿宗咸通三年（862），是年知举者郑从谠。

---

① 赵超《新唐书宰相世系表集校》，中华书局，1998年。

此后，即《旧唐书》卷一九下《僖宗纪》乾符二年（875）二月所记："以翰林学士崔澹为中书舍人，翰林学士徐仁嗣为司封郎中，学士如故。"即僖宗乾符二年二月前，徐仁嗣已为翰林学士，此时则进迁司封郎中。崔澹，前已考述，当为乾符元年入，此时与徐仁嗣同时迁，则徐仁嗣或亦为乾符元年同时入院者。又《唐尚书省郎官石柱题名考》卷五司封郎中、卷六司封员外郎皆有徐仁嗣，司封郎中即据《旧纪》，乃在院时改迁者，则司封员外郎当为徐仁嗣于乾符元年入院前所任之官职，并以此充。又《唐郎官考》卷六司封员外郎，徐仁嗣在卢胤徵前，劳格考引《旧唐书·僖宗纪》，卢胤徵于乾符四年以侍御史为司封员外郎，判户部案。则徐仁嗣确当于乾符元年四月前已为司封员外郎。

此后，就未有徐仁嗣记载，何时出院也未可知。

《全唐诗》卷七八二载其诗一首，即《天骥呈材》，咸通三年应试时所作，当据《文苑英华》辑载。《全唐文》未载其文。

王　徽

王徽，两《唐书》有传，见《旧唐书》卷一七八、《新唐书》卷一八五。

《旧传》："王徽字昭文，京兆杜陵人。"《新传》同。《旧传》又载其曾祖择从，择从兄易从，曾于武周时登进士第，"王氏自易从已降，至大中朝登进士科者一十八人，登台省，历牧守、宾佐者三十余人"，可谓当时名族。

《旧传》记王徽"大中十一年进士擢第,释褐秘书省校书郎";《新传》则仅云"第进士",未记年。按据传,王徽卒于昭宗大顺元年(890),未记年岁,但《旧传》有云:"徽登第时,年逾四十。"以大中十一年(857)为四十岁计算,则约生于宪宗元和十二年(817),或稍前。

《旧传》后又云:"时宣宗诏宰相于进士中选子弟尚主,或以徽籍上闻。徽性冲澹,远势利,闻之忧形于色。徽登第时,年逾四十,见宰相刘瑑哀祈,具陈年已高矣,居常多病。"于是刘瑑"于上前言之,方免"。按据《新唐书》卷六三《宰相年表》,刘瑑于宣宗大中十二年(858)正月入相,同年五月卒于位。则王徽辞尚公主,请宰相刘瑑为言,当在大中十二年上半年,即其登进士第之第二年。可见王徽当时已有名声,也可见其"性冲澹,远势利"。

据两《唐书》本传,王徽后历仕于令狐绹宣武、淮南幕府,徐商江陵幕府,当在懿宗咸通二年至十余年间(参《唐刺史考全编》)。后入朝,为侍御史知杂,兼职方员外郎,转考功员外郎,为宰相萧倣所重。《旧传》接云:"乾符初①,迁司封郎中、长安县令。学士缺人,做用徽为翰林学士。"据此,则王徽任考功员外郎时,已为宰相萧倣所重,后遂由萧倣之荐,入为翰林学士。据《新唐书·宰相年表》,萧倣于咸通十四年(873)十月为中书侍郎兼兵部尚书、同中书门下平章事,乾符二年(875)五月卒,则王徽入院,当在乾符

①此处"乾符"原作"乾封",中华书局点校本有校记,谓乾封为高宗年号,王徽为大中、大顺间人,不应作乾封,"疑此'乾封'为'乾符'之误"。按此不必云疑,故此处改。

元年秋冬间。又《太平广记》卷七〇《王氏女》，有云："王氏女者，徽之侄也。父随兄入关。徽之时在翰林。"后叙王氏女善赋诗，旋卒，末云"即乾符元年也"①。如此，则王徽于乾符元年已为翰林学士。此时王徽当已为五十七、八岁。

王徽入院后，《旧传》记为："改职方郎中、知制诰，正拜中书舍人。延英中谢，面赐金紫，迁户部侍郎、学士承旨。改兵部侍郎、尚书左丞，学士承旨如故。"至广明元年（880）十二月三日，出院拜相。《新传》则仅简云："擢翰林学士。广明元年，卢携罢宰相，以徽为户部侍郎、同中书门下平章事。"未记在院时官阶迁转情况。

据《旧传》，王徽当于乾符元年先为司封郎中，后为长安县令，入院，即改为职方郎中、知制诰。唯《旧传》谓时"学士缺人"，故萧倣荐其为翰林学士，实则乾符元年下半年，在院者有崔璆、豆卢瑑、孔纬、崔澹、徐仁嗣，已有五位（见"学士年表"），未能谓缺人。《旧传》所云不确。

《旧唐书》卷一九下《僖宗纪》，乾符三年（876）九月，"户部郎中、知制诰、翰林学士王徽为中书舍人，户部员外郎、翰林学士萧遘为户部郎中，学士并如故"。即其为中书舍人在乾符三年九月。唯《旧传》记其入院后"改职方郎中、知制诰"，后即云"正拜中书舍人"，未叙及户部郎中。岑氏《补记》谓《唐郎官石柱题名考》户中题名，"乾符初部分尚完好，并无王徽"，因而疑《旧唐书·僖宗

---

① 此条末注云"出《墉城集仙录》"，此书后未存。岑氏《补记》亦引此，谓"徽之"之"之"字衍，是。方积六、吴冬秀编撰《唐五代五十二种笔记小说人名索引》页61，亦云"据两《唐书·王徽传》及《类说》，其'之'字衍"。《唐五代五十二种笔记小说人名索引》，中华书局，1992年。

纪》所载之"户部郎中"误,《旧传》仅记职方郎中,可信。今检中华书局点校本(1992年)卷一一户部郎中,有王徽(页593),岑氏当漏记。如此,则王徽当于乾符元年秋冬入院时,改为职方郎中、知制诰,乾符二年又改为户部郎中,仍知制诰,三年九月,"正拜中书舍人"。

《旧传》记其为中书舍人后,云"迁户部侍郎、学士承旨"。按豆卢瑑于乾符二年前后为承旨,五年五月丁酉任相出院(参见前传),如此,则王徽迁户部侍郎并任承旨,当在乾符五年五月后,当即在乾符五年下半年。按严耕望《唐仆尚丞郎表》①,卷一二《辑考四下·户侍》,以豆卢瑑由承旨入相在乾符六年五月,乃误从《旧唐书·僖宗纪》,谓"徽以户侍充承旨不能早过六年五、六月",严氏此说误(豆卢瑑事,详见前豆卢瑑传考述)。

又《全唐文》卷七九三载王徽《创筑罗城记》,有云:"皇帝改元之六年,诸道盐铁转运兼镇海军节度等使、开府仪同三司、检校司徒中书门下平章事、燕国公高骈奏:'臣前理成都,筑大城,请纪其事。'上命翰林学士承旨臣王徽授其功状,臣徽承诏,再拜上言。"按据《旧唐书·僖宗纪》,高骈于乾符四年六月由宣歙观察使改镇海军(浙西)节度使,六年十月改淮南(扬州)节度使。此云"皇帝改元之六年",则据王徽此记,当为乾符六年上半年,即此时确已任为承旨。

《旧传》后云:"改兵部侍郎、尚书左丞,学士承旨如故。"未记年,当为乾符六年。翌年即广明元年(880)十二月,即出院拜相。

---

①严耕望《唐仆尚丞郎表》,中华书局重印本,1986年。

《旧传》记为广明元年十二月三日。两《唐书·僖宗纪》及《新唐书·宰相年表》等皆记于十二月甲申。按是月庚辰朔，甲申为初五日，《旧传》之"三日"，"三"当为"五"之形讹。此为小事，问题在于王徽此次任相之政治背景，《通鉴》卷二五四广明元年十二月有记，云："甲申，以翰林学士承旨、尚书左丞王徽为户部侍郎，翰林学士、户部侍郎裴澈为工部侍郎，并同平章事。以卢携为太子宾客、分司。田令孜闻黄巢已入关，恐天子责己，乃归罪于携而贬之，荐徽、澈为相。"按僖宗时虽已十九岁，但仍由宦者田令孜掌权，可见当时使宰臣罢相，另提拔两位翰林学士任相，竟由宦官操纵，可见僖宗朝政之荒败，这也是唐末僖、昭两朝翰林学士政治境遇的一大特色。

据两《唐书》本传，王徽任相当日，黄巢兵入潼关，僖宗当夜即出奔，王徽于第二日晨才知，亦仓黄而出，奔赴行在，但为黄巢军所得，迫还京师，王徽未受任命，后又奔窜至蜀，僖宗嘉之，授以光禄大夫、守兵部尚书。故后钱易《南部新书》乙卷，称"王徽为相只一日"，并引王徽后于中和五年（885）请免昭义节度使之表奏，有云："六年内署，虽叨捧日之荣；一日台司，未展致君之恳。"此即《全唐文》卷七九三所载王徽《辞泽州节度表》所云"六年内值，虽叨侍从之荣；一日台司，未展匡扶之志"，文字有小异。又此云"六年内署"，亦可证王徽确于乾符元年入院。

王徽后历仕中外，两《唐书》本传皆有具述，此不赘。后于昭宗大顺元年（890）十二月卒，时为检校司空、守尚书右仆射，赠太尉，谥曰贞。据前记述，约为七十三、四岁。

《全唐文》卷七九三载其文三篇，即前所引述之《创筑罗城记》、《辞泽州节度表》及《请车驾还京表》，亦《旧传》所载者。

裴　澈

裴澈，两《唐书》无传。《新唐书》卷七一上《宰相世系表》一上，东眷裴氏，有裴澈，云"字深源，相僖宗"。此所谓"相僖宗"，即《旧唐书》卷一九下《僖宗纪》，广明元年（880）十二月所记："辛巳，贼据潼关。时左军中尉田令孜专政，宰相卢携曲事之，相与误谋，以至倾败。令孜恐众罪加己，请贬携官，命学士王徽、裴澈为相。甲申，宣制以户部侍郎、翰林学士王徽、裴澈本官同平章事。"此为《旧唐书》首记裴澈之事者。《旧纪》此处所谓"宰相卢携曲事之"，不合实，参见前卢携传。

按《旧唐书·僖宗纪》此处所记裴澈之名，原作"徹"，而前已引述之《新唐书·宰相世系表》，及《新唐书》卷九《僖宗纪》、卷六三《宰相年表》、《通鉴》卷二五四所记，则皆作"澈"。又《旧唐书》卷一七五《嗣襄王煴传》，卷一七九《孔纬传》、《萧遘传》，提及裴澈事，亦作"澈"。《新唐书·宰相世系表》记裴俅有子二人，为渥、澈，兄弟二人之名皆为水字旁，且裴澈字深源，名与字，文意相合。如此，则《旧唐书·僖宗纪》所记广明元年十二月事，作"徹"，误。又岑氏《补记》虽亦引及《新纪》、《新表》、《通鉴》作"澈"，但未有考述，仍据《旧纪》作"徹"，当不确。

关于裴澈为相事，详后。

另，《唐尚书省郎官石柱题名考》卷一二户部员外郎，有裴澈，在韦宗卿前，清劳格于韦宗卿名下有引柳宗元《为韦京兆祭杜河中文》，即柳宗元与韦宗卿同时，则此裴澈任户部员外郎既在韦宗卿前，当与僖宗时之裴澈非同一人。又同书卷一一户部郎中亦有裴澈，接大历时卢纶之后，当亦为另一人。卷一三度支郎中，有裴澈，在李羽、归仁绍前。据劳格所引材料，李羽，咸通十年（869）正月，因被指控为杨收党而被流放；归仁绍，咸通十年进士及第，则与裴澈同时，当为此裴澈。据此，裴澈于入院前曾任度支郎中。

又，裴澈既于广明元年十二月与王徽同时由翰林学士入相，裴澈时为户部侍郎，而王徽于乾符元年（874）秋冬以司封郎中入（见前传），则裴澈入院，或稍后于王徽，可能即于乾符二年（875），以度支郎中入。

如此，则其在院期间，当有所迁转，至乾符六年（879）下半年，当已为户部侍郎。广明元年（880）十二月，黄巢军攻占潼关，入华州，将攻长安，僖宗即西出，出前，时为左军中尉的宦官田令孜乃使卢携罢相，提拔两位翰林学士王徽、裴澈入相。按僖宗即位前为普王时，田令孜曾在其府供职，僖宗即位后，乃擢任其为神策中尉，掌有军权。《通鉴》卷二五二乾符二年（875）正月记："上时年十四，专事游戏，政事一委令孜，呼为'阿父'。"田令孜由是掌有实权，"除官及赐绯紫皆不关白于上"，"宰相以下，钳口莫敢言"。《新唐书》卷二〇八《宦者下·田令孜传》所载略同。由宦官将两位翰林学士提拔为相，有唐一代，似也未有。

僖宗避黄巢兵，出奔居蜀，至光启元年（885）三月才由成都返回长安，在蜀有四年余。裴澈自广明元年（880）十二月甲申自户部侍郎改为工部侍郎入相，光启元年随僖宗返京，仍在相位。

后田令孜与河东节度使李克用、邠宁节度使朱玫利害冲突，交战，田令孜兵败，李克用等于光启元年十二月至京师，田令孜挟僖宗出奔凤翔；光启二年四月，朱玫奉嗣襄王熅（肃宗玄孙）为帝。时裴澈未能随僖宗出奔，被迫留于长安，朱玫乃使其仍居相位，并加判度支（《通鉴》卷二五六光启二年五月）。而同年十二月，朱玫为河中节度使王重荣军所败，被杀，光启三年三月，唐朝廷下令，"诏伪宰相萧遘、郑昌图、裴澈，于所在集众斩之，皆死于岐山"（《通鉴》同上卷）。裴澈、萧遘等被杀，实受当时朝政紊乱之累。

裴澈无著作载录。

萧　遘

萧遘，两《唐书》有传，见《旧唐书》卷一七九、《新唐书》卷一〇一。两《唐书》本传，皆称为南朝梁皇室后裔，《新唐书》卷七一下《宰相世系表》一下，即列于"梁高祖武皇帝"房。萧遘五世祖萧嵩，曾为玄宗时宰相；高祖华，为肃宗时宰相；其曾祖复，相德宗，父寘，相懿宗，而萧遘在僖宗时亦曾任相，故《新唐书》卷一〇一，传末"赞曰"："自瑀逮遘，凡八叶宰相，名德相望，与唐盛衰。世家之盛，古未有也。"可见晚唐时，士族之风仍为人所重。

《新传》、《新·宰相世系表》皆记萧遘字得圣，《旧传》未记。《旧传》又记萧遘于懿宗咸通五年（864）登进士第，后云"释褐秘书省校书郎、太原从事；入朝为右拾遗，再迁起居舍人"，皆未记年，当在咸通五年至十一年间（864—870），因咸通十一年四月韦保衡任相后,萧遘即被贬出。《旧传》记云:"与韦保衡同年登进士第,保衡以幸进无艺,同年门生皆薄之。遘形神秀伟,志操不群,自比李德裕,同年皆戏呼'太尉',保衡心衔之。及保衡作相,掎遘之失,贬为播州司马。"《新传》略同。按韦保衡于咸通十一年(870)四月为相,十四年(873)九月贬出(见前懿宗朝韦保衡传),则萧遘之贬当在咸通十一、二年间。

按播州,据《元和郡县图志》卷六江南道,其治即遵义县(今贵州遵义),可见萧遘此次被贬之僻远。《旧传》有记其贬途情景:"途经三峡,维舟月夜赋诗自悼,虑保衡见害,遽有神人谓之曰:'相公勿忧,予当御侮奉卫。'遘心异之。过峡州,经白帝祠,即所睹之神人也。"《新传》所载略同。即途经三峡,顾虑韦保衡于途中见害。此所记恐非实。今检《全唐文》卷八一六有袁循《修黄魔神庙记》,亦记萧遘于"咸通末岁","自右史窜黔南",途经三峡,时值大雨,蜀水方涨,乃畏惧,于夜间梦神人,谓"险不足惧",后即于僖宗乾符间萧遘命人维修秭归庙祠。两《唐书》本传所记当本稗史杂闻。

萧遘被贬后,《旧传》接云:"(韦)保衡诛,以礼部员外郎征还,转考功员外郎、知制诰。乾符初,召充翰林学士。"《新传》仅云:"未几,保衡死,召为礼部员外郎。乾符中,累擢户部侍郎、翰林学士承旨。"则初入院时已为户部侍郎,且为翰林承旨,《新传》所记极不当(详后)。按韦保衡于僖宗即位后,于咸通十四年(873)十月被贬赐死,同月,因韦保衡所陷而被贬者亦陆续放还,萧遘亦当于咸通十四年冬入为礼部员外郎(清劳格《唐尚书省郎官石柱题名考》卷二〇礼部员外郎,亦列有其名)。

《旧传》后记萧遘由礼部员外郎转考功员外郎、知制诰。按《旧唐书》卷一九下《僖宗纪》，乾符二年（875）十月有记："以考功员外郎赵蕴为吏部员外郎，户部员外郎卢庄为起居员外郎，礼部员外郎萧遘为考功员外郎。"赵蕴、卢庄皆非翰林学士，萧遘与此二人并改授官，当亦未为翰林学士；其于考功员外郎加知制诰，当稍后。

《旧唐书·僖宗纪》后于乾符三年（876）九月记："户部郎中、知制诰、翰林学士王徽为中书舍人，户部员外郎、翰林学士萧遘为户部郎中，学士并如故。"即乾符三年九月，萧遘已在院，并由户部员外郎迁户部郎中。按据前述，乾符二年十月萧遘由礼部员外郎为考功员外郎，尚未入院，此后当又改为户部员外郎，并以户部员外郎入院，则当在乾符二年冬或三年初。岑氏《补记》谓《唐郎官考》户外题名未见萧遘，故萧遘究以何官入，殊难确定。今按中华书局点校本（1992年）《唐尚书省郎官石柱题名考》卷一一户部郎中，卷一二户部员外郎，均有萧遘，其以户部员外郎入，当可定，后即又改迁户部郎中，加知制诰。又《旧传》云萧遘于乾符初召充翰林学士，按乾符共六年，萧遘于乾符二年冬或三年初入，不当云乾符初。

《旧传》记萧遘"召充翰林学士"，接云"正拜中书舍人，累迁户部侍郎、翰林承旨"，缺记入院后由户部员外郎迁户部郎中事。前所引述之袁循《修黄魔神庙记》（《全唐文》卷八一六），作于乾符四年（877）二月九日，文中称"今翰林、舍人兰陵公"。据此，则萧遘当于乾符四年二月九日前已由户部郎中升迁为中书舍人，其时或在乾符三年末、四年初。

《旧唐书·僖宗纪》后于中和元年（881）记："正月庚戌朔，车驾在兴元，以翰林学士承旨、尚书户部侍郎、知制诰萧遘为兵部侍郎、充诸道盐铁转运等使。"即中和元年正月前，萧遘已为户部侍郎、翰林学士承旨。按王徽于乾符五年（878）五月继豆卢瑑为承旨，广明元年（880）十二月五日拜相，时黄巢军入长安，僖宗出奔，朝政紊乱，萧遘亦随僖宗出幸，当即于十二月继王徽为承旨，而此前约于乾符六年已为户部侍郎。广明元年十二月，在院者以萧遘资历最深，故当以其接王徽。

至于萧遘出院为相，两《唐书》所记有异。《旧传》云："中和元年三月，自褒中幸成都，次绵州。以本官同平章事，加中书侍郎。"《通鉴》卷二五四，中和元年正月，记僖宗自兴元出发赴蜀，辛未至绵州，"壬申，以兵部侍郎、判度支萧遘同平章事"。《新唐书·僖宗纪》、《新唐书·宰相年表》亦记于中和元年正月壬申，谓以兵部侍郎、判度支萧遘为工部侍郎、同中书门下平章事。《旧唐书·僖宗纪》于中和元年正月记："以翰林学士承旨、尚书户部侍郎、知制诰萧遘为兵部侍郎，充诸道盐铁转运等使，寻以本官同平章事，领使如故。"则《旧传》记于中和元年三月入相，"三"字误。

又，《旧纪》及两《唐书》本传皆记萧遘以兵部侍郎本官入相，而《新纪》、《新表》则记以兵部侍郎改工部侍郎入相，《通鉴》亦记为以工部侍郎、判度支同平章事。《全唐文》卷八六所载僖宗《授王铎萧遘平章事制》，先称萧遘为朝散大夫、守尚书兵部侍郎、判度支，授以银青光禄大夫、守工部侍郎、门下平章事，即与《新纪》、《新表》、《通鉴》同。如此，则《旧纪》及两《唐书》本传记其以兵部侍郎本官入相,误①。

据此,则萧遘当于中和元年(881)正月初出院,改为兵部侍郎,充诸道盐铁转运等使,后又于同月壬申(二十三日),以工部侍郎入相。

萧遘在院,前后约四年。《全唐文》卷八六僖宗《授王择萧遘平章事制》中曾概誉为:"自精通艺行,履历清崇,逸翰摩云,高踪绝地。"同卷《萧遘罢判度支制》亦称其:"负严乐之才华,既司天语;将徐庾之事业,尤润帝谟。"又乐朋龟草撰的《萧遘判度支制》(《全唐文》卷八一四),先称其才华:"众谓国华,雅得韦平之称;时推人瑞,谅齐管乐之名。"后叙其在院时之业绩:"由右史以践南宫,自中戎而升内署。久传密命,綮组绣于笔端;旋总宪台,定准绳于朝右。"不过萧遘任职期间,未撰有制诏传存,对当时政事也未有所参与。值得一提的是,有一位文士向其进献诗作。

《全唐诗》卷七〇二载张蠙《投翰林张侍郎》、《投翰林萧侍郎》二诗,前诗之张侍郎为张裼,见前懿宗朝张裼传。张蠙为晚唐寒士群体"咸通十哲"之一,多年应试不第,在献张侍郎诗中自叹"举家贫拾海边樵",至此已"十载身辞故国遥"。按张裼于咸通九年(868)六月至十三年(872)五月在翰林学士任,张蠙乃求其举荐,"愿与吾君作霖雨,且应平地活枯苗"。但咸通年间他仍未及第,故于僖宗乾符时又向翰林学士萧遘献诗,即此《投翰林萧侍

---

① 按岑氏《补记》,仍谓以兵部侍郎本官同平章事,并有考,而严耕望《唐仆尚丞郎表》卷一二《辑考四下·户侍》,则谓岑说"迁回解析,以明兵侍本官入相之为正,以未见此制耳",即谓岑氏未见及《全唐文》所载之僖宗《授王铎萧遘平章事制》。严说是。《唐仆尚丞郎表》,中华书局重印本,1986年。

郎》，诗云："九仞墙边绝路岐，野才非合自求知。灵湫岂要鱼栖浪，仙桂那容鸟寄枝？纤草不销春气力，微尘还助岳形仪。从来为学投文镜，文镜如今更有谁？"诗题称萧侍郎，当作于乾符六年（879）萧遘由中书舍人迁户部侍郎时。时黄巢已率军由广东北上，后又攻陷洛阳，形势迫急，张蠙为自己仕途，仍不忘向享有高誉之翰林学士求荐，特别是末二句，以"文镜"喻萧遘，誉其为能鉴别诗文优劣之高才。由此亦可见当时士子之心情。

萧遘随僖宗，避乱在成都，后于光启元年（885）返京师。任相期间，他对宦者田令孜专政极为不满，屡有抵制。后田令孜与河东节度使李克用、邠宁节度使朱玫矛盾，李克用、朱玫率兵攻长安，田令孜乃挟僖宗出奔凤翔。光启二年（886），朱玫奉嗣襄王煴（肃宗玄孙）为帝。时萧遘未随僖宗西出，仍在京，朱玫乃迫使萧遘撰写襄王即位册文，萧遘辞，而朱玫仍任其为相，萧遘乃以疾退居于汉中之永乐县（时其弟邍为永乐县令）。后朱玫兵败，僖宗返京。《旧传》记云："僖宗再还京，宰相孔纬与遘不协，以其受伪命，奏贬官，寻赐死于永乐。"《旧唐书·僖宗纪》，光启三年（887）三月，亦记"太子少师致仕萧遘赐死于永乐县"。萧遘之所以赐死，表面上虽为宰相孔纬提出，实际上恐还是宦官田令孜之意。《新传》曾记，萧遘任相时，"（田）令孜持禁军，权宠可炙，公卿无不附顺，唯遘未尝少下"。《旧传》末云："遘为大臣，士行无缺。逢时不幸，为伪煴所污，不以令终，人士惜之。"

《全唐诗》卷六〇〇载其诗三首：《春诗》、《和王侍中谒张恶子庙》、《成都》，当皆随僖宗在蜀时所作，有诗意。又宋《宣和书谱》卷四"正书"，记有萧遘，云："遘之字画，虽罕传于世，观其景公、幽公二帖笔迹，有廊庙之气，而足规矩，学者未易到也。今御府所藏二：正书·景公帖，行书·幽公帖。"则其书迹，北宋时尚有存，也可见萧遘确颇有才艺。

张　祎

张祎，《旧唐书》有传，附于卷一六二其祖张正甫传后；《新唐书》无传。

《旧唐书·张正甫传》称为南阳人，文宗时曾为工部尚书、集贤殿学士，大和八年（834）卒，年八十三，"仁而端亮，莅官清强"。张正甫子毅夫，即祎父，官至户部侍郎、弘文馆学士判院事；其从兄弟登第者甚多，"相次登科"，"大和中，文章之盛，世共称之"，又云"诸群从登第者数人，而毅夫子祎最知名"。可见其家世之文化背景。

《旧·张祎传》："祎字冠章，释褐汴州从事、户部判官。"当亦科试登第，但未详其年。《旧传》接云："入为蓝田尉、集贤校理。赵隐镇浙西，刘邺镇淮南，皆辟为宾佐，入为监察御史，迁左补阙。"按据《旧唐书》卷一九下《僖宗纪》，赵隐于乾符元年（874）三月罢相，出为润州刺史、浙西观察使，后约乾符二年（875）四月后因部将王郢作乱，赵隐改除太常卿（见《通鉴》、《新唐书·赵隐传》）。又《新唐书》卷六三《宰相年表》，刘邺于乾符元年十月罢相，出为淮南节度使，后因黄巢军进攻，于乾符六年（879）由高骈代其任（《通鉴》，并参《唐刺史考全编》）。由此，则张祎当于乾符元年三月后在浙西赵隐幕，乾符二年四月后改至淮南（扬州）刘邺幕，当于乾符三年入朝，为监察御史（正八品上）、左补阙（从七品上）。

《旧传》接云："乾符中，诏入翰林为学士。"据前考述，张祎于乾符二、三年间在淮南幕，后入朝累任监察御史、左补阙，当有一定时间，《旧传》既云乾符中，则当于乾符四年以左补阙入为翰林学士。

《旧传》又接云"累官至中书舍人"。由从七品上之左补阙，至正五品上之中书舍人，其间当有其他官衔历迁的，如尚书员外郎（从六品上）、郎中（从五品上），并需有一定时间，惜限于史料，未能具知。唯其为中书舍人，或为乾符六年（879）。

此后，《旧传》云："黄巢犯京师，从僖宗幸蜀，拜工部侍郎、判户部事。"未记年。按《唐文拾遗》卷三三据《金石苑》载有张祎《南龛题名记》，多有缺文，前半篇云："圣上西巡之辰，余自金门飞骑追扈大驾，中途隔烟尘遁迹。及中秋方达行在，由青琐判吏，视事未浃旬，复归内署。明年自贰□授是官，又明年出绾是职。"按僖宗因黄巢攻长安，于广明元年（880）十二月西奔，中和元年（881）正月至成都。即僖宗出奔时，张祎未能及时随行，后才坎坷跋涉，至中和元年中秋才到达成都。抵达成都后，朝中使其"青琐判吏"。岑氏《补记》谓未实指何官。可能当时因政事繁忙，临时安排某种职事，不过"未浃旬，复归内署"，即仍任为翰林学士，归院中。又云"明年自贰□授是官"，有缺字。但当与《旧传》所谓"拜工部侍郎、判户部事"合，即中和二年（882），时仍在院。

张祎《南衙题名记》接云"又明年出绾是职",所谓"又明年"，当为中和三年（883）。按此文署为"中和四年甲辰三月八日尚书右丞判户部张祎记"，则"是职"即为"尚书右丞判户部"，亦即张祎于中和三年出院，任尚书右丞判户部。此为《旧传》未载，《旧传》仅记为"从僖宗幸蜀，拜工部侍郎，判户部事"，后未记，此亦为《旧传》所缺。

按唐军于中和三年四月收复长安，但僖宗于中和三、四年仍在成都，未还。则张祎于中和三年出院后，亦仍在成都。宋黄休复《益州名画录》卷上常重胤条，记"僖宗幸蜀，回銮之日"，蜀民奏请留写御容于成都大圣慈寺，乃令画师常重胤画写御容及从驾臣寮于中和院，其中即记有"尚书右丞判户部张祎"，与《南衙题名记》所具衔合。严耕望《唐仆尚丞郎表》表六《辑考一下·右仆》裴璩条，对常重胤作画及记之时间有考，谓作于中和四年九、十月间①。严氏所考是。由此，则张祎后于光启元年（885）三月随僖宗返朝，仍任尚书右丞判户部之职。

张祎返京后，《旧传》有记云："奉使江淮，还，为当途者不协，改太子宾客、左散骑常侍。"后转吏部侍郎。据严耕望《唐仆尚丞郎表》卷十《辑考三下·吏侍》，张祎由左散骑常侍转为吏部侍郎，约在昭宗初大顺、景福（890、892）。如此，则张祎奉使江淮，当为随僖宗返京不久，为当时征赋税需要，因判户部事，遂出使江淮，当在光启元年、二年间（885—886）。

值得一提的是，张祎出使江淮，杜荀鹤有诗上之：《投宣谕张

---

① 严耕望《唐仆尚丞郎表》，中华书局重印本，1986年。

侍郎乱后遇毗陵》(《全唐诗》卷六九二)。陶敏《全唐诗人名考证》(页934),谓此张侍郎为张祎,即引《旧传》为证,当是。诗题所谓"乱后",即黄巢之事平后不久,张侍郎因判户部事,即至江南"宣谕"。诗云:"此生今日似前生,重着麻衣特地行。经乱后囊新卷轴,出山来见旧公卿。雨笼蛩壁吟灯影,风触蝉枝噪浪声。闻道中兴重人(原校:一作文)物,不妨西去马蹄轻。"诗中有对张祎前在翰林任职的赞誉("重着麻衣特地行"),亦有对现时乱后"中兴"重展其文才之期望。按杜荀鹤虽早有诗名,但亦如晚唐时一般贫寒士人,屡试不第,宋葛立方《韵语阳秋》卷一八即云:"杜荀鹤老而未第,求知己甚切。"杜荀鹤于昭宗大顺二年(891)才进士及第,则张祎出使江淮时,杜仍未及第,时在江南(毗陵在今江苏常州),可能即因此向张祎献诗,以求举荐。

张祎自江淮出使还,累迁为礼部尚书、兵部尚书。《旧传》云:"从昭宗在华,为韩建所构,贬衡州司马。昭宗还京,征拜礼部尚书、太常卿,充礼仪使,迁兵部尚书。""昭宗在华",为乾宁三年(896)七月,西北节镇李茂贞逼京师,昭宗应华州刺史韩建之请出驻华州。张祎何以为韩建所挤而受贬,未可知。昭宗后于光化元年(898)八月还朝,张祎则亦被召入朝,并有升迁,累迁为兵部尚书。卒年不详,或即在光化中(898—901)。

《全唐诗》卷六六七载其诗二首,一为《巴州寒食晚眺》,一为《题击瓯楼》,皆七绝,在蜀时作。其文,即前已引述之《南龛题名记》(《唐文拾遗》卷三三)。

韦昭度

韦昭度，两《唐书》有传，见《旧唐书》卷一七九、《新唐书》卷一八五。《旧传》："韦昭度字正纪，京兆人。祖绲，父逢。"《新传》同，但未记其祖、父名。《新唐书》卷七四上《宰相世系表》四上，京兆韦氏，亦记有韦昭度，"字正纪，相僖宗、昭宗"，并记其祖名绥，父名逢，字形与《旧传》异。中华书局点校本未有校，赵超《新唐书宰相世系表集校》（页 679）有校及《新表》与《旧传》有异，但未有考①。

《唐摭言》卷七《起自寒苦》条，有记叙韦昭度年少时贫寒，"常依左街僧录净光大师，随僧斋粥。净光有人伦之鉴，常器重之"。其少年贫苦事，两《唐书》本传皆未载，可见唐五代笔记对正史亦可有补。

《旧传》记其"咸通八年进士擢第"，《新传》则简云"擢进士第"，未记年。清徐松《登科记考》卷二三即据《旧传》系于懿宗咸通八年（867），同年登第者有皮日休、韦承贻等。

《旧传》于其及第后，接云："乾符中，累迁尚书郎、知制诰，正拜中书舍人。从僖宗幸蜀，拜户部侍郎。"此处所述仕迹，实为韦昭度任翰林学士期间所历之官阶，而《旧传》却未提及其任翰林学士事。《新传》有记，云："擢进士第，践历华近，累迁中书舍人。僖

---

①赵超《新唐书宰相世系表集校》，中华书局，1998 年。

宗西狩,以兵部侍郎、翰林学士承旨从。"所谓"践历华近",即喻指翰林学士;后又提及翰林学士承旨,虽未记有年月,但较《旧传》确切。

岑氏《补记》谓韦昭度约乾符末入,未有考述,亦未叙及以何官入院。按《唐尚书省郎官石柱题名考》卷一二户部员外郎,有韦昭度,在孔纬后。劳格有引《旧唐书·僖宗纪》,记孔纬于乾符二年(875)十一月由殿中侍御史改任户部员外郎,韦昭度既列于孔纬后,则其为户部员外郎当在乾符三、四年间。《旧传》提及"累迁尚书郎、知制诰,正拜中书舍人",很可能即于乾符三、四年间以户部员外郎入院,后又迁尚书郎、知制诰,随后又正拜中书舍人,当在乾符五、六年及广明元年间(878—880)。

《旧传》于"正拜中书舍人"后,云:"从僖宗幸蜀,拜户部侍郎。中和元年,权知礼部贡举。"《新传》则云:"迁中书舍人。僖宗西狩,以兵部侍郎、翰林学士承旨从。"《新传》此处未记中和元年权知礼部贡举事,而云"未几,进同中书门下平章事",即在蜀时旋又拜相。按广明元年(880)十二月,黄巢攻陷潼关,僖宗西出,两《唐书》本传皆记僖宗出奔前韦昭度已为中书舍人。又据前考述,广明元年十二月僖宗即将离京时,王徽、裴澈二人由翰林学士为相,此前王徽为承旨,其任相出院,即由萧遘接为承旨,亦当于广明元年十二月。而萧遘旋于广明元年十二月底或中和元年元月出院,为兵部侍郎、判度支,则韦昭度当于中和元年元月接为翰林学士承旨。由此可见,《新传》记僖宗西狩,韦昭度以翰林学士承旨随行,则合于实际,《旧传》缺记。但《新传》记韦昭度接任承旨时任为兵部侍郎,《旧传》则谓户部侍郎,有异。此当有时间先后，即广明元年十二月僖宗西出，韦昭度随从，由中书舍人迁为户部侍郎，后于中和元年元月萧遘由户部侍郎、承旨改为兵部侍郎、判度支出院，韦昭度乃接任承旨，又改为兵部侍郎（萧遘事，见前萧遘传）。

《旧传》后云："中和元年，权知礼部贡举。"清徐松《登科记考》卷二三即据此载韦昭度于广明二年（即中和元年，881）知贡举。《唐摭言》卷九《敕赐及第》条，记僖宗"驾幸西蜀"时，"韦中令自翰长拜主文"，即韦昭度知举时，仍为学士承旨。按僖宗于中和元年元月中下旬才达成都，此年科试，就不可能如往常那样在年初元月，当因战乱，虽仍举试，但在二、三月间举行。

又，唐时翰林学士按例是不知举的，一般是前一年秋冬出院，任礼部侍郎或中书舍人，于第二年初主试。中和元年当因战事匆乱，故临时安排，命韦昭度知举，这也为有唐一代之特例。北宋初钱易《南部新书》己卷曾记："卢携在中书，深耻之。广明元年，乃追陕州卢渥入典贡帖经。后巢贼犯阙，天子幸蜀，韦昭度于蜀代之矣。"五代末之《北梦琐言》卷九亦言："乾符中卢携在中书，歉宗人无掌文柄，乃擢群从陕虢观察使卢渥知礼闱。是岁十二月，黄巢犯阙。"按卢渥，两《唐书》无传，司空图则为其作有神道碑：《故太子太师致仕卢公神道碑》（《全唐文》卷八〇九），记卢渥任陕虢观察使时，"（广明元年）冬十月，拜礼部侍郎。……洎入贡署，才引明经，则美称已哗于外议。遇大驾南幸，乃中辍，人至今惜之。明年春，自都潜出，二月至中条，舍于幕吏司空图"。司空图曾为卢渥幕僚，故此处所记，确切可信。

由此，可见中和元年知举者本已定，但因战乱，君主出奔外地,临时安排翰林学士韦昭度代掌举试,且此次科试也只能在成都举办。可能正因此,录取者亦甚少。《唐语林》卷四有记,谓"韦昭度侍郎于蜀代之,放十二人"。徐松《登科记考》卷二三亦即据《唐语林》,记此年进士及第者十二人。

此次举试,另可注意者,是《唐摭言》卷九《恶得及第》条所载:"黄郁,三衢人,早游田令孜门,擢进士第,历正郎金紫。李瑞,曲江人,亦受知于令孜,擢进士第,又为令孜宾佐。"徐松《登科记考》卷二三即据《唐摭言》此处所载,系此二人于中和元年进士及第者。由此,则黄郁、李瑞乃先曲附田令孜,后即由田令孜出力,使此二人登第。宦官还能操纵登第之人选,这也表现晚唐时科举考试的不良风习。韦昭度当也迫于客观环境,只能曲意为之。

《新传》接云"未几,同中书门下平章事",即意为,知举后,同年,即中和元年就任相。而《旧传》则谓:"中和元年,权知礼部贡举。明年,以本官同平章事,兼吏部尚书。"即于中和二年入相。而《旧唐书·僖宗纪》则仍记于中和元年,此年七月记:"以兵部侍郎、判度支韦昭度本官同平章事。"同一书,纪、传竟如此互异,当代点校本未有校。按《新唐书》卷九《僖宗纪》中和元年七月具记为:"庚申,翰林学士承旨、兵部侍郎韦昭度同中书门下平章事。"《新唐书》卷六三《宰相年表》、《通鉴》卷二五四,所记皆同。又《唐大诏令集》卷五〇《韦昭度平章事制》,文末署"中和元年七月",文中先称其"翰林学士承旨、银青光禄大夫、行尚书兵部侍郎、知制诰、上柱国",后云"又守本官同中书门下平章事"(《全唐文》卷八六亦载僖宗此制)。由此可证《旧传》所谓"明年",误。

按上述《韦昭度平章事制》,有称其任翰林学士业绩者,云:

"旋召宥密,备著声猷,使我语言追三代之风,使我典则符百王之法。当风雨之如晦,励节敬恭;念艰难之在途,夙勤晨夜。临难得近臣之体,效忠彰明哲之心。"甚为赞誉。值得注意的是,制文云"使我语言追三代之风",可以参照元稹于穆宗长庆时任中书舍人、翰林学士,白居易称其制文文体之改革,亦提及制文文体创新应有三代语言之风(见前元稹传)。由此可见,元稹对制文文体革新的主张,在晚唐也甚有影响。晚唐制诰文体,很值得作综合研究。

据两《唐书》载,僖宗后于光启元年(885)三月返京,韦昭度仍在相位。文德元年(888)三月,僖宗卒,昭宗即位。时田令孜之弟陈敬瑄长期任两川节度使,多专政,不缴赋税,昭宗乃使韦昭度以太尉检校中书令,出任剑南西川节度使兼两川招抚处置等使,以代替陈敬瑄。陈敬瑄不受代,乃与韦昭度所率兵交战。《通鉴》卷二五七,昭宗大顺二年(891)二月记,"韦昭度将诸道兵十余万讨陈敬瑄,三年不能克,馈运不继",即召还。

韦昭度讨蜀期间,后于昭宗朝任翰林学士之吴融,曾在其幕中供职。《新唐书》卷二○三《吴融传》记云:"韦昭度讨蜀,表掌书记。"《北梦琐言》卷四亦有载:"唐吴融侍郎策名后,曾依相国太尉韦公昭度,以文笔求知。"吴融本人也有诗叙及,如其《灵池县见早梅》(《全唐诗》卷六八四),题下自注:"时太尉中书令京兆公奉诏讨蜀,余在幕中。"诗中有"小园晴日见寒梅"、"春日暖时抛笠泽"句,或即作于龙纪元年(889)、大顺元年(890)春。据《元和郡县图志》卷三一剑南道成都府,所属有灵池县,"西至府六十里",则已靠近成都。又有《简州归降贺京兆公》(《全唐诗》卷六八六）。《通鉴》卷二五八大顺元年（890）正月，记简州将杜有迁执刺史员虔嵩，求降。简州亦属成都府，辖境相当今四川简阳、资阳二县。可见吴融本人当时在韦昭度幕府，甚自重，由此亦可见韦昭度与文士之交往。

韦昭度后返朝，除东都留守；景福二年（893）九月，又由东都留守为司徒兼门下侍郎、同中书门下平章事，复相（据《新唐书·宰相年表》）。但旋又以太保致仕。后乾宁二年（895）五月，静难军节度使王行瑜、镇国军节度使韩建及凤翔陇右节度使李茂贞，与当时宰相崔昭纬联谋，率军攻京师，杀朝臣多人，其中有韦昭度、李磎，即亦曾任宰相者。昭宗时，地方节镇一方面以兵胁迫君主，另一方面又谋杀朝士，其中有不少曾为翰林学士者。唐末昭宗朝，翰林学士多有不幸遭遇，详见后昭宗朝翰林学士传。

韦昭度著作，《新唐书》卷五八《艺文志》二，史部杂史类，著录有《续皇王宝运录》十卷，下注："韦昭度、杨涉撰。"杨涉，《旧唐书》卷一七七、《新唐书》卷一八四附于其伯父杨收传后。据传，杨涉于僖宗乾符二年登进士第，昭宗时历任礼、刑二侍郎，后从昭宗徙洛阳，改吏部尚书，哀帝时为相，未记与韦昭度合撰此书。《新唐书·艺文志》所载，同类，有杨岑《皇王宝运录》，注云："卷亡。岑，宪宗时人。"杨岑，两《唐书》无传。据《新唐书·艺文志》，同类著录者有刘肃《大唐新语》、李肇《国史补》等，确为杂史类，但《续皇王宝运录》后未传存，具体内容不详，书名含义也不清。此书或为韦昭度在翰林学士任期内与杨涉合著，杨涉当于乾符二年进士及第后，在史馆任职。

又，《全唐文》卷八〇五载其文三篇：《元中观瑞石贺表》、《又贺瑞石表》、《请复李克用官爵表》。《全唐诗》未载其诗。

徐彦若

徐彦若,两《唐书》有传,见《旧唐书》卷一七九、《新唐书》卷一一三。其父徐商,为武宗朝翰林学士,懿宗时曾为相(见前徐商传)。

《新唐书》卷七五下《宰相世系表》五下,记有徐彦若,云字俞之;两《唐书》本传皆未载其字号。

《旧传》载其"咸通十二年进士擢第",《新传》未有记。按清徐松《登科记考》卷二二系徐彦若于宣宗大中十二年(858),引《广卓异记》:"大中十二年,徐商为襄州节度使,长子彦若与于琮同年及第。"于琮,据《旧唐书·宣宗纪》,为大中十二年进士及第者。徐松即据此谓《旧传》所记之"咸通"为"大中"之讹。按《旧唐书》此卷(卷一七九)又载徐商"大中十三年及第",实则徐商于大中十二年已为襄州刺史、山南东道节度使,何以第二年又应科试并及第?徐商实为文宗大和五年(831)登进士第(见前徐商传)。《旧唐书》同一卷内记徐商父子登第之年皆误,此亦为《旧唐书》记晚唐史事有明显错误之突出事例。

《旧传》接云:"乾符末,以尚书郎知制诰,正拜中书舍人。"《新传》又略云"事僖宗为中书舍人",皆未记其任翰林学士事。岑氏《补记》引及《金华子杂编》文,指出徐彦若曾为翰林学士,当是。但岑氏所引较简,亦未有考述,且有志疑。今据上海古籍出版社2000年出版之点校本《金华子杂编》（《唐五代笔记小说大观》本）卷上，全录于下：

> 故事，南曹郎既闻除目，如偶然忽变改授他人，纵未领命，亦不复还省矣。南海端揆为主客员外时，有除翰林学士之命。既还省，吏忽报除目下，员外徐彦若除翰林学士。端揆以己未承旨，乃驾而将复治故厅。至省，省门子前曰：“员外已受报出省，不可更入南曹。”例举不敢避，遂退。彦若，公相之子，能驰誉清显，中尉杨复恭善之，故能变致中授耳。

按据《旧传》，徐彦若于昭宗时曾罢相出任岭南节度使（其出镇年月，《旧传》、《新纪》有异，详后），故称为“南海端揆”。由此，则其任主客员外郎时，即授为翰林学士。

岑氏《补记》引及《金华子杂编》时，云：“所疑者今《郎官柱》主外题名完全无缺，并不见彦若，《金华子杂编》所载，未必全信耳。”但岑氏后于所著《郎官柱题名新考订》（上海古籍出版社，1984年），对此说有纠正，谓此段“应行抹去”，因《郎官考》题名，不一定包括全唐，有些仅至乾符而止，故《郎官考》之主客员外郎虽未有徐彦若名，但不能谓徐彦若未曾任此职。

又《旧唐书》卷一九下《僖宗纪》，乾符元年（874）十一月，“以吏部员外郎徐彦若为长安令”。按《唐郎官石柱题名考》卷四吏部员外郎即有徐彦若，在杨堪前（《旧唐书·僖宗纪》，乾符二年二月，杨堪以库部员外郎为吏部员外郎）。

据前所述，徐彦若于乾符元年十一月前已为吏部员外郎，十一月改为长安县令，后当又改为主客员外郎，入为翰林学士，则如《旧传》所云，在乾符末（五、六年间）。后迁为尚书郎中、知制诰，又正拜中书舍人，当随僖宗在成都任职。《益州名画录》卷上常重胤条，记僖宗返朝，于中和四年（884）秋令常重胤于成都中和院壁上写录随驾文武臣寮名，其翰林学士无徐彦若，则当于中和四年秋前已出院，但未详其以何官出院。

　　另，可以注意的是，前所引述之《金华子杂编》，载徐彦若"驰誉清显，中尉杨复恭善之，故能变致中授耳"，即徐彦若之所以能授为翰林学士，中尉杨复恭起实际作用，使授命落实。按杨复恭为宦官，《旧唐书》卷一八四有传，记其于懿宗咸通十年（869）为枢密使，后僖宗时田令孜掌军权，"专制中外"，与杨复恭有矛盾，杨则仍具虚衔，称疾退于蓝田。昭宗时杨复恭又受重用（昭宗之立，即由杨复恭操持），即代田令孜为右军中尉。《金华子杂编》称其为中尉，实为昭宗时，僖宗时尚未任中尉。不过徐彦若于乾符后期入院时，杨复恭当在宫中仍有权。晚唐时，特别是僖、昭两朝，翰林学士之入、出，宦官甚起作用，这也是晚唐政治之一时代特色。

　　《旧传》于"正拜中书舍人"后，接云："昭宗即位，迁御史中丞，转吏部侍郎，检校户部尚书，代李茂贞为凤翔陇节度使。茂贞不受代，复拜中丞，改兵部侍郎、同平章事。"按《新唐书》卷十《昭宗纪》，卷六三《宰相年表》，及《通鉴》卷二五八，皆记昭宗大顺二年（891）正月，孔纬、张濬罢相，"翰林学士承旨、兵部侍郎崔昭纬，御史中丞徐彦若为户部侍郎，同中书门下平章事"。但《旧唐书》卷二〇上《昭宗纪》则记于上一年大顺元年（890）十二月，当误。

《旧传》另又有误，其云："昭宗自华还宫，进位太保、门下侍郎。时崔胤专权，以彦若在己上，欲事权萃于其门。二年九月，以彦若检校太尉、同平章事、广州刺史、清海军节度、岭南东道节度等使。"按昭宗自华州还京，在光化元年（898）八月，而据《新唐书·宰相年表》，徐彦若于光化二年正月兼门下侍郎，十一月为太保，即光化二年仍在相位；三年九月乙巳，则以检校太尉、同平章事，出为清海军节度使。《旧唐书·昭宗纪》、《通鉴》卷二六二皆同，《新唐书·昭宗纪》亦于光化三年九月乙巳记"徐彦若罢"。由此，则《旧传》所云"二年九月"，"二"当为"三"之形讹。惜中华书局点校本未有校。

两《唐书》本传记其出镇岭南后，云"卒于镇"，未记年。《新唐书·昭宗纪》、《通鉴》卷二六二则于天复元年（901）末，记是岁"清海军节度使徐彦若卒"。

吴融《海棠二首》（《全唐诗》卷六八六）有提及徐彦若在长安之故居，诗云："太尉园林两树春（句下自注：今番禺太尉徐公兴化亭子有海棠二株），年年奔走探花人。今来独倚荆山看，回首长安落战尘。""云绽霞铺锦水头，占春颜色最风流。若教更近天街种，马上多逢醉五侯。"陶敏《全唐诗人名考证》（页928），谓诗中注之"徐公"为徐彦若，并有考述，云："诗云'今来独倚荆山看，回首长安是（按当为落）战尘'，当天复二年春作，时朱全忠犯阙，昭宗幸岐下，吴融奔阌乡。然时徐彦若已卒，疑注中'今'字误。或者乱中未得彦若死讯欤。"陶说是。按朱全忠于天复元年（901）十月即已出兵，《通鉴》卷二六二载是年十月戊申，"朱全忠至河中，表请车驾幸东都，京城大骇，士民亡窜山谷"。十一月，昭宗即西出，由李茂贞迎至凤翔，朱全忠即占长安，后又西往凤翔，与李茂贞战，天复二年二月乃还军河中。时吴融在翰林学士任，但昭宗西奔凤翔，吴融来不及随从，暂时客居于阌乡（详见后昭宗朝吴融传）。吴融作此诗时，当正南北战乱，未得徐彦若死讯，故仍云"今番禺太尉徐公"。由吴融此诗，可见徐彦若在长安住地园林，颇受人欣赏，竟"年年奔走探花人"，也可见吴融对徐彦若缅怀之情。又，李浩《唐代园林别业考录》[1]，关内道京兆府，记有"兴化池亭"（页15），谓兴化池亭在长安兴化坊裴度宅，并引有白居易《宿裴相公兴化池亭兼蒙借船舫游泛》诗，又引《唐两京城坊考》卷四记有西京外郭兴化坊，即此池亭在长安外郭城兴化坊内。徐彦若当任相时，曾在兴化池附近亦建有住宅，但此事及吴融诗，李浩书中未有记。

《全唐诗》、《全唐文》未载其完整诗文。《全唐诗》卷八七〇"谐谑"，载其《戏答成汭》二句（页9866），当本于笔记稗史，不一定可靠。

乐朋龟

乐朋龟，两《唐书》无传，仅《新唐书》卷六〇《艺文志》四，集部别集类，载："乐朋龟《纶阁集》十卷，又《德门集》五卷，《赋》一卷。"下注云："字兆吉，僖宗翰林学士，太子少保致仕。"又宋《太

---

[1] 李浩《唐代园林别业考录》，上海古籍出版社，2005年。

平寰宇记》卷一四单州成武县,有云:"唐乐朋龟墓在县西二十里,路南一百步。"未另有记叙。岑氏《补记》亦引此,谓可能乐朋龟即为成武县人。按《元和郡县图志》卷一一河南道曹州,所属有成武县(今山东省成武县)。

《北梦琐言》卷五《张濬乐朋龟与田军容中外事》条,有云:"乐公举进士,初陈启事谒李昭侍郎自媒云:'别于九经、书史,及《老》《庄》泊八都赋外,著八百卷书。请垂比试。'诚有学问也。"但未记是否登第。清徐松《登科记考》卷二三,据《唐语林》、《唐才子传》(载《高蟾传》),及《北梦琐言》此条,疑李昭为懿宗咸通十四年(873)知贡举,但此年进士及第者未记有乐朋龟。孟二冬《登科记考补正》卷二三引述胡可先、陈尚君等补考,谓李昭知举误。李昭,两《唐书》无传,史书中亦未记其知举事。但据《北梦琐言》所记,乐朋龟曾应举试,有行卷,自炫所作有八百卷,其事或亦在咸通中。

乐朋龟是否及第,及第后仕迹,均未知。最早记其翰林学士事者,为《通鉴》卷二五四。《通鉴》记,广明元年(880)十二月,黄巢军攻占关中,僖宗由宦官田令孜侍奉出行,西奔赴蜀,中和元年(881)正月丁丑至成都。《通鉴》即记云:"时百官未集,乏人草制,右拾遗乐朋龟谒田令孜而拜之,由是擢为翰林学士。"由此可知,乐朋龟此前已为右拾遗,广明元年十二月随僖宗至成都。又,此时翰林学士,可知者已有张祎、韦昭度、徐彦若(见前传,及书后"学士年表"),皆为知名人士,恐未能谓"乏人草制"。但据《通鉴》所载,则乐朋龟乃向田令孜求荐,田令孜即擢举其为翰林学士。前所引及之《北梦琐言》卷五《张濬乐朋龟与田军容中外事》,即详述此事:"旧例,士子不与内官交游。十军军容田令孜擅回天之力,僖皇播迁,行至洋源,百官未集,缺人掌诰。乐朋龟侍郎亦及行在,因谒中尉,仍请中外,由是荐之充翰林学士。"由此亦可见乐朋龟当时之心意,亦与当时"政事一委令孜"(《通鉴》卷二五二乾符二年)有关。

宋黄休复《益州名画录》卷上《常重胤》条,记僖宗将返回长安时,曾命常重胤录写随驾文武臣僚真像,中即记有"翰林学士承旨、兵部尚书乐朋龟"。据严耕望《唐仆尚丞郎表》,此所录在中和四年(884)秋,则乐朋龟于中和元年正月由右拾遗入,后当累有迁转,至中和四年秋,仍在院,且已为翰林承旨、兵部尚书(正三品),官阶已相当高。

《全唐文》卷八一四载乐朋龟文六篇,岑氏《补记》曾考证其所作年月,可参。如《萧遘判度支制》,据《新唐书》卷六三《宰相年表》,当作于中和二年二月;《王铎弘文馆大学士等制》,亦据《新唐书·宰相年表》,为中和元年四月庚寅;《王铎中书令诸道行营都统权知义成军节度使制》,亦据《新表》,在中和二年正月辛亥;《赐陈敬瑄太尉铁券文》,据文中所记,为中和三年十月十六日。乐朋龟制文,传存者此四篇,皆随僖宗在蜀时所作。其传存之篇数不多,而据前所引述之《新唐书·艺文志》,其所著如《纶阁集》十卷,当为在院任职时所撰之制文及有关碑志、奏议等,当有一定数量。又此四篇制文,每篇多为五、六百字,有逾千字者,较唐时一般制文字数为多。前所引述之《北梦琐言》卷五则称其"于制诰不甚简当,时人或未可之",这也为当时人的另一种评议。

乐朋龟另有《西川青羊宫碑铭》,虽非制文,但亦在院时所作。

按中和三年四月,唐军收复长安,僖宗鉴于即将返京,乃决定于成都建一道观青羊宫以志留念。杜光庭《历代崇道记》(《全唐文》卷九三三),有记叙建立青羊宫事,谓中和三年九月二十一日,先立青羊宫名,十月十七日,"敕高品郭遵泰监造",后云"又敕翰林学士承旨、尚书兵部侍郎、知制诰乐朋龟撰碑立之,伏乞颁示天下,以表皇家承神仙之苗裔",末署"中和四年十二月十五日"。另《全唐文》卷九八六有阙名《奉敕立青羊宫碑牒》,题下注"中和四年中书门下",即中书门下所敕之牒,奉皇帝之命将乐朋龟所撰之碑文刻于青羊宫内,中云:"乐朋龟职司内翰,首冠近臣,妙回掷地之金,镂入他山之石。铺陈尽善,蔡邕当患于先知;述作无遗,子建何劳于独步。宜刊盛事,以证斯文。"极赞誉乐朋龟此文,称堪与蔡邕、曹植媲美。

由上所述,则乐朋龟当于中和三、四年间(883—884)已为翰林学士承旨、兵部尚书(据杜光庭《历代崇道记》,当先为兵部侍郎、知制诰,后迁为兵部尚书)。按乐朋龟所撰此篇《西川青羊宫碑铭》,有七千二百余字,亦为唐时碑文极少见的,可见乐氏确长于文辞之挥洒。可以注意的是,文中先记叙唐本朝历代君主对道教的信奉与重视,后即重点称誉左神策军中尉田令孜及其弟、时为剑南西川节度使陈敬瑄。其称陈敬瑄,谓"虽文翁、武侯之才,萧献、王潜之策,未可与俦",甚至可"掩裴度淮西之功"。对田令孜,则赞誉更多,称其"有逾千越万之才,有闻一知十之智","赏罚无私,九土之诸侯怀惠;恩威普度,十军之将帅归心"。由此可见,乐朋龟当初之入为翰林学士,确受田令孜之引荐,此后即一直附事之,作此碑文,如此谀词,也可见晚唐时期翰林学士另一种心境。

　　僖宗于光启元年（885）三月返京，乐朋龟当仍以翰林学士随还。《通鉴》卷二五六，光启二年（886）正月八日记，僖宗又因兵乱，西出宝鸡，翰林学士承旨杜让能亦追随至宝鸡。则此时杜让能既已为承旨（详见后杜让能传），则乐朋龟此前当已出院，由杜让能接为承旨，其出院或即在光启元年三月后，但以何官出院，不详。

　　《全唐文》所载乐朋龟另一文为《僖宗皇帝哀册文》，云：“维文德元年岁次戊申十月乙丑朔二十七日辛卯，僖宗皇帝将迁于靖陵，礼也。”按僖宗于文德元年（888）三月卒，《旧纪》：“其年十二月，葬于靖陵。”则乐朋龟于光启元年出院，至此已三年，当仍在朝中任职，故能奉命撰此册文，但亦未知其所任官。《新唐书·艺文志》记为以“太子少保致仕”，当在昭宗初。

　　前已引述，《新唐书·艺文志》著录其所著，有《纶阁集》十卷，《德门集》五卷，《赋》一卷。《纶阁集》当为在院时所撰之制诏、奏议、碑志等，《德门集》、《赋》则当为诗文集。今存者仅《全唐文》所载六篇，前已述；《全唐诗》未有载。

柳　璧

　　柳璧，两《唐书》有传，附于其祖柳公绰传后，见《旧唐书》卷一六五、《新唐书》卷一六三。两《唐书·柳公绰传》皆记为京兆华原人。

柳公绰历仕于宪、穆、敬、文四朝,终兵部尚书。其弟公权,书法家,穆宗、文宗朝为翰林侍书学士、翰林学士。柳公绰子仲郢,武宗会昌时为李德裕所知,曾被荐为京兆尹,"宣宗初,德裕罢政事,坐所厚善,出为郑州刺史"(《新传》)。柳仲郢后又历仕中外,其早年曾著有《尚书二十四司箴》,颇受韩愈咨赏;又善藏书,"家有书万卷","尝手抄《六经》,司马迁、班固、范晔史皆一抄,魏晋及南北朝史再,又类所抄它书凡三十篇,号《柳氏自备》,旁录仙佛书甚众,皆楷小精真,无行字"(《新传》)。

仲郢有四子:璞、珪、璧、玭。据两《唐书》传,柳璞著有《春秋三氏异同义》,又有《天祚长历》,"断自汉武帝纪元,为编年,以大政、大祥异、侵叛战伐随著之,闰位者附见其左"(《新传》),则为司马光《资治通鉴》之前资。柳珪,"与(柳)璧继擢进士,皆秀整而文,杜牧、李商隐称之"(《新传》)。又柳玭,僖宗时曾以吏部侍郎预修国史,"直清有父风"(《新传》)。

由上所述,可见柳璧有良好的文化家世境遇。

《新传》记柳璧"字宾玉",《新唐书》卷七三上《宰相世系表》三上,记为"璧字宝玉,右谏议大夫"。其字号,一作"宾",一作"宝",互异。中华书局点校本及赵超《新唐书宰相世系表集校》①,皆未校及。

《旧传》记其"大中九年登进士第",《新传》未记。清徐松《登科记考》卷二二即据《旧传》系于宣宗大中九年(855)。《旧传》接云:"尝为《马嵬》诗,诗人韩琮、李商隐嘉之。"按韩琮、李商隐诗

①赵超《新唐书宰相世系表集校》,中华书局,1998年。

文,未有评及柳璧者。又李商隐卒于大中十二年(858);韩琮于大中后期任湖南观察使,大中十二年五月,湖南军乱,韩琮被逐,后未知其行踪(参《唐五代文学编年史·晚唐卷》大中十二年)①。据此,则柳璧之《马嵬》诗当作于早期,进士登第年(大中九年)前后,故能为韩琮、李商隐所知。惜此诗后未传存,《全唐诗》也未载有柳璧之诗。

《旧传》接云:"马植镇陈许,辟为掌书记,又从植汴州。李瓒镇桂管,奏为观察判官,军政不惬,璧极言不纳,拂衣而去。桂府寻乱,入为右补阙。"《新传》略同。参据《唐刺史考全编》,马植于大中九年至十一年为许州刺史,十一年改任汴州,卒于任,则柳璧登第后即先后在许州、汴州幕府。又李瓒(李宗闵子)于乾符前期任桂管观察使,据《通鉴》卷二五三,乾符三年(876)因曲奉监军、宦官李维周,失政,于是年十二月为军所逐(《新唐书·僖宗纪》记于乾符四年十二月,《通鉴·考异》据《实录》,定于乾符三年十二月)。《旧传》所云柳璧对李瓒"军政不惬"曾直言评议,当合实,并于乾符三年十二月军乱前即离去,入朝擢为右补阙。《新传》记为"擢右补阙,再转屯田员外郎"(《旧传》未记屯田员外郎),即于乾符后期在朝,历为右补阙(从七品上)、屯田员外郎(从六品上)。

《旧传》接云:"僖宗幸蜀,召充翰林学士,累迁谏议大夫,充职。"《新传》同,并记为"右谏议大夫"。按僖宗因避黄巢军,于广明元年(880)十二月离京赴蜀,中和元年(881)正月抵达成都,后

---

① 《唐五代文学编年史》(傅璇琮主编),《晚唐卷》,吴在庆、傅璇琮撰,辽海出版社,1998年。

于光启元年（885）春返长安，中和四年间（881—884）皆在蜀。如此，则柳璧以屯田员外郎随僖宗赴蜀，于中和元年入院为翰林学士，后又迁为右谏议大夫，仍在院。

又，前曾引述之《益州名画录》卷上《常重胤》条，记僖宗于中和四年秋命从臣常重胤绘记当时从驾之文武臣寮（参见前韦昭度、乐朋龟传），中有翰林学士乐朋龟、杜让能等五人，但未有柳璧之名，则中和四年秋前柳璧已出院。在院时曾为右谏议大夫，出院时所带何官，及出院后仕迹，两《唐书》传皆未有记。

柳璧诗文著作，亦皆未有载记。

杜让能

杜让能，两《唐书》有传，《旧唐书》卷一七七附于其父杜审权传后，《新唐书》卷九六附于其先世杜如晦传后。杜如晦，仕于唐初高祖、太宗朝，太宗时曾为相。杜审权，宣宗时翰林学士、承旨，懿宗时任相。又杜审权之伯父杜元颖，亦为宪宗时翰林学士，穆宗时为相。则杜让能自其伯祖起，连续三代，皆为翰林学士，且后又任为宰相，这也是中晚唐翰林学士仕途进展之一特点。

《旧唐书·杜让能传》："咸通十四年登进士第，释褐咸阳尉。"《新传》则略云"擢进士第"，未记年。清徐松《登科记考》卷二三即据《旧传》，系于咸通十四年（873）。

据两《唐书》本传所载，杜让能后又在汴州、扬州（淮南）、兴元（山南西道）等节镇幕府任职，约在乾符时，入朝为礼部、兵部员外郎。《唐尚书省郎官石柱题名考》卷一九礼部郎中、卷二〇礼部员外郎，列有其名。

《旧传》接云："黄巢犯京师，奔赴行在，拜礼部郎中、史馆修撰。寻以本官知制诰，正拜中书舍人。谢日，面赐金紫之服，寻召充翰林学士。"黄巢攻占长安，僖宗出奔，在广明元年（880）十二月，中和元年（881）正月至成都。则杜让能随僖宗奔赴成都后，由礼部员外郎（从六品上）迁为礼部郎中（从五品上），又为史馆修撰，可能因当时军政繁杂，就未在史馆任职，即以礼部郎中加知制诰，参预草撰制文。后又迁为中书舍人（正五品上），旋即任为翰林学士。《唐会要》卷五七《翰林院》，亦有记，但稍有异，云："中和二年，僖宗幸蜀，时黄巢犯京畿，关东用兵，书诏重委，翰林学士杜让能，草辞迅速，笔无点窜，动中事机，上嘉之，迁户部侍郎、承旨。"据《唐会要》此处所记，中和二年（882），杜让能已任为翰林学士，则其入院，当确为中和元年。不过《唐会要》记杜让能于中和二年迁为户部侍郎、承旨，则不确。中和二年至四年间，乐朋龟为承旨（见前乐朋龟传），未能重复。不过杜让能于中和元年以中书舍人入为翰林学士，入院后因撰制"草辞迅速"、"动中事机"，即于中和二年又迁为户部侍郎，当合实；《旧传》亦称其"词才敏速，笔无点窜，动中事机，僖宗嘉之，累迁户部侍郎"。不过其迁户部侍郎时，当加知制诰，而非任承旨。

又，《益州名画录》卷上《常重胤》条，记僖宗将返京，于中和四年秋绘记随驾文武臣寮（见前乐朋龟等传），所记有"翰林学士承旨、守兵部尚书乐朋龟"，后为"翰林学士、守礼部尚书杜让能"。由此，则杜让能当于中和三、四年间又由户部侍郎迁为礼部尚书，仍在院。此亦可纠正《旧传》一误，即《旧传》先叙"僖宗嘉之，累迁户部侍郎"，后接云"从驾还京，加礼部尚书"，即僖宗于光启元年（885）三月返回京都后才改为礼部尚书，与《益州名画录》所记之实际著录不合。

不过《旧传》后记杜让能为承旨，当合实。《旧传》于"加礼部尚书"后，接云："转兵部尚书，学士承旨。"前已述，乐朋龟于中和四年秋为兵部尚书、翰林学士承旨，时在蜀，后僖宗于光启元年返京，乐朋龟行踪不详，未有记载，或即于光启元年即已出院（或卒），杜让能则约于光启元年上半年转为兵部尚书、承旨学士。

僖宗返京后，黄巢之事虽平，但北方藩镇各掌军权，又互相交战，并兵胁朝廷，时又宦官操政，故政事甚为紊乱。光启元年十一月，河东节度使李克用联结河中节度使王重荣，起兵南下，上表请诛宦者田令孜，并进逼京师，田令孜遂挟持僖宗出奔凤翔，光启二年又奔赴兴元。《旧传》有记："沙陀逼京师，僖宗苍黄出幸。是夜，让能宿直禁中，闻难作，步出从驾。"即杜让能此时仍在院，值夜班，乃匆促随僖宗出奔，并于赴兴元途中，"崎岖险阻之间，不离左右"，颇得僖宗信重，于是"至褒中，加金紫光禄大夫，改兵部侍郎、同平章事"，即由翰林学士擢迁为相。《通鉴》卷二五六光启二年（886）三月戊戌记："以御史大夫孔纬，翰林学士承旨、兵部尚书杜让能并为兵部侍郎、同平章事。"《新唐书》卷九《僖宗纪》、《新唐书》卷六三《宰相年表》同。

僖宗后于文德元年（888）二月返京，但三月病卒，昭宗立，杜让能仍居相位。但昭宗时，西部凤翔节度使李茂贞更持兵骄横，屡求重任，并迫使朝中大臣去职。景福二年（893）九月，李茂贞即率兵逼京师，并与另一宰臣崔昭纬交结，胁迫昭宗使杜让能外贬（先为梧州刺史，后贬雷州司户），又迫其自尽。《旧传》后记昭宗"念让能之冤，追赠太师"。《全唐文》卷九〇载昭宗《昭雪杜让能等制》，中称"竟因连谤，终至祸名，郁我好望，嗟乎强死"。

按杜让能于中和元年（881）入为翰林学士，光启二年（886）三月任相，在院历时六年，且任职时草撰制诰，"笔无点窜，动中事机"（《旧传》），"思精敏，凡号令行下，处事值机，无所遗算"（《新传》）。但可惜，其制文未有传存，《全唐文》未有载，《新唐书·艺文志》也未有著录。唐翰林学士所撰制文，就《全唐文》所载，还未如中书舍人撰制较多，这也值得研究。

侯翩（翽）

侯翩（翽），两《唐书》无传，全书亦无一字记及。记其为翰林学士的，为崔致远《与翰林侯翩书》，见崔致远文集《桂苑笔耕集》卷四，又见于清陆心源编《唐文拾遗》卷三七。

崔致远本新罗国人，早期入唐求学，后在高骈淮南节度幕府任职，僖宗中和四年（884）归国。高骈任淮南节度使在僖宗乾符六年（879）十月至光启三年（887）九月间，据《旧唐书·僖宗纪》，又参见《唐刺史考全编》卷一二三淮南道扬州。崔致远此文乃其在淮南道幕府，代高骈起草，文云："某材略素贫，勋劳甚薄，谬蒙睿渥，累陟华资。今者拜以古官，加之真食。伏蒙学士亲奉宸眷，过垂奖词，烦郭璞之彩毫，荣胜轩冕；使夷吾之琐器，顿异斗笥。……荷载兢惶，不任诚恳，末由拜赐，但切依攀云云。"同卷又有《上三相公书》，亦叙及"拜以古官"事，云："某蒙恩忝官，不任感惧，伏以风后古官，是圣代弼谐所重；国侨美赏，非贤才负荷固难。必也挺秀儒林，钩深学海，方可夺席占五十重之誉，享秩称二千石之荣。"

此所谓拜古官、享秩，即见《旧唐书》卷一八二《高骈传》所载，时僖宗在蜀，欲高骈率兵北上，协同诸镇与黄巢战，但高骈仍固守淮南，"僖宗知骈无赴难意，乃以宰臣王铎为京城四面诸道行营兵马都统，崔安潜副之，韦昭度领江淮盐铁转运使；增（高）骈阶爵，使务并停"。所谓增高骈"阶爵"，《新唐书》卷二二四下《高骈传》，记为"加骈侍中，增实户一百，封渤海郡王"。这就是所谓"拜以古官，加之真食"。《通鉴》卷二五四记此事，为中和二年正月。高骈对其"使务并停"，当然不满意，但对"增阶爵"，于表面上仍表谢意，故使幕僚崔致远撰草，除致三相公书外，还向撰制诏的翰林学士侯翩致函。由此，则僖宗先下制，加高骈侍中，增实户一百，当为侯翩所撰。值得注意的是，当时僖宗在蜀，高骈在扬州，两地相距极远，其间且有战地，而高骈尚能知朝廷所发之制文，为翰林学士侯翩所撰，这也是唐翰林学士草撰制诏的一种时代特色。

由此，则中和二年（882）正月，侯翩已在院，且为中书舍人，则其入院当在中和元年，僖宗至蜀后召入（因侯翩为蜀人，详后），但以何官入，则不详。

按《桂苑笔耕集》所载崔致远致侯翩信，岑氏《补记》提出，又参据《益州名画录》卷上所记僖宗将返京时命记随驾臣寮画像、姓名,岑氏谓:"僖宗自蜀回銮日,宣令于中和院上壁画随驾臣寮,翰林学士中书舍人侯翩,据此知在中和、光启间以中舍充学士。至何时、何官出,他无可考。"岑氏所云"他无可考",即仅引及崔致远函及《益州名画录》,实则撰于五代末、北宋初之《北梦琐言》另有记述,岑氏未有阅及。其书卷五《符载侯翩归隐》条,有记云:"唐光启中,成都人侯翩,风仪端秀,有若冰壶。以拔萃出身,为邠宁从事。僖皇播迁,擢拜中书舍人、翰林学士。内试数题目,其词立就,旧族朝士,潜推服之。僖宗归阙,除郡不赴,归隐导江别墅,号'卧龙馆'。王蜀先主图霸,屈致幕府。先俾节度判官冯涓俟其可否,冯有文章大名,除眉州刺史,田令孜拒朝命,不放之任,羁寓成都,为侯公轸恤,甚德之。其辞(原注:一作辟)书,即冯涓极笔也。侯有谢书上王先主,其自负云:'可以行修笺表,坐了檄书。'(下原注:其先人,蜀之小将也。)"后清初吴任臣撰《十国春秋》,卷四四"前蜀诸臣列传",有《侯翩传》,所据即《北梦琐言》此条所记者,其《侯翩传》记云:"僖宗幸蜀,拜中书舍人、翰林学士,已而归隐导江卧龙馆不出。高祖镇西川时,翩素于冯涓有恩,涓力荐,高祖辟为节度判官、掌书记,终于其官。翩尝上书高祖,有云:'翩可以行修笺表,坐了檄书。'其自负如此。"

由此可知,崔致远文中之侯翩,当与《北梦琐言》之侯翩为同一人,当时在蜀之翰林学士,仅有一侯姓者,并无二人,且翩、翩二字,字形也近。但以何字为是,未能定,故本传以二字并提。

据《北梦琐言》、《十国春秋》,侯翩原为成都人,其先父曾为蜀之小将。侯氏曾应科试,及第,书判拔萃后,入仕,曾在邠宁节度幕府供职。后当亦随僖宗至蜀,召入为翰林学士,任中书舍人。

《益州名画录》卷上所录之随驾文武臣寮，乃作于中和四年（884）秋，僖宗返京在第二年光启元年（885）三月，则侯翩未随赴京，当于光启元年初出院，归隐，后在王建（即《北梦琐言》所称之"王蜀先主"，《十国春秋》所称之蜀"高祖"）幕府，为节度判官、掌书记，即出院时间可以确定，未如岑氏所云"至何时、何官出，他无可考"。

又岑氏《补记》曾引及黄滔《喜侯舍人蜀中新命三首》，但未有考述。为读者参阅方便，今据《全唐诗》卷七〇五录于下："八都词客漫喧然，谁解飞扬诰誓间。五色彩毫裁凤诏，九重天子豁龙颜。巴山月在趋朝去，锦水烟生入阁还。谋及中兴多少事，莫愁明月不收关。""却搜文学起吾唐，暂失都城亦未妨。锦里幸为丹凤阙，幕宾征出紫微郎。来时走马随中使，到日援毫定外方。若以掌言看谏猎，相如从此病（原校：一作并）辉光。""贾谊才承宣室召，左思唯预秘书流。赋家达者无过此，翰苑今朝是独游。立被御炉烟气逼，吟经栈阁雨声秋。内人未识江淹笔，竟问当时不早求。"

按黄滔为福州侯官人，曾多次赴京应试，屡未及第。广明元年（880）冬入京求试，但正值僖宗避黄巢军，入蜀，黄滔只得东归闽越，中和二、三年间（882、883）则又赴蜀求试。据徐松《登科记考》卷二三，中和元年、二年、三年，僖宗虽在蜀，但仍举试（中和四年停举）。上述《喜侯舍人蜀中新命三首》，当即中和二、三年间于成都向侯翩所献之诗①。按黄滔后于昭宗乾宁二年（895）才登

①彭万隆《黄滔考》（《古籍研究》1999年第2期），同意吴汝煜《全唐诗人名考》谓此侯舍人为侯圭。陶敏《全唐诗人名考证》（页942）谓是侯翩，陶说是。

第,中和二、三年尚在此前十余年,可见黄滔求仕之艰苦。黄滔此诗亦求时为翰林学士侯翩为之举荐,并赞鉴侯翩撰制之业绩:"五色彩毫裁凤诏,九重天子豁龙颜。"并将其与贾谊、左思相比,可见侯翩当时在文士中之声望。

崔　凝

崔凝,两《唐书》无传,全书亦未有一字提及。叙及其为翰林学士者,唯刘崇望制文及《益州名画录》(卷上)。今考述如下。

《文苑英华》卷三八四"中书制诰",载刘崇望《授中书舍人崔凝右补阙沈仁伟并守本官充翰林学士制》,后又载于《全唐文》卷八一二。制中未具体记叙崔、沈二人官历。

岑氏《补记》亦提及刘崇望此制,但考谓刘崇望任翰林学士在僖宗光启二年(886)至文德元年(888)间,又据《益州名画录》(卷上),僖宗自蜀回銮日令中和院中壁画随驾臣寮,中有翰林学士崔凝,岑氏谓"是光启初凝已进户侍,且已入翰林",岑氏即云:"(刘)崇望入内署在光启二年,亦无可驳尔,岂凝及仁伟之制非崇望所作而《英华》误署其名欤?"岑氏意谓,刘崇望于光启二年才任翰林学士,而崔凝、沈仁伟在光启元年初已为翰林学士,刘崇望则不可能作此制文,《文苑英华》所载此制,当非刘崇望所作。

按刘崇望确于光启二年入为翰林学士,详见后传。《益州名画录》卷上《常重胤》条,记僖宗返京前,令常重胤描记从驾之文武臣寮于成都中和院,其中记有:"翰林学士、户部侍郎崔凝,翰林学士、中书舍人沈仁伟。"据严耕望《唐仆尚丞郎表》，此为中和四年（884）秋所作（参见前乐朋龟等传）。则可以确定，中和时僖宗在蜀（成都），崔凝已为翰林学士，中和四年秋前且已具户部侍郎官衔，品阶为正四品下，已甚高，则其入院当已有一定时间，官阶有所迁转，其入院当在中和二、三年间。岑氏定为光启初不确，即误以为《益州名画录》所载记画文武臣寮在光启元年三月僖宗返京前。

又《新唐书》卷六〇《艺文志》四，集部别集类，著录有刘崇望《中和制集》十卷，此前有崔碬《制诰集》十卷，为会昌末、大中初崔碬任知制诰、中书舍人时所作制诰。刘崇望在蜀时曾任司勋员外郎、吏部员外郎，当如崔碬，兼有知制诰，《全唐文》所载其制词，多为在中和时所作（详见后传），故刘崇望后编其在蜀时所作，名《中和制集》。由此亦可证，崔凝、沈仁伟所授翰林学士制文，当为刘崇望在蜀时所作，非光启时任翰林学士时作，岑氏所疑无据。

又据《益州名画录》，崔凝当于中和四年秋仍在院，为户部侍郎，翌年光启元年（885）春当亦随僖宗返京；但何时出院，不详。

此后之仕迹，为昭宗乾宁二年（895）春知贡举事。此事，两《唐书》本纪及《通鉴》均未有记。黄滔《黄御史集》附录有《唐昭宗实录》（此《黄御史集》系《丛书集成》本，据清王懿荣校刊《天壤阁丛书》本），记乾宁二年春崔凝以刑部尚书知礼部贡举，黄滔及第，昭宗后又令重试，黄滔又得第。《实录》记举试后，昭宗令重试新及第进士，"（二月）丁酉，宣翰林学士承旨、户部侍郎、知制诰陆扆，秘书监冯渥，于云韶殿考所试诗赋"，结果有所升黜，原所取者张贻宪等五人，"所试诗赋，不副题目，兼句稍次，且令落下，许后再举",又谓崔砺等四人,"诗赋最下,不及格式,芜类颇甚,曾无学业,敢窃科名?况我至公,难从滥进,宜令所司落下,不令再举"。可见此次重试,甄别甚严,昭宗也因而对知举者崔凝严加处理,先云"其崔凝爵秩已崇,委寄殊重,司吾取士之柄,且乖慎选之图,辜朕明恩,自贻伊咎",后于同月丁未下敕:"而闻刑部尚书、知贡举崔凝,百行有常,中年无党,学窥典奥,文赡菁英。洎遍践清华,多历年数,累更显重,积为休声。遂辍其宪纲,任之文柄,宜求精当,稍异平常。朕昨者以听政之余,偶思观阅,临轩比试,冀尽其才,及览成文,颇多芜类。岂宜假我公器,成彼私荣?既观一一之吹,尽乏彬彬之美。且乖朕志,宜示朝章。尚遵含垢之恩,俾就专城之任,勉加自省,勿谓无恩。可贬合州刺史。"此敕对崔凝前期仕绩还是相当肯定,并称赞其"学窥典奥,文赡菁英"。但却以此次举试不正,远贬合州(合州,辖境相当今重庆合川、大足等地)。

关于此次科试,后人亦有评议,《唐摭言》卷七《好放孤寒》条,有云:"崔合州榜放,但是子弟,无问文章厚薄,邻之金瓦,其间屈人不少。孤寒中唯程晏、黄滔擅场之外,其余呈试考之,滥得亦不少矣。"就此,则此次科试,在选士上还着眼于"子弟"(即士族或有官方背景者)。

崔凝后即卒于合州。诗僧贯休有《春送赵文观送故合州座主神榇归洛》诗(《全唐诗》卷八三七)。此"赵文观"当作"赵观文"(陶敏《全唐诗人名考证》页1039引《昭宗实录》谓应作赵观文,是)。贯休诗云:"喜继于悲锦水东,还乡仙骑却寻嵩。再烧良玉尧云动,方报深恩绛帐空。远道灵輀春欲尽,乱山羸马恨无穷。他年必立吾君侧,好把书绅答至公。"按赵观文,崔凝知举时,初试即入选，据前所引述之《昭宗实录》，重试时，敕中有云："其赵观文等四人，并卢赡等十一人并与及第。"徐松《登科记考》卷二四即系赵观文为乾宁二年进士及第之榜首，并引有黄滔《和同年赵先辈观文》、褚载《贺赵观文重试及第》等诗。赵观文，两《唐书》无传，《全唐文》卷八二八载其文一篇《桂州新修尧舜祠祭器碑》，《全唐文》小传称其为临桂（即桂州）人。由贯休此诗，则崔凝卒于合州，赵观文亦仕于蜀，或闻讯后赴蜀，特护送其枢归葬洛阳。由此亦可见崔凝当年知举，及第之文士对他还是甚为景仰的。

崔凝著述无有载记。

沈仁伟

沈仁伟，两《唐书》无传，全书也未有记。

《元和姓纂》卷七，记有沈询："进士，浙东观察、泽潞节度；生仁卫，进士。"清劳格《读书杂识》卷七引《北梦琐言》卷五、《益州名画录》卷上及《文苑英华》所载制文，谓作"卫"，误，是，详见后考述。

《北梦琐言》卷五《沈蒋人物》条，有云："沈询侍郎，清粹端美，神仙中人也。"后所记，有小注云："沈询字仁伟，官至丞郎，人物酷似先德，所谓世济其美。"此云"沈询字仁伟"，系据上海师范大学古籍研究所编、大象出版社2003年出版之《全宋笔记》本，经查文渊阁四库全书本，亦同，而上海古籍出版社编印之《唐五代笔记小说大观》点校本《北梦琐言》，则作"沈询子仁伟"。按《旧唐书》卷一四九《沈询传》未载其字,《新唐书》卷一三二《沈询传》则谓"字诚之"。由此可证,《北梦琐言》卷五小注中所记,应为"沈询子仁伟",即沈仁伟为沈询子。唯两《唐书·沈询传》未记其子。

沈仁伟前期事迹未可知。《文苑英华》卷三八四"中书制诏"载有赵崇望《授中书舍人崔凝右补阙沈仁伟并守本官充翰林学士制》,据前崔凝传考,此制作于僖宗中和年间在蜀时。则沈仁伟当与崔凝同时召入,在中和二、三年间(882、883),以右补阙(从七品上)入,其官阶较崔凝之中书舍人(正五品上)为低。唯制文特称沈仁伟:"三代丝纶,一门冠盖,不坠其业者,伊仁伟有之。"按沈传师为宪宗朝翰林学士,子沈询为宣宗朝翰林学士,则沈传师、沈询、沈仁伟祖孙三代均为翰林学士,在唐代也为少见。

《益州名画录》卷上《常重胤》条,记僖宗将返时,令于成都中和院内壁上绘记随驾文武臣寮,并记姓名、官衔,其中有"翰林学士、中书舍人沈仁伟"。此作于中和四年(884)秋(参见前乐朋龟等传)。如此,则中和四年,沈仁伟已由右补阙迁中书舍人,其间(即中和三、四年间)当另有所迁转,未有记载。

僖宗于光启元年(885)春返长安,沈仁伟可能亦随还京,唯何时出院,及后之仕迹,均不可知。其著作也无有载记。

郑延昌

郑延昌,《旧唐书》无传,《新唐书》卷一八二有传,亦甚简。《新唐书》卷七五上《宰相世系表》五上,记有郑延昌,但未记字号,仅云"相昭宗";又记其父名猗,抚州刺史。

《新传》记"郑延昌字光远",接云"咸通末,得进士第"。清徐松《登科记考》卷二三,咸通十三年,于赵崇名下引《广卓异记》:"咸通十三年,礼部侍郎崔殷梦下三十人及第。其后郑昌图、赵崇、裴贽、郑延昌等四人相次拜相。"徐《考》即据此系郑昌图等四人于咸通十三年(872)进士及第。按咸通纪元为十四年,郑延昌即于咸通十三年及第,《新传》记为"咸通末",亦合。

《新传》接云:"迁监察御史。郑畋镇凤翔,表在其府。黄巢乱京师,畋倚延昌调兵食,且谕慰诸军。"据《旧唐书》卷一九下《僖宗纪》,乾符六年(879)十二月,郑畋任凤翔尹、凤翔节度使;中和元年(881)九月,"凤翔节度使郑畋以病征还行在,以凤翔大将李昌言代畋为节度使,兼京城西面行营都统"。而据《通鉴》卷二五四,中和元年十月,凤翔行军司马李昌言因见凤翔府兵少,军粮亦少,就率军攻城,郑畋不得已,"乃以留务委之,即日西赴行在",十一月即以李昌言为凤翔节度使。则郑畋之弃凤翔任,赴行在(成都),乃受其部将李昌言挟迫,非《旧纪》所谓"以病征还",且时在是年十月。《新唐书》卷九《僖宗纪》亦记于中和元年十月,云:"十月,凤翔行军司马李昌言逐其节度使郑畋。"可见《旧纪》所记不如《通鉴》、《新纪》确切。

由此,则郑延昌于咸通十三年(872)登第后,仕历不详,后约于僖宗乾符时在朝为监察御史(正八品上),乾符六年十二月至中和元年十月在郑畋凤翔幕府,颇受重用("调兵食,且谕慰诸军");后郑畋至成都,郑延昌当亦随赴行在。

《新传》接云:"(郑)畋再秉政,擢司勋员外郎、翰林学士。"所谓郑畋再秉政,《旧唐书·僖宗纪》于中和二、三年间未有记。《新唐书》卷六三《宰相年表》,记郑畋于中和元年(881)六月戊戌,由京城西面行营都统为守司空兼门下侍郎、同中书门下平章事、京城四面行营都统;十一月,罢为太子少傅、分司东都。所谓罢为太子少傅、分司东都,即上述郑畋在凤翔任时为李昌言所迫,返蜀,朝中即免其"守司空、兼门下侍郎"之虚衔,仍挂为"太子少傅、分司东都",实则仍在成都,未去东都(洛阳)。《新唐书·宰相年表》又记,中和二年(882)二月己卯,又任郑畋为司空兼门下侍郎同中书门下平章事,此则为实职,但仅年余,中和三年(883)七月,又罢为检校司徒,守太子太保。《通鉴》卷二五四亦记中和二年二月己卯,"以太子少傅、分司郑畋为司空兼门下侍郎、同平章事,召诣行在,军务一以咨之"。由此可见,郑畋于中和二年二月后任相,执掌实权,即擢拔原在其幕府的郑延昌入为翰林学士,即郑延昌当于中和二年春夏间以司勋员外郎(从六品上)入。

但岑氏《补记》有不同意见。他引《新传》所载郑畋再秉政,乃擢郑延昌为司勋员外郎、翰林学士,又引《新·宰相年表》所载郑畋于中和二年二月复相、三年七月罢相,乃云:"以此推之,延昌擢勋外充翰林似在中和二、三年。唯中和院画真无延昌,《郎官柱》勋外亦未见其名,则疑是光启初始入,唐末迁转甚速,观下崇望行制,亦足为此疑之旁证也。"他所谓"观下崇望行制",即此下又引刘崇望《授翰林学士郑延昌守本官兼中书舍人制》(《文苑英华》卷三八二、《全唐文》卷八一二),岑氏谓其于崔凝条已述,刘崇望为翰林学士在光启二年末至文德元年,此前未任翰林学士,就不应撰此制文。实则前已考述(前崔凝传,并参后刘崇望传),

刘崇望于中和年间在蜀时，任司勋员外郎、吏部员外郎兼知制诰，即已草撰制诰，《新唐书·艺文志》四集部别集类载有其《中和制集》十卷，即编集其在中和时所撰制文，则此《授翰林学士郑延昌守本官兼中书舍人制》非其于光启二年后任翰林学士时所作。且岑氏未细读此制文意，此制非授郑延昌继续在院中任职，而是使其出院，亦与郑畋于中和三年七月罢相有关（详后）。又岑氏云《郎官考》勋外无郑延昌，今检中华书局1992年出版之点校本《唐尚书省郎官石柱题名考》，卷八司勋员外郎即列有郑延昌，在裴赞后，刘崇望前，亦与二人仕迹相合。

由此可以确定，郑延昌于中和二年（882）二月后因宰相郑畋举荐，以司勋员外郎入为翰林学士，而后出院，亦与郑畋罢相有关。据《新唐书·宰相年表》，中和三年（883）七月，郑畋罢为检校司徒，守太子太保。《新唐书·僖宗纪》同。《通鉴》卷二五五中和三年七月有具体记述："司徒、门下侍郎、同平章事郑畋，虽当播越，犹谨法度。田令孜为判官吴圆求郎官（元胡三省注：吴圆，田令孜之属官），畋不许。陈敬瑄欲立于宰相之上，畋以故事，使相品秩虽高，皆居真相之下，固争之。二人乃令凤翔节度使李昌言上言：'军情猜忌，不可令畋扈从过此。'畋亦累表辞位，乃罢为太子太保。"宦官田令孜对僖宗有操纵之权，陈敬瑄为田令孜弟，时为西川节度使，掌有军权。此二人乃联结前曾排挤郑畋之凤翔节度使李昌言，迫使郑畋去位。

郑延昌既为郑畋所荐入院，郑畋罢相，当亦受累而出。此可以刘崇望《授翰林学士郑延昌守本官兼中书舍人制》（《文苑英华》卷三八二）为证。为便于了解原情，今将此制全录："敕：以尔影缫著称,梦笔为文,富以美才,披其禁闼,典由中之诏,成布下之言,方谓得人,雅当入侍。盖闻羊祜谋议,是草皆焚;周仁重厚,其言不泄,亲近之地,慎密为先。尔既不能,何爽居外,西省亦吾教诰之地,戒之可矣。可依前件。"此制先赞其在院任职,有文才,后即责其未能慎密,泄言,实则为托辞,主要当因受郑畋罢相之累而被迫出院。

又《益州名画录》卷上《常重胤》条所记随驾文武臣寮,为中和四年秋所作(参见前乐朋龟等传),所记翰林学士乐朋龟、崔凝等诸人,无郑延昌,这因据前所述,郑延昌已于中和三年七月后出院。岑氏《补记》却据《益州名画录》卷上《常重胤》条未记有郑延昌名,乃谓其入院即在此后,即乃误读刘崇望之制文。

《新传》未记其出院,仅云"进累兵部侍郎,兼京兆尹,判度支"。未记年。《唐语林》卷四有云:"郑延昌相公为京兆尹,兼知贡举。"清徐松《登科记考》卷二三记郑延昌于光启二年(886)以中书舍人知举,孟二冬《登科记考补正》卷二三,则据陈尚君《登科记考补》,定于光启四年(888),是。又据《唐语林》卷四,则郑延昌先为京兆尹,后兼知贡举。

《新传》记其任京兆尹后,接云:"拜户部尚书,以中书侍郎同中书门下平章事,兼刑部尚书。"亦未记年。《旧唐书》卷二〇上《昭宗纪》,大顺二年(891)十二月,记:"户部尚书郑延昌为中书侍郎、平章事、判度支。"而《新唐书》卷十《昭宗纪》、卷六三《宰相年表》及《通鉴》卷二五九,均记于景福元年(892)三月,当是。因此前二月,刘崇望罢相,出为武宁军节度使,故以郑延昌代之,而大顺二年十二月,时居相位者有崔昭纬、徐彦若、刘崇望,不可能再增,《旧纪》当误。

《新传》记其入相后,云:"无它功,以病罢,拜尚书左仆射,卒。"仍未记年。而郑延昌罢相年月,两《唐书》又互有异。《旧唐书·昭宗纪》景福二年(893)十一月,"中书侍郎、刑部尚书、平章事、判度支郑延昌罢知政事,守尚书左仆射,以病求罢故也"。而《新唐书·宰相年表》,于第二年即乾宁元年(894)二月,仍记郑延昌为尚书右仆射兼门下侍郎,即仍在相位,至同年五月,则记为:"延昌罢为尚书右仆射。"《新唐书·昭宗纪》、《通鉴》卷二五九同,北宋前期纂修《唐书》时,曾辑集实录,此当以《新纪》、《新表》及《通鉴》为是。

郑延昌罢相后,卒年不知。《全唐文》卷八一八载其文一篇:《奉修神主请参详典礼奏》,为其任京兆尹时奉命葺修京城宗庙(参见《旧唐书·僖宗纪》光启三年六月)。

刘崇望

刘崇望,两《唐书》有传,见《旧唐书》卷一七九、《新唐书》卷九○。《旧传》:"刘崇望字希徒。其先代郡人,随元魏孝文帝徙洛阳,遂为河南人。"《新唐书》卷七一上《宰相世系表》一上,河南刘氏,即记有刘崇望:"字希徒,相昭宗。"

《旧传》记其"咸通十五年登进士科";《新传》仅云"及进士第",未记年。清徐松《登科记考》卷二三即据《旧传》系于咸通十五年(874)。按据《旧传》,刘崇望卒于昭宗光化二年(899),年六十二,则当生于文宗开成三年(838),咸通十五年进士及第,年三十七。

据两《唐书》本传,刘崇望进士及第后,曾先后在王凝宣歙及崔安潜许昌、成都幕府供职。王凝为宣歙观察使在僖宗乾符四至五年(877—878);崔安潜于乾符三至五年(876—878)为许州刺史,乾符五年至广明元年(878—880)为成都尹、西川节度使(王凝、崔安潜事,参据《唐刺史考全编》)。据此,则刘崇望在王凝、崔安潜幕,约在乾符四、五年间。

《旧传》于崔安潜成都幕后,云:"入为长安尉,直弘文馆,迁监察御史、右补阙、起居郎、弘文馆学士,转司勋、吏部二员外郎。"即乾符末由西川幕返朝,先为长安尉,实在弘文馆供职,后为起居郎,仍在弘文馆,但当为直学士,因据唐官制,于集贤院、弘文馆任职者,五品以上称学士,六品以下只能称直学士,刘崇望时为起居郎,从六品上,故只能称弘文馆直学士。《旧传》此处所记不确,当缺"直"字。

刘崇望之任司勋、吏部二员外郎,当已随僖宗在蜀时。按广明元年(880)十二月,黄巢兵逼长安,僖宗匆促西行,中和元年(881)正月至成都。僖宗于中和元年至光启元年初在蜀,刘崇望于此期间在朝为司勋员外郎、吏部员外郎,当兼知制诰,撰有制诏,《全唐文》卷八一二即载其制文二十篇,多在蜀时作。如《授翰林学士郑延昌守本官兼中书舍人制》《授中书舍人崔凝右补阙沈仁伟并守本官充翰林学士制》,皆作于中和年间(见前郑延昌、崔凝等传)。又如《授郑绍业工部尚书制》,先云"洎扬我休命,出守荆门,颇闻理声",后云因其所请,愿还朝,"是命进尔于冬官八座",即郑绍业原曾在荆州任,后因事调回,授为工部尚书。按郑绍业,两《唐书》无传,《通鉴》卷二五三有记其事,广明元年(880)四月,"以工部侍郎郑绍业为荆南节度使";卷二五五中和二年(882)十二月又记:"初,朝廷以郑绍业为荆南节度使,时段彦谟方据荆南,绍业惮之,逾半岁,乃至镇。上幸蜀,召绍业还,以彦谟为节度使。"则郑绍业自荆南召还,乃在僖宗刚入蜀时,即于中和元年。又《新唐书》卷一八六《陈儒传》,卷二〇七《宦者·杨复光传》,亦皆记僖宗入蜀,"召绍业还行在"。由此可证,刘崇望于中和元年即撰有制文,当已兼知制诰。《新唐书》卷六〇《艺文志》四,集部别集类,著录刘崇望《中和制集》十卷,即刘崇望后将其于中和时所撰制文编集,即以"中和"名之。

据此,则岑氏《补记》谓刘崇望于中和年间尚未任翰林学士,则《文苑英华》所载授崔凝、沈仁伟为翰林学士制文,当非刘崇望作,《文苑英华》误署其名,又谓刘崇望所撰郑延昌有关翰林学士之制,当为光启二年刘崇望入为翰林学士时所作。岑氏此处所记皆不确,前已辨述(参见前崔凝等传)。

关于刘崇望任翰林学士,《旧传》记谓:"田令孜干政,藩镇怨望,河中尤甚,不修职贡。僖宗在山南,以蒲坂近关,欲其效用,选使谕旨,以崇望为谏议大夫。既至,谕以大义,重荣奉诏恭顺,誓心匡复,请杀朱玫自赎。使还,上悦,召入翰林充学士。"《新传》略同,但皆未记年,故眉目不清。今梳理如下。

黄巢之事平后,僖宗于光启元年(885)三月自成都返长安。时宦官田令孜专权,外镇甚不满,是年十二月,河东节度使李克用、河中节度使王重荣联兵进逼京城,请诛田令孜,田令孜就挟奉僖宗出奔凤翔。光启二年（886）正月，田令孜又迫僖宗赴汉中兴元。四月，邠宁节度使朱玫奉嗣襄王煴（肃宗玄孙）自凤翔至长安，欲奉为帝（十月即位）。此时田令孜自知不为人所容，就荐另一宦者杨复恭为左神策中尉，掌军权，自为西川监军使，往依西川节度使陈敬瑄（陈为其弟）。《通鉴》卷二五六光启二年五月载："是时，诸道贡赋多之长安，不之兴元，从官、卫士皆乏食，上涕泣，不知为计。"于是时任宰相杜让能建议，杨复恭现已接替田令孜，其弟杨复光与王重荣相善，可派重臣去王重荣处，"谕以大义，且致复恭之意"。于是僖宗即"遣右谏议大夫刘崇望使于河中"，诏谕王重荣，"重荣即听命，遣使表献绢十万匹，且请讨朱玫以自赎"。《旧唐书·僖宗纪》光启二年五月亦记此事，云"崇望使还，君臣相贺"。

岑氏《补记》亦引《旧纪》，云"故拟为是年六月自谏议大夫充"，当是。刘崇望当于光启二年五月自河中出使回，即为僖宗以右谏议大夫召入为翰林学士。时仍随僖宗在兴元，年四十九。

《旧传》接云："累迁户部侍郎、承旨，转兵部，在禁署四年。昭宗即位，拜中书侍郎、同平章事。"《新唐书·宰相年表》记：龙纪元年（889），"正月，翰林学士承旨、兵部侍郎刘崇望本官同中书门下平章事"。两《唐书·昭宗纪》及《通鉴》卷二五八所记同。

由此可定，刘崇望于僖宗光启二年（886）六月以右谏议大夫（正五品上，与中书舍人、给事中同阶）入为翰林学士，后迁为户部侍郎（正四品下）、承旨，又转为兵部侍郎，仍为承旨，至昭宗龙纪元年（889）正月出院任相。按僖宗于光启四年三月卒，昭宗立，刘崇望为昭宗即位后由翰林学士直接迁拔为相的第一位。此时在院者确也不多,仅三位(刘崇望、崔昭纬、崔汪),而以刘崇望在院时间最长,且有治绩,昭宗当有鉴于此,即自翰林学士擢迁为相。

《旧传》称其"在禁署四年",前后确历时四年,但实仅两年半,且大半随僖宗在外(凤翔、兴元)。时多战乱,可能在院时撰制不多,《全唐文》所载其制文,皆为中和时以尚书员外郎兼知制诰时所作,后又编《中和制集》十卷。这对探索唐中书省与翰林学士院之修撰制诏,颇有价值。

堪可注意者,刘崇望任翰林学士期间,文士有诗文向其进献。《全唐诗》卷六四三载李山甫《谒翰林刘学士不遇》,云:"梦绕清华宴地深,洞宫横锁晓沉沉。鹏飞碧海终难见,鹤入青霄岂易寻。六尺羁魂迷定止,两行愁血谢知音。平生只耻凌风翼,随得鸣珂上禁林。"陶敏《全唐诗人名考证》(页894)谓此"刘学士"即刘崇望,是,但未有具体考述。按李山甫,两《唐书》无传,在当时亦较有诗名,宋《诗话总龟》卷三八并称"李山甫诗名冠于当代"。司空图《偶诗五首》之二,有云:"谁似天才李山甫,牡丹属思亦纵横。"(《全唐诗》卷六三四)但李山甫屡举试不第,仕途坎坷,约僖宗中和三、四年间(883—884)在魏博节度使幕。文德元年(888)魏博军乱(见《通鉴》卷二五七),李山甫当避乱离职①。而文德元年三月,刘崇望已随僖宗返京。李山甫诗云"梦绕清华",当在长安时所作。李山甫此诗深为自己遭遇感慨,极愿"鹤入青霄"之翰林学士能加举荐,"随得鸣珂上禁林"。就诗题,当为李山甫已就谒于刘崇望,未得见,故再作诗进献。

---

①参见《唐才子传校笺》卷八《李山甫传》梁超然笺;中华书局,1990年。

另，《全唐文》卷八一五载有顾云《投翰林刘学士启》、《上翰林刘侍郎启》二文。顾云，两《唐书》亦无传。据徐松《登科记考》卷二三，顾云于咸通十五年（874）与刘崇望同登进士第。又据《唐诗纪事》卷六七、《唐摭言》卷一二，顾云曾在高骈淮南节度使幕任从事，后高骈为部将毕师铎所杀（时在光启三年，887），顾云退居，杜门著书。昭宗大顺中（890—891），在京，与羊昭业等修史。《新唐书》卷六〇《艺文志》四，集部别集类，著录其《顾氏编遗》十卷等好几种。据此，则淮南乱后，顾云初退居著书，后至京，于大顺前，即光启四年（888）刘崇望亦在京，顾云即向有同年之交的翰林学士上书。《投翰林刘学士启》先称："伏以学士辨敌飞龟，才雄白凤，鉴同止水，公甚平衡。润青藻于词林，薙榛芜于义路。"后请举荐："傥假以风云，赐之慰荐，奏扬雄于汉殿，始郭隗于燕台，愿借吹嘘，岂无裨助。"另一文《上翰林刘侍郎启》提及已曾上书，"辄贡菲词，上干英眄"，乃再进书，"傥蒙垂一顾之恩，出陆沈之所，平生进退，决在指纵，干犯清严，无任惶惧企望之至"。此亦可见当时文士企求荐引之心理。顾云后于大顺中入史馆修史，可能与刘崇望之举荐有关。

刘崇望于龙纪元年（889）正月任相后，历年均有藩镇之争，战乱甚盛，刘崇望累受其难，于景福元年（892）二月罢相，授武宁军节度使，但原任之武宁军节度使时溥不受代，刘崇望即改为太常卿之虚职。后又受河东李克用、河中王行瑜"入诛执政"之累，贬昭州司马，尚未行，王行瑜被杀，即召为吏部尚书，后改兵部尚书。

刘崇望任相期间，诗人李洞曾访谒其居，并为题诗：《题刘相公光德里新构茅亭》（《全唐诗》卷七二二）："野色迷亭晓，龙墀待押班。带涎移海木,兼雪写湖山。月白吟床冷,河清直印闲。唐封三万里,人偃翠微间。"按光德,为刘崇望在长安里居。《新传》即谓:"光德,崇望所居坊也。"清徐松《唐两京城坊考》卷四,记西京外郭城光德坊有刘崇望宅。当代学者李浩《唐代园林别业考录》关内道,即据李洞诗及徐松所录,记有"刘相公茅亭"①。又《唐五代文学编年史·晚唐卷》系此诗于大顺元年(890)正月,即刘崇望龙纪元年(889)正月任相后第二年,云:"(李)洞此诗确年难考,约在本年前后。"②按李洞于晚唐时以宣扬贾岛诗著称(详见《唐摭言》卷十《海叙不遇》条,《唐诗纪事》卷五八《李洞》),但家贫,屡试不第,其《乙酉岁自蜀随计趁试不及》(《全唐诗》卷七二三),乙酉岁为龙纪元年,即此年冬自蜀赴京应试,但启程过晚,致误试期,则大顺年间(890—891)即在长安,再次应试③。在京期间,即曾访谒刘崇望居所,似亦有仰望举荐之意。

《旧传》后云:"时西川侵寇顾彦晖,欲并东川,以崇望检校右仆射、平章事、梓州刺史、剑南东川节度使。未至镇,召还,复为兵部尚书。"《通鉴》卷二六一即记于光化元年(898)正月:"以兵部尚书刘崇望同平章事,充东川节度使。"按吴融时为翰林学士(见后昭宗朝吴融传),撰有《授刘崇望东川节度使制》(《全唐文》卷八二〇),中云:"文含大雅,道茂中庸,蔼玉烛以舒和,挺金相而禀秀。闺门密行,每垂范于缙绅;朋友推诚,自可期于风雨。"即称其

①李浩《唐代园林别业考录》,上海古籍出版社,2005年。
②《唐五代文学编年史·晚唐卷》,辽海出版社,1998年。
③但仍未及第,参见《唐才子传校笺》卷九《李洞传》周祖譔、吴在庆笺,中华书局,1990年。

任翰学时既密行慎职,又能使"朋友推诚"。另刘崇望此次出任时,诗僧贯休时在京,有《送吏部刘相公除东川》诗(《全唐诗》卷八三一)①,中云:"一日离君侧,千官送渭滨。酒倾红琥珀,马控白骐骦。渥泽番番降,壶浆处处陈。"由此确可见刘崇望有"朋友推诚"之声望。

《旧传》末云:"光化二年卒,时年六十二,册赠司空。"光化二年为公元 899 年。

《新唐书·艺文志》四,集部别集类,著录其《中和制集》十卷,前已述。《全唐文》卷八一二即载其制文二十篇。

李　磎

李磎,两《唐书》有传,见《旧唐书》卷一五七、《新唐书》卷一四六,皆附于其祖李鄘传后。《旧唐书·李鄘传》记为江夏(今湖北武昌)人,顺宗、宪宗时曾任京兆尹,后历为凤翔、淮南节度使,有治绩。

《旧传》记鄘子名柱,"官至浙东观察使"。《新传》则记其子名拭。《新唐书》卷七二上《宰相世系表》二上,江夏李氏,亦记李鄘子拭。按《通鉴》卷二四六武宗会昌二年(842)正月记:"朝廷

---

① 据两《唐书》本传,刘崇望此前为兵部尚书,此次出任,未至镇,召还,复为兵部尚书;《通鉴》记此出任,亦称其为兵部尚书。则《全唐诗》所载此诗,诗题称"吏部",当误。

以回鹘屯天德、振武北境，以兵部郎中李拭为巡边使，察将帅能否。拭，鄘之子也。"又《会稽掇英总集》记："李拭，大中二年二月自京兆尹授，二年十月追赴阙。"即《旧传》所记"官至浙东观察使"者。由此，则《旧传》所载李鄘子（亦即李磎父）"柱"，误，应作"拭"。中华书局点校本及赵超《新唐书宰相世系表集校》均未校及。

两《唐书》本传及《新表》均记李磎字景望。《旧传》谓李磎"博学多通，文章秀绝。大中十三年，一举登进士第"。清徐松《登科记考》卷二二即据《旧传》系于宣宗大中十三年（859），同年有孔纬、豆卢瑑，皆为僖宗初翰林学士（见前传）。

《旧传》接云："归仁晦镇大梁，穆仁裕镇河阳，自监察、殿中相次奏为从事。"按归仁晦于懿宗咸通十三、十四年间（872—873）为汴州（大梁）刺史，穆仁裕于咸通十二年（871）至乾符元年（874）镇河阳（参见《唐刺史考全编》），则李磎于咸通末至乾符初，相继以监察御史（正八品上）、殿中侍御史（从七品上）在汴州、河阳使府任职。

《旧唐书》卷一九下《僖宗纪》，乾符三年（876）九月，"以刑部郎中李磎为户部郎中，分司东都"。《新传》亦有云："累迁户部郎中，分司东都。"李磎当于乾符初由河阳返朝，后累迁刑部郎中（从五品上），又于乾符三年九月以户部郎中分司东都（洛阳）。《唐尚书省郎官石柱题名考》卷一一户部郎中即记有李磎，又卷三吏部郎中、卷五司封郎中亦有其名。

《新传》后云："黄巢陷洛，磎挟尚书八印走河阳，时留守刘允章为贼胁，遣人就磎索印，拒不与。允章悟，亦不臣贼。"黄巢陷洛,在广明元年(880)十一月,《通鉴》卷二五四广明元年十一月记:"丁卯,黄巢陷东都,留守刘允章帅百官迎谒;巢入城,劳问而已,闾里晏然。"

由此可知,李磎于乾符三年(876)九月以户部郎中分司东都,在洛阳,至广明元年(880)十一月仍在任。黄巢攻占洛阳,他只得出走,后当南下至淮南高骈幕,因《新传》记洛阳事后,有云:"嗣襄王之乱,转侧淮南,高骈受伪命,磎苦谏,不纳。"嗣襄王事,已在广明元年之后好几年。广明元年十二月黄巢进军关中,继陷长安,僖宗出奔成都。中和三年(883)四月,唐军收复长安;光启元年(885)三月,僖宗返京师。但同年十一月,河东节度使李克用、河中节度使王重荣又进兵至关中,请诛宦官田令孜及邠宁节度使朱玫,僖宗由田令孜挟持又出奔凤翔、兴元。光启二年(886),朱玫奉唐宗室嗣襄王(李)煴自凤翔至长安,又奉嗣襄王称帝,并联络诸方镇,"以淮南节度使高骈兼中书令,充江淮盐铁、转运等使、诸道行营兵马都统",而高骈乃"奉笺劝进"(《通鉴》卷二五六)。此即为《新·李磎传》所谓"高骈受伪命",但"(李)磎苦谏,不纳"。

由此,则广明元年十一月黄巢攻占洛阳,李磎出走,后即至高骈淮南幕府任职;光启二年嗣襄王事发,高骈"受伪命",李磎苦谏不纳,当离淮南幕,北上返朝。《新传》接谓:"入为中书舍人、翰林学士。"则于光启二、三年间至兴元、凤翔僖宗行在,约光启三年(887)后半年以中书舍人入为翰林学士。岑氏《补记》亦大致据《新传》,谓:"李磎约光启末自中书舍人充。"

但《旧传》所叙,却极为紊乱,其记李磎于归仁晦大梁、穆仁裕河阳幕府后,云:"入为尚书水部员外郎,累迁吏部郎中,兼史馆修撰,拜翰林学士、中书舍人。广明中,分司洛下。遇巢、让之乱,逃于河桥。光启中避乱淮海,有伪襄王诏命,碣皆不从。"据此,则其以中书舍人入为翰林学士,在广明元年(880)以前,至广明时,再由翰林学士出院,分司东都,皆与前所引述之《旧唐书·僖宗纪》、《通鉴》所记不合,为《旧传》显误。

《新传》记其入院后,接云:"辞职归华阴,复以学士召。"按碣于昭宗即位后,约龙纪元年(889)再入为翰林学士,且又任承旨,甚受重用,此于昭宗朝再为立传,详叙。僖宗则于光启四年(888)初自凤翔返朝,三月病卒,李碣当于此年三、四月间辞职出院,退居华阴,唯不知何故。

李碣于僖宗时在院,不到一年,时间甚短。《全唐文》卷八〇三所载其草撰之制文,皆为昭宗朝在院时所作。

昭宗、哀帝朝翰林学士传

崔昭纬

崔昭纬,两《唐书》有传,见《旧唐书》卷一七九、《新唐书》卷二二三下《奸臣传》。

《旧传》:"崔昭纬,清河人也。祖庇,滑州酸枣县尉。父璟,鄂州观察使。"《新传》记其字蕴曜,亦云"其先清河人"。据《元和郡县图志》卷一六河北道贝州,所属有清河县(今属河北省)。

两《唐书》本传皆谓崔昭纬及进士第,但未记年。清徐松《登科记考》卷二三引《唐摭言》(卷一一)所记:"张曙、崔昭纬,中和初西川同举,昭纬其年首冠。后七年,自内庭大拜。"徐氏按云:"按《宰相表》,崔昭纬以大顺二年正月同平章事,自此年至大顺二年为七年。"徐氏即系于僖宗中和三年(883)。时僖宗尚在成都,未返长安。又孟二冬《登科记考补正》引有《广卓异记》卷七所记"昭纬中和三年亦状元及第",则亦可作为佐证。

两《唐书》本传记崔昭纬进士及第后，皆为昭宗时仕迹。《旧传》谓"昭宗朝，历中书舍人、翰林学士"；《新传》云"至昭宗时，仕宦显，以户部侍郎同中书门下平章事"，未记翰林学士事。则昭宗朝前，崔昭纬仕迹不明。

按《全唐文》卷八三七载薛廷珪《授前京兆府参军钱珝蓝田县尉充集贤校理、乡贡进士崔昭纬秘书省秘书郎充集贤校理制》，即为崔昭纬进士及第后初授之官，为秘书省秘书郎（正九品上），并充集贤校理。唐时进士及第后，其释褐所授，一般即为品阶较低之秘书省秘书郎、校书郎。崔昭纬于中和三年登进士第，则其授此职，当在中和末、光启初。但这里就有此制文的撰者问题。《旧唐书》卷一九〇下《文苑下·薛逢传》附子廷珪传，载廷珪"中和中登进士第，大顺初累迁司勋员外郎、知制诰，正拜中书舍人"。又《旧五代史》卷六八有薛廷珪专传，明确载其"中和年在西川登进士第"，"乾宁中为中书舍人"。如此，则薛廷珪亦于僖宗中和时在西川应科举试及第者，与崔昭纬大致同时，而他于昭宗大顺初（890）才任为司勋员外郎、知制诰，即此时才能撰写制诰，而大顺元年崔昭纬已为翰林学士承旨、中书舍人（详见后）。又此制文为同授钱珝任蓝田县尉、充集贤校理，蓝田县尉为正九品下，官阶亦低，故与崔昭纬同充集贤校理。又《旧唐书·昭宗纪》载，龙纪元年（889）十一月，钱珝时为太常博士。太常博士为从七品上，则钱珝由蓝田县尉充集贤校理肯定在龙纪元年前，即早于薛廷珪大顺初（890）任司勋员外郎、知制诰前，薛廷珪是不可能撰此制文的。

又此制文中云"佐予中兴，乃眷于是"，所谓"中兴"，即指黄巢事平，僖宗于光启元年（885）三月由蜀返京，故大致可以确定，光启元年上半年僖宗返至长安时，即授崔昭纬、钱珝以本官入充集贤校理，以使"良重集贤藏书之府"，"无使我集贤殿不及汉兴之东观秘书也"。

由上所考，此制文之真实性是没有问题的，但撰者署为薛廷珪有误（《文苑英华》卷四〇〇"中书制诰"二，亦著录为薛廷珪撰，《全唐文》当沿袭《文苑英华》之误）。不过制文中有一提法，值得注意，其称崔昭纬，云："以昭纬名冠来籍，道绝下交，居德行之科，不减颜子，方设铅椠，有期丹青。""方设铅椠"二句，涉及版刻，则此时朝廷官方已对铅印甚为注意，可为晚唐时雕版印刷研究提供一信息。

关于崔昭纬任翰林学士，两《唐书》本传所记甚为简略。《旧传》云："昭宗朝，历中书舍人、翰林学士、户部侍郎、同平章事。"未记崔昭纬何时、以何官入院。《新传》则仅云"至昭宗时，仕寖显，以户部侍郎同中书门下平章事"，未记翰林学士事。

按崔昭纬为昭宗朝由翰林学士直接提拔为宰相之第二例，其任相之年月，两《唐书》所记有异。《旧唐书·昭宗纪》大顺元年（890）十二月记："以翰林学士承旨、兵部侍郎崔昭纬本官同平章事。"而《新唐书·昭宗纪》则记为大顺二年（891）正月："兵部侍郎崔昭纬、御史中丞徐彦若为户部侍郎，同中书门下平章事。"《新唐书》卷六三《宰相年表》、《通鉴》卷二五八同。按大顺二年正月，孔纬、张濬罢相，故以崔、徐接任。《旧纪》当误（又《旧纪》记其以兵部侍郎入相，亦误，应为户部侍郎）。

据此，崔昭纬于大顺二年正月以翰林学士承旨、户部侍郎任相，则其入为翰林学士承旨当有一定时间。又刘崇望约于僖宗光启三年(887)接杜让能为承旨,昭宗龙纪元年(889)正月出院任相(见前僖宗朝刘崇望传),则很可能崔昭纬于文德元年(888)夏秋入院,昭宗于是年三月即位,时在院者仅刘崇望一人(李磎于一、二月间辞职出院,参见书后"学士年表"),昭宗有鉴于此,当召崔昭纬与崔汪于此年夏秋入(崔汪事见后传);后刘崇望于翌年(龙纪元年)正月拜相出院,崔昭纬即接为承旨,并具中书舍人衔。大顺元年(890),又迁为兵部侍郎;二年(891)正月,擢为相。故《新传》称"至昭宗时,仕寖显"。

崔昭纬为昭宗朝入任翰林学士之第一人,前后四年(实为两年半)。其在院期间,似无有业绩,而其任相后,则甚参预政事纠争,《旧传》概括为:"内结中人,外连藩阃,属朝廷微弱,每托援以凌人主。"昭宗于文德元年(888)三月即位,时年二十七,鉴于僖宗朝内外紊乱,颇想有所改革,《通鉴》卷二五七文德元年三月记:"昭宗即位,体貌明粹,有英气,喜文学,以僖宗威令不振,朝廷日卑,有恢复前烈之志,尊礼大臣,梦想贤豪,践祚之始,中外忻忻焉。"但此时外地藩镇掌有军权,多不听朝令,尤其是西部之凤翔李茂贞,东部汴州之朱全忠,更经常以兵胁迫昭宗,昭宗多为所折,而时居相位的崔昭纬则交结外镇,忌嫉朝臣同列,据《通鉴》卷二五九,景福二年(893),凤翔节度使李茂贞恃功骄横,向昭宗上表,并致宰相杜让能书,辞语不逊,昭宗怒,欲招讨之,命杜让能主其事,杜让能鉴于凤翔军力强,有顾虑,推辞。崔昭纬此时则与李茂贞相交结,"为之耳目",并告李茂贞,杜让能是主张征讨的,李茂贞乃于此年九月兵临京城,"表(杜)让能罪,请诛之"。昭宗只得先贬杜让能为梧州刺史,后贬为雷州司户,后又迫令其自尽。

《通鉴》卷二六〇载，乾宁二年(895)二月，"崔昭纬与(凤翔)李茂贞、(邠宁)王行瑜深相结，得天子过失，朝廷机事，悉以告之"。是年五月，李茂贞、王行瑜即又率兵至京师，"坊市民皆窜匿"。李、王又上告，请诛韦昭度、李磎，昭宗未许，而王行瑜等则杀韦昭度、李磎于京城郊外之都亭驿。这就是《新唐书·崔昭纬传》所叙："始，帝委杜让能调兵食以讨凤翔，昭纬方倚李茂贞、(王)行瑜为重，阴得其计，则走告之，激使称兵向阙，遂杀让能。后又导三镇兵杀韦昭度等。"昭宗朝的翰林学士入相者有好几位，但任相后并不执公行事，往往交结藩镇，诬害同列，而其自身后也遭致恶果，这是唐末翰林学士参预政事的一种特殊政治境遇。

杜让能、韦昭度被杀后，《新唐书·崔昭纬传》记云："帝性刚明，不堪忍，会诛行瑜，乃罢昭纬为右仆射。复请朱全忠荐己，又厚赂诸王，为所奏，贬梧州司马，下诏条其五罪，赐死。行次江陵，使者至，斩之。"《旧传》略同，并详载其赐自尽制文，列五大罪状。王行瑜被杀事，在乾宁二年(895)。前已述，是年五月，王行瑜等杀韦昭度、李磎。时河东节度使李克用闻李茂贞、王行瑜率兵逼京师，乃出军南下，七月，至同州。昭宗为避战争，离长安避于南山莎城之石门镇，并邀李克用继续进兵，下诏削夺王行瑜官爵。八月，昭宗返京，并使崔昭纬罢相。十一月，李克用攻王行瑜于邠州，王行瑜兵败，为部下所杀。崔昭纬之贬梧州在此年十月间，他在贬谪途中，又复求救于汴州节镇朱全忠，但未受朱全忠接受。《通鉴》于乾宁三年(896)五月记，昭宗"遣中使赐昭纬死，行至荆南，追及，斩之，中外咸以为快"。

崔昭纬无著作著录，亦无诗文载录。

崔　汪

　　崔汪，两《唐书》无传。《旧唐书》卷一一一、《新唐书》卷一四一《崔光远传》，载其父崔汪，但光远仕于玄宗，时代不合，则其父崔汪非此唐末时崔汪。另《新唐书》卷七二下《宰相世系表》二下，记有崔汪，字希度，未注官职，但有记其父珦。按《旧唐书》卷一七七《崔珙传》，记珙弟有珦，兄弟中另有璪，刑部尚书，另有玙，宣宗大中六年（852）曾以礼部侍郎知举；其兄弟共八人，时称"八龙"。又崔远为崔玙孙，崔汪为崔珦子，珦为玙兄，则崔汪为崔远从叔。《旧唐书·崔珙传》末称崔氏"大中以来盛族，时推甲等"。薛廷珪《授翰林学士承旨户部侍郎崔汪尚书右丞、学士中书舍人崔涓李磎并户部侍郎知制诰充学士制》（《全唐文》卷八三七），称崔汪"门地轩冕，甲于当时"。由此，则可确定《新唐书·宰相世系表》所记之崔汪，即为本传传主崔汪，字希度，与同为昭宗朝之翰林学士崔远为同一族，其叔崔珙之子崔涓亦为昭宗朝翰林学士（皆见后传），则此家族同时前后有翰林学士三人，确非寻常。

　　崔汪为翰林学士之唯一材料即前所引述之薛廷珪制文。《旧唐书》卷一九〇下《文苑下·薛廷珪传》，记薛"大顺初累迁司勋员外郎、知制诰，正拜中书舍人。乾宁三年，奉使太原复命，昭宗幸华州，改左散骑常侍"。昭宗出华州，在乾宁三年（896）七月，则薛廷珪撰制文，在大顺元年（890）至乾宁三年（896）间。岑氏《补记》亦引及薛氏此制，谓："今观李磎同制除授，而景福末磎已加承旨。《旧唐书》纪二〇上，大顺元年末（或二年初）复有崔昭纬以承旨出相，故疑汪继承旨，即在此时，后无考。"岑氏即定为："崔汪大顺中充加承旨、户部侍郎知制诰，迁尚书右丞，仍依前充。"但未记崔汪何时入院。

按据《新唐书》卷六三《宰相年表》，崔昭纬于大顺二年（891）正月由翰林学士承旨、兵部侍郎入相，则崔汪继崔昭纬为承旨，当在大顺二年上半年，且此时已为户部侍郎，则当初入院，当有一定时间，可能为龙纪元年（889）入，即昭宗即位（文德元年，888）之第二年，但未知带何官衔。大顺元年（890）当有所迁转，二年（891）上半年即接崔昭纬为承旨，并迁户部侍郎（正四品下），或景福元年（892）又改为尚书右丞（亦正四品下）。景福二年李磎加承旨（详后李磎传），则崔汪当在此年出院。后不详。

薛廷珪所撰此制，其称叙崔汪，为："山岳镇地，望之而秀绝无涯；金石在悬，扣之而宫商有序。门地轩冕，甲于当时。"对于崔氏一族甚为赞誉，因制中所叙还有崔涓。另值得注意的，是对翰林学士职能之评议，云："朕以万乘之尊，托于人上；居九重之奥，以御区中。财成天地之宜，外委于良辅；夙夜宥密之命，内咨于近臣。"此则将翰林学士与外廷宰相平列，翰林学士之职责与宰臣并重，体现昭宗初即位时"尊礼大臣，梦想贤豪"（《通鉴》卷二五七文德元年三月）之识见。昭宗初即位，注意引用人才，召入好几位翰林学士，且甚快迁升其官阶，且多有提拔为相的；但后迫于外镇兵力，为其胁迫，朝臣与翰林学士多被贬责、杀害，这也是唐末翰林学士政治境遇之一大特点。

崔　涓

崔涓,两《唐书》无专传,附于《旧唐书》卷一七七、《新唐书》卷一八二其父崔珙传后。

两《唐书·崔珙传》,记其为博陵安平(今河北安平县)人。又崔珙弟玙,玙子澹,澹子远,远即昭宗时翰林学士崔远(见后传),则崔远为崔涓之从侄。

又《新唐书》卷七二下《宰相世系表》二下,崔涓字道源,所记官职为御史大夫,皆为两《唐书》传所未记者。

《旧唐书·崔珙传》:"子涓,大中四年进士擢第。"清徐松《登科记考》卷二二即据此系于宣宗大中四年(850)。《新唐书·崔珙传》未记崔涓进士及第事,称其"性开敏",曾为杭州刺史:"为杭州刺史,受署,未尽识卒史(吏?),乃以纸各署姓名傅襟上,过前一阅,后数百人呼指无误。"按此事,《金华子杂编》卷上有详记,《新唐书》当本此。《金华子杂编》也未记年,仅云"初典杭州"。郁贤皓《唐刺史考全编》卷一四一江南东道杭州,据清劳格《杭州刺史考》,列于李远后,即附于大中末,但标有问号,即似有疑。按崔涓于大中四年才登进士第,恐未能于大中末期即能任杭州刺史。且《金华子杂编》谓"崔涓,大夫玙之子,小宗伯澹之兄",而据前所引述之《新唐书·宰相世系表》及两《唐书·崔珙传》,崔涓为崔珙子,应非澹兄。《金华子杂编》既有此显误,则其记曾任杭州刺史,似亦非实。

又《旧唐书》卷一六四《王苤传》记云："乾符初，崔瑾廉察湖南，崔涓镇江陵，皆辟为从事。"则崔涓于懿宗乾符元、二年间（874、875）曾为荆南节度使、荆州刺史。另五代王定保《唐摭言》卷二《置等第》条，有云："乾符四年，崔濬为京兆尹，复置等第，差万年县尉公乘亿为试官。试《火中寒暑退》赋、《残月如新月》诗。"《唐刺史考全编》卷二京畿道京兆府，以崔濬为崔涓，系崔涓于乾符三、四年（876、877）为京兆尹。据此，则崔涓于僖宗时已历居要职，且京兆尹为从三品，高于尚书诸司侍郎。

关于崔涓为翰林学士，即薛廷珪草撰之《授翰林学士承旨户部侍郎崔汪尚书右丞、学士中书舍人崔涓李磎并户部侍郎知制诰充学士制》（《全唐文》卷八三七）。据前崔汪传考述，此制约作于景福元年（892），即景福元年崔涓已在院，并由中书舍人（正五品上）迁户部侍郎（正四品下）、知制诰。由此，则有可能于大顺元、二年间（890、891）入院，其入院时，或为诸司郎中，于大顺二年迁中书舍人。

薛廷珪制文，称崔涓："公台华胄，名教伟人。禀象纬之英姿，得乾坤之秀气。器业事望，镇于周行。"极赞誉其家世之声望。《旧唐书·崔珙传》末云："崔氏，咸通、乾符间，昆仲子弟，纡组拖绅，历台阁、践藩岳者二十余人。大中以来盛族，时推甲等。"崔珙兄弟及子侄，确多达官（参见前崔汪传）。不过这里有崔涓历仕的年岁问题，即《旧唐书·崔珙传》载崔涓于大中四年（850）进士擢第，则此年至少当已二十岁，如此，大顺元、二年（890、891）入院，至少已六十一、二岁。又《全唐文》卷七九一载崔涓《赐许国公韩建铁券文》，作于光化元年（898）（详后），则已为六十八、九岁。

以如此高龄入院,懿、僖两朝亦无,昭宗即位召入之翰林学士,多为中青年。故《旧唐书·崔珙传》记崔涓于大中四年进士及第,疑有误,恐为大中十四年(懿宗于大中十四年十一月改元咸通),缺一“十”字。

崔涓何时出院,不可知。崔涓《赐许国公韩建铁券文》(《全唐文》卷七九一),首云:“维光化元年岁次戊午九月戊辰朔八日乙亥。”据《旧唐书·昭宗纪》,光化元年九月,“制以镇国、匡国等军节度使韩建守太傅、中书令、兴德尹,封颍川郡王,赐铁券,并御写‘忠贞’以遗之。建累上表辞王爵,乃改封许国公”。按昭宗于乾宁三年(896)七月,因凤翔节度使李茂贞兵逼京师,应华州刺史韩建之请,出驻华州,时历三年,光化元年(898)正月,昭宗下诏与李茂贞修好,拟返长安,并任韩建为修宫阙使,预修宫室。八月,改华州为兴德府,返京,九月乙亥,即加韩建守太傅、兴德尹(《通鉴》卷二六一)。如此,则崔涓于乾宁年间亦随昭宗在华州,光化元年九月返京时,又应命草撰《赐许国公韩建铁券文》,当此时仍在院。后不详。

崔涓所作,仅《全唐文》卷七九一所载此篇制文,其他未有载记。

崔　远

崔远,两《唐书》有传,见《旧唐书》卷一七七、《新唐书》卷一八二《崔珙传》后。按崔珙,武宗、宣宗时曾为相,有声誉。崔珙弟玙,宣宗大中六年(852)曾以礼部侍郎知贡举。玙子澹,大中十三年(859)进士登第,后累为吏部侍郎。崔远即澹子。《旧传》于传末云:"崔氏,咸通、乾符间,昆仲子弟,纤组拖绅,历台阁、践藩岳者二十余人。大中以来盛族,时推甲等。"《新传》亦谓"天下推士族之冠"。可见士族崔氏,于晚唐时仍人才辈出,仕绩显著。

《旧唐书·崔琪传》记为"博陵安平人"。安平,今河北安平县。又《新唐书》卷七二下《宰相世系表》二下,记有崔远,谓字昌之,两《唐书》传未记其字号。

《旧唐书·崔远传》:"龙纪元年登进士第。"《新传》未载。清徐松《登科记考》卷二四即据《旧传》系于龙纪元年(889),同年有吴融、韩偓,后皆为翰林学士。按僖宗此前因避河东节度使李克用进逼京师,出奔凤翔、兴元,文德元年(888)二月返京,三月卒,昭宗接位。龙纪元年为昭宗即位之第二年。

《旧传》接云:"大顺初,以员外郎知制诰,召充翰林学士,正拜中书舍人。"《新传》未载其进士登第及召充翰林学士事,仅于其名下略云:"乾宁中以兵部侍郎同中书门下平章事。"按崔远于龙纪元年(889)及第,大顺元年(890)为其及第后之第二年,即进士及第后就被授为尚书员外郎、知制诰,并召为翰林学士,确为罕见,也为唐科举考试后一般所未有的。《通鉴》卷二五七记昭宗于文德元年(888)三月即位后,云:"昭宗即位,体貌明粹,有英气,喜文学,以僖宗威令不振,朝廷日卑,有恢复前烈之志,尊礼大臣,梦想贤豪,践祚之始,中外忻忻焉。"昭宗当意有所为,乃不拘常例,擢提有文识之士。其初即位之年,前朝所存之翰林学士仅一人(刘崇望),即于此年夏秋召入崔昭纬、崔汪两位;龙纪元年(889),刘崇望于正月出院为相,乃又召两位(崔涓、李磎)。大顺元年,即崔远进士及第后之第二年,先为员外郎、知制诰,大顺二年即以员外郎、知制诰入为翰林学士。

《旧传》于"召充翰林学士"后,接云:"正拜中书舍人。乾宁三年,转户部侍郎、博陵县男、食邑三百户,转兵部侍郎、承旨①。寻以本官同平章事。"按崔远既于大顺二年(891)以员外郎(从六品上)、知制诰入,其迁中书舍人(正五品上),当历尚书郎中(从五品上),惜清劳格《唐尚书省郎官石柱题名考》未载有崔远。当为入院后历一年,于景福元年(892)迁郎中,景福二年(893)迁中书舍人,乾宁元年(894)迁户部侍郎(正四品下),三年(896)七、八月间转兵部侍郎、承旨,寻于九月拜相出院。按乾宁三年正月陆扆在院为承旨,七月任相出院(陆扆事见后传),则崔远当接陆扆为承旨,并由户部侍郎转为兵部侍郎。

又《全唐文》卷八一八载有张玄晏《上承旨崔侍郎启》,为感谢时为翰林学士并任为侍郎之崔远举荐其入为翰林学士。按张玄晏乃于乾宁三年下半年入院(详见后张玄晏传),于此亦可佐证崔远确于乾宁三年秋为兵部侍郎、承旨,又可证崔远之重视人才,注意荐人入院。

关于崔远入相之时间,新旧《唐书》又有较大之差异。《旧唐书·昭宗纪》记:"光化元年(898)春正月辛未朔,车驾在华州。以兵部侍郎崔远为户部侍郎、同平章事。"而《新唐书·昭宗纪》、

①中华书局点校本于"兵部侍郎"后不加顿号,即谓"转兵部侍郎承旨",乃以承旨为兵部侍郎附属之职,误。

《新唐书·宰相年表》则于乾宁三年（896）九月乙未记，崔远与崔
胤同日为相："武安军节度使崔胤为中书侍郎，翰林学士承旨、兵
部侍郎崔远，同中书门下平章事。"《通鉴》卷二六〇同。前已引
述，《旧传》记崔远于乾宁三年转户部侍郎，又转兵部侍郎、承旨，
"寻以本官同平章事"，即指同年出院拜相；《新传》亦谓"乾宁中
以兵部侍郎同中书门下平章事"。《新唐书·宰相年表》于光化元
年正月，记崔胤兼吏部尚书，崔远兼工部尚书，即此前乾宁三年九
月任相，于光化元年正月仍在相位，不过改兼官衔。由此可证《旧
纪》记光化元年正月昭宗迁徙华州后，崔远才入相，确为显误。
《唐大诏令集》卷五〇载有《崔胤崔远平章事制》[1]，文末即署为
"乾宁三年九月"，称崔远为"翰林学士承旨、银青光禄大夫、行尚
书兵部侍郎、知制诰"，即又一确证[2]。

　　就上所述，崔远此次在院，前后共六年，在当时翰林学士中，
任职时间是较长的。唯《全唐文》卷八一九仅载其制文两篇：《授
苏文建邠州节度使制》，据岑氏《补记》，为乾宁三年七月作，即崔
远在院期间，另《授泾州节度使张珙检校司徒同平章事制》，据《通
鉴》卷二六一乾宁四年（897）十月，"加彰义节度使张珙同平章
事"，则此制当作于乾宁四年十月，而崔远于三年九月已拜相出

①《唐大诏令集》，商务印书馆点校本，1959年。
②《通鉴》卷二六〇记崔胤此次任相乃由湖南武安节度使召入，此制亦称其
　为"湖南管内观察处置等使"。而《旧唐书·昭宗纪》及卷一七七《崔胤
　传》则记为自清海军节度使、岭南东道观察使入。《通鉴》有《考异》，指出
　《旧传》误，谓《新传》记为"武安节度使"，是，乃云"今从《实录》"。岑氏
　《补记》亦提及，谓《新唐书》当有宋敏求新辑之《实录》，《通鉴》亦从之。

院,岑氏《补记》谓既已任相,"不应草制"。实则唐时先曾任翰林学士后又为宰相,仍有草撰制文的。如陆贽于德宗贞元八年（792）四月为相,而有《贞元九年冬至大礼大赦制》①。李德裕于武宗会昌任相时,所撰制文更多,如《授张仲武东面招讨回鹘使制》、《授王元逵平章事制》、《授李丕汾州刺史制》等②,有十余篇。故不能以此怀疑非崔远所作。

昭宗《崔胤崔远平章事制》,对崔远翰学任职期间之业绩,甚为赞誉,云:"珪璋蕴德,鸾鹤呈姿,持伟望以标奇,蕴神锋而匿耀……体国励志,问牛之美早传;致君载诚,吐凤之名夙著。"

崔远任相期间,亦与文士有交往。吴融有《和集贤相公西溪侍宴观竞渡》(《全唐诗》卷六八四)。陶敏《全唐诗人名考证》(页926)谓诗题之"集贤相公"为崔远,是。据《旧唐书·昭宗纪》,崔远于光化三年九月罢相时,其官衔有"集贤殿大学士"者。又《旧纪》光化元年(898)记:"六月己亥,帝幸西溪观竞渡。"按乾宁三年(896)七月,凤翔节度使李茂贞率兵迫京师,昭宗从华州节度使韩建之请,出徙华州,至光化元年八月才返京,则《旧纪》所记昭宗于光化元年六月至西溪观竞渡,即在华州。吴融诗云:"片水耸层桥,祥烟霭庆霄。昼花铺广宴,晴电闪飞桡。浪叠摇仙仗,风微定彩标。都人同盛观,不觉在行朝。"时吴融在翰林学士任(见后传),当亦随昭宗、大臣在华州。此诗描绘西溪竞渡,甚为欢乐,特

①《陆宣公集》卷一,浙江古籍出版社,刘泽民点校,1998 年。
②《李德裕文集校笺·文集》卷三、卷四,河北教育出版社,傅璇琮、周建国校笺,2000 年。

表以"都人同盛观，不觉在行朝"，这也是当时一种特殊情景。由诗题，当崔远先有诗作，吴融即和之。惜崔远原作未存。又《唐五代文学编年史·晚唐卷》①，亦于光化元年记吴融此诗，并引有郑谷《驻跸华下同年司封员外从翁许共游西溪久违前契戏成寄赠》诗，有"北渚牵吟兴，西溪爽共游"，则西溪确为华州之一游地。

另，郑谷亦于华州有进献崔远之诗：《转正郎后寄献集贤相公》（《郑谷诗集笺注》卷三），此"集贤相公"亦即崔远，乃郑谷作于乾宁四年（897）初为都官郎中时②。据《郑谷诗集》笺注者严寿澂等所作《郑谷传笺》，郑谷此前长期奔波，仕途并不顺利，乾宁元年（894）始释褐为鄠县尉，后历任右拾遗、补阙，至乾宁四年迁都官郎中，实为不易，故心情舒爽，特向时居相位的崔远进诗："干名初在德门前，屈指年来三十年。自贺孤危终际会，别将流涕感阶缘。止陪鸳鹭居清秩，滥应星辰浣上玄。平昔苦心何所恨，受恩多是旧诗篇。"诗中深寓感激之情，似郑谷之迁转官阶，曾得到崔远举荐。

由前所述吴融、郑谷之诗，可见崔远任相时，仍能与文士交往，并加荐引，未有如崔昭纬那样，由翰林学士擢居相位，即专心于结交藩镇，诬害同列。但崔远晚期结局，仍极不幸。

《旧传》记乾宁三年（896）任相后，云："天祐初，从昭宗东迁洛阳，罢相，守右仆射。"即崔远自乾宁三年至天祐元年（904），均

---

①《唐五代文学编年史》，傅璇琮主编，《晚唐卷》吴在庆、傅璇琮撰，辽海出版社，1998年。

②《郑谷诗集笺注》，严寿澂、黄明、赵昌平笺注，上海古籍出版社，1991年。

在相位。实则据《新唐书·宰相年表》，崔远于光化三年（900）九月丙午，罢为兵部尚书，两《唐书·昭宗纪》均同。《通鉴》卷二六二光化三年九月丙午亦记崔远罢守本官，并"以刑部尚书裴贽为中书侍郎、同平章事"。《新唐书·宰相年表》后于天祐元年（904）正月乙巳，记崔胤罢为太子少傅、分司东都，"兵部尚书崔远为中书侍郎，翰林学士、左拾遗柳璨为右谏议大夫，并同中书门下平章事"。两《唐书·昭宗纪》及《通鉴》卷二六四亦同。由此可知，崔远曾于光化三年（900）九月罢相，至天祐元年（904）正月，又复为相。而《旧传》未记光化三年罢相事，却云天祐元年罢相，即既有所缺，又有误。

崔远第二次罢相实已为哀帝时，天祐二年（905）三月，又为朱全忠所杀。据《通鉴》及两《唐书》，崔远于天祐元年（904）正月与柳璨同任为相后，昭宗寻即为朱全忠所迫，由长安徙洛阳；八月，朱全忠谋杀昭宗，昭宗第九子辉王祚即位（年十三），称昭宣帝。时诸宰臣亦皆随在洛阳，柳璨即依附朱全忠，排斥同列崔远、裴枢、独孤损，三人即于天祐二年罢相。《通鉴》卷二六五，天祐二年五月载："柳璨恃朱全忠之势，恣为威福。会有星变，占者曰：'君臣俱灾，宜诛杀以应之。'璨因疏其素所不快者于全忠曰：'此曹皆聚徒横议，怨望腹非，宜以之塞灾异。'"朱全忠乃听其言，贬朝臣多人，"搢绅为之一空"。崔远初贬为莱州刺史，又贬为白州司户；同年六月，流贬者皆被杀，"时（朱）全忠聚（裴）枢等及朝士贬官者三十余人于白马驿（胡注：白马驿在滑州白马县），一夕尽杀之，投尸于河"。《旧唐书·崔远传》亦载："行至滑州，被害于白马驿。"这可以说是有唐一代文士，最后一次大屠杀，其中崔远、陆戾、王溥皆曾为翰林学士。

崔远，除《全唐文》卷八一九载有两篇制文外，其他无诗文传存。宋《宣和书谱》卷四"正书"，记有崔远，称"观其笔迹，虽不传于世，然赠瑿光帖，其楷体可喜，想见其家范云。今御史府所藏正书一：送瑿光诗"。则确如《旧传》所云："远文才清丽，风神峻整，人皆慕其为人。"

李 磎

李磎，两《唐书》有传，见《旧唐书》卷一五七、《新唐书》卷一四六。

李磎约于僖宗光启三年（887）下半年以中书舍人入为翰林学士；四年（888）二、三月间，即僖宗三月病卒前，辞职出院，归居于华阴（见前传）。

《旧传》接云："王铎镇滑台，杖策诣之，铎表荐于朝，昭宗雅重之，复召入翰林为学士，拜户部侍郎，迁礼部尚书。"《新传》略云："辞职归华阴，复以学士召。"《新传》所记虽简略，但未有《旧传》之误。据《旧传》，李磎乃由王铎向昭宗举荐，昭宗即又召入，但此与王铎行迹不合。据《旧唐书》卷一九下《僖宗纪》，中和元年（881）七月，王铎以检校太尉、中书令兼滑州刺史、义成军节度使、郑滑观察处置使；四年（884）十一月，改为沧州刺史、义昌军节度、沧德观察处置等使。《旧唐书》卷一六四《王铎传》亦载："其年（中和四年）冬，僖宗自蜀将还，乃以铎为沧景节度使。"即王铎在郑滑节镇任为中和元年七月至四年十一月间,而此期间李磎在高骈淮南幕府供职(见前传)。尤可注意者,《旧纪》于中和四年十二月载:"新除沧德节度使王铎,为魏博节度使乐彦祯害之于漳南县之高鸡泊,行从三百余人皆遇害。"《通鉴》卷二五六所记同①。如此,则王铎于僖宗中和四年(884)十二月已为人所害,而昭宗于光启四年(888)三月才即位,怎能谓李磎因王铎向昭宗举荐而入为翰林学士?

李磎于昭宗朝再入为翰林学士,其主要之证据材料,为薛廷珪草撰之《授翰林学士承旨户部侍郎崔汪尚书右丞、学士中书舍人崔涓李磎并户部侍郎知制诰充学士制》(《全唐文》卷八三七)。据前崔汪、崔涓传,此制作于昭宗大顺二年(891),即此时李磎已在院,且已为中书舍人(正五品上),则入院当已有一、二年,当为龙纪元年(889),即昭宗即位后之第二年。唯不知带何官入。岑氏《补记》只引述薛廷珪此制,但定李磎于大顺中入,并接谓"自中书舍人加户部侍郎知制诰,依前充"。按大顺仅二年,薛廷珪此制为大顺二年作,此时李磎已在院,并由中书舍人(正五品上)迁户部侍郎(正四品下),则何能谓李磎于大顺中(即一、二年间)始入? 岑氏之说当不确。

《旧传》记其入院后,云:"拜户部侍郎,迁礼部尚书。景福二年十月,与韦昭度并命中书门下平章事。"《新传》则甚简,于"复

---

①《旧唐书》奏一六四《王铎传》记王铎遇害在光启四年十二月,当以"中和"讹为"光启",中华书局点校本于此有校,但仅云"《通鉴》卷二五六作'中和四年'",未有判断,似亦不当。

以学士召"后,即云"乾宁元年,进礼部尚书、同中书门下平章事"。即出院拜相,一为景福二年(893),一为乾宁元年(894),又互异。经检《新唐书》卷六三《宰相年表》,乾宁元年六月,"戊午,翰林学士承旨、礼部尚书李磎本官同中书门下平章事"。《新唐书》卷十《昭宗纪》、《通鉴》卷二五九所载均同。按与韦昭度并命为相、同中书门下平章事者,为御史中丞崔胤,时为景福二年(893)九月壬辰,《新唐书·昭宗纪》、《通鉴》卷二五九同。据此,则《旧传》谓李磎于景福二年十月与韦昭度并命为相,时、事均误①。

由此,应定为李磎于乾宁元年六月由翰林学士承旨、礼部尚书,以本官同中书门下平章事(任相后又骤有变,详后)。即乾宁元年六月前已为承旨、礼部尚书,而崔汪于景福二年(893)由尚书右丞、承旨出院,则李磎当于景福二年下半年接为承旨,并由户部侍郎迁为礼部尚书,再过一年,乾宁元年六月任相(《旧唐书·昭宗纪》记于乾宁元年十月,又误)。

据前所述,则李磎于昭宗时第二次入院,前后共历六年,时间并不短(第一次在僖宗朝,不到一年)。薛廷珪于大顺二年所作之制文,称李磎为:"学际天人,道隆姬孔;参言语侍从之列,擅渊云贾马之才。履正居中,格于公论。"虽较概略,但评价仍高。值得一提的是,《全唐文》卷八〇三载李磎文,一卷,中有制文二十五篇,这在僖、昭两朝翰林学士所撰制文传存者,数量是最多的。《新唐书》卷六〇《艺文志》四,集部别集类,即著录有李磎《制集》

---

① 岑氏《补记》亦谓李磎于景福二年十月以本官同中书门下平章事,记时误同《旧传》。

四卷,当为李磎自编其所草制文。《全唐文》所载的李磎制文,除《授吏部侍郎徐彦若御史中丞制》为较高官阶外,其他多为中下阶之官,如河南府参军充集贤校理,虢州司马,州刺史,县令,甚至有授县主簿、县尉的。一般以为翰林学士所撰授官制文,多为授宰相、三公、侯妃、公主等,以与中书舍人有别,可见实际情况并非如此。晚唐时以他官知制诰及中书舍人,多有撰授翰林学士制文者,很值得作综合考索。李磎另有几篇制文,为授宦官者,对内官甚为赞誉,这当然是应命之作,但这也有可能后被人评为"磎怀奸,与中人杨复恭昵款"(见后)。

《旧传》记李磎与韦昭度同于景福二年十月命相,前已考辨,应为乾宁元年六月,且非与韦昭度同任,乃为李磎个人,《旧传》误记。不过两《唐书》本传皆记李磎命相之制下宣时,水部郎中、知制诰刘崇鲁极力谏阻。《通鉴》卷二五九乾宁元年(894)六月戊午有具体记述:"方宣制,水部郎中、知制诰刘崇鲁出班掠麻恸哭。上召崇鲁,问其故,对言:'磎奸邪,依附杨复恭、西门君遂,得在翰林,无相业,恐危社稷。'磎竟罢为太子少傅。"而刘崇鲁之所以如此,乃"崔昭纬恐磎为相,分己权,故使崇鲁沮之"。李磎后上奏十表弹劾刘崇鲁,但仍未任相。李磎是否与宦者杨复恭有交结,其于昭宗时复召为翰林学士,是否得宦者杨复恭等之力,别无记载。

《新唐书·宰相年表》后记:乾宁二年(895)"二月乙未,李磎为户部侍郎、同中书门下平章事,判度支",即又召入为相。此即《旧传》所云:"昭宗素爱其才,而急于大用;至乾宁初,又上第十一表,乃复命为相。"《旧传》此云"乾宁初",不确,乾宁仅四年,不能以二年定为"初"。且后又云"数月,与昭度同为王行瑜等所杀",

则当仍为乾宁元年,亦误。

据《通鉴》卷二六〇,李磎于乾宁二年二月乙未复任相,时亦同居相位之崔昭纬与凤翔节度使李茂贞、邠宁节度使王行瑜深相结,"朝廷机事,悉以告之",于是向李、王建议,由李、王上表"称磎奸邪",昭宗于是被迫于此年三月使李磎罢相(罢为太子少师),即李磎此次任相,仅一月。后同年五月,李茂贞、王行瑜又率兵至京,王行瑜乃将韦昭度、李磎擅杀于京郊都亭驿。

王行瑜后因河东节度使李克用出兵,于乾宁二年十一月为部下所杀(据《通鉴》卷二六〇)。两《唐书·李磎传》即记王行瑜被杀后,昭宗乃下诏复李磎官爵,赠司徒,谥曰文。由此也可见昭宗是"素爱其才"的(《旧传》)。《全唐文》卷九〇即载有昭宗《昭雪杜让能等制》,其中提及李磎,云:"李磎文章宏赡,迥出辈流,竟以朋党之间,挤于死地,凡在有识,孰不咨嗟。宜并与昭洗,仍复官爵。"

李磎文化素养是不错的,《新传》称:"磎好学,家有书至万卷,世号'李书楼'。所著文章及注解诸书传甚多。"李磎之著作确颇丰硕,且为当时文士赏识。五代末、北宋初孙光宪著《北梦琐言》①,即记司空图曾为其撰有行状,并详记其著述,卷六《李磎行状》条云:"司空图侍郎撰李公磎行状,以公有出伦之才,为时辈妒忌,罹于非横。其平生著文,有《百家著诸心要文集》三十卷,《品流志》五卷,《易之心要》三卷,注《论语》一部,《明无为》上下二

---

① 《北梦琐言》,载《全宋笔记》第一辑。《全宋笔记》,上海师范大学古籍研究所编,大象出版社,2003年。

篇,《义说》一篇。仓卒之辰,焚于贼火,时人无所闻也,惜哉!"此处所录书名,《新唐书·艺文志》皆未著录。此云司空图为其撰行状,但后传存之司空图文集也未有。司空图颇重视文士之品质,能特为李碣撰写行状,并详细著录其著作,亦可见其与李碣之交情。

李碣确颇有才艺,宋《宣和书谱》卷四"正书",即列有李碣条,中云:"其书见于楷法处是宜,皆有胜韵,大抵饱学宗儒,下笔处无一点俗气,而暗合书法,兹胸次使之然也。至如世之学者,其字非不尽工,而气韵病俗者,政坐胸次之罪,非乏规矩耳。如碣能破万卷之书,则其字岂可以重规叠矩之末,当以气韵得之也。今御府所藏正书一:送訾光诗。"唯《全唐诗》未载其诗。前已述,《全唐文》载其文一卷,大部分为制文,另有奏议、论、记、传等。《新唐书·艺文志》四,著录其《制集》四卷,另有《表疏》一卷,当亦为翰林学士任职期间所上之奏议,亦可见其对时政之关注。

李昌远

李昌远,两《唐书》无传。《新唐书》卷七二上《宰相世系表》二上,记有李昌远,未记其前世,但记其同辈有希远,希远曾孙固言,《新表》记为文宗时宰相,如此,则与昭宗时李昌远时代不合,非同一人。由此,则两《唐书》皆未有此李昌远材料。

唯一材料为薛廷珪《授起居郎李昌远、监察陆扆并守本官充翰林学士制》(《全唐文》卷八三七),即与陆扆同时入院。陆扆乃于昭宗大顺二年(891)三月入(详后陆扆传),则李昌远当亦于大顺二年三月以起居郎入为翰林学士。按《旧唐书》卷一九〇下《文苑下·薛逢传》附记薛廷珪事,谓其"大顺初,累迁司勋员外郎、知制诰,正拜中书舍人",后乾宁三年(896)七月从昭宗赴华州,改左散骑常侍。则李昌远之入为翰林学士,正与薛廷珪以知制诰或中书舍人草撰制文时间合。

薛廷珪制中称李昌远"魁梧博厚,宽裕温良,蕴是粹和,发为符采",虽赞誉之,但较概略,并不具体。不过制中对翰林学士职能之评估,堪可注意,云:"近侍宸严,参予密命;韬经济弥纶之望,为言语侍从之臣。"即既为皇上撰制文诰,又与皇上密议朝政。其对翰林学士参预朝政特殊地位之评议,当为当时文士之共识。

又据薛廷珪制,李昌远于大顺二年(891)三月前已任为起居郎(从六品上),与尚书诸司员外郎同阶。但其入院后官阶是否有所迁转,何时出院,皆未能确知。在院当延续后两年,可至景福二年(893)。

李昌远无诗文记载,亦未有著作著录。

陆　扆

陆扆,两《唐书》有传,见《旧唐书》卷一七九、《新唐书》卷一八三。《旧传》:"陆扆字祥文,本名允迪,吴郡人,徙家于陕,今为陕州人。曾祖沨,位终殿中侍御史。祖师德,淮南观察支使。父郜,陕州法曹参军。"《新传》略云:"陆扆字祥文,宰相贽族孙。客于陕,遂为陕人。"《新唐书》卷七三下《宰相世系表》三下,载其父埻,青州从事、监察御史,名与官职,与《旧传》异;中华书局点校本及赵超《新唐书宰相世系表集校》①,均未校及。

《旧传》接云:"宬,光启二年登进士第,其年从僖宗幸兴元。"按光启元年(885)十二月河东节度使李克用进兵讨宦官田令孜,田令孜遂迫奉僖宗出奔,二年正月由凤翔赴兴元,三月至兴元。由此,则此年科试即在兴元。据《唐摭言》卷八《自放状头》,乃于此年六月始科试并放榜②。陆宬当于光启二年初先至兴元,后即于六月在兴元应试并登第,即《新传》所云"光启二年,从僖宗幸山南,擢进士第"。而《旧传》先云陆宬"光启二年登进士第",后云"其年从僖宗幸兴元",似先在京师应试及第,后从僖宗赴兴元,不如《新传》所叙确切。

按陆宬卒于天祐二年(905),年五十九(详后),则当生于宣宗大中元年(847)。光启二年及第时为四十岁。

陆宬及第后,《旧传》有具体记述:"(光启二年)九月,宰相韦昭度领盐铁,奏为巡官。明年,宰相孔纬奏直史馆,得校书郎。寻丁母忧免。龙纪元年冬,召授蓝田尉,直弘文馆,迁左拾遗,兼集贤学士。中丞柳玭奏改监察御史。"按陆宬年四十及第,及第后仅三个月,即入仕,而一般唐科举应试虽及第,尚须经吏部铨试,又须候一定时间,才能释褐入仕。此当僖宗因避乱外出,亟需人才,

---

① 《新唐书宰相世系表集校》,中华书局,1998年。
② 《唐诗纪事》卷六九陆宬条,亦云"六月榜出",但谓"宬,昭宗末举进士及第",以僖宗误记为昭宗。孟二冬《登科记考补正》卷二三光启二年,于陆宬名下亦引及《唐诗纪事》,但仍记为"昭宗",未加订正。

《旧传》所记，当合于当时实际情况。但《旧传》记其以左拾遗兼集贤学士，则不确，因左右拾遗为从八品上，按唐制，入集贤院为学士者须五品以上，六品以下只能称直学士。《旧传》此处所记，应于"集贤"下补"直"字。

　　陆扆于任翰林学士前，即与文士有文学交往。吴融有《和陆拾遗题谏院松》诗(《全唐诗》卷六八四)："落落孤松何处寻，月华西畔结根深。晓含仙掌三清露，晚上宫墙百雉阴。野鹤不归应有怨，白云高去太无心。碧岩秋涧休相望，捧日元须在禁林。"陶敏《全唐诗人名考证》页926谓此"陆拾遗"即陆扆，是，但未考此诗作年。按吴融于昭宗龙纪元年(889)与韩偓同登进士第，此前吴融长期举试落第，《唐摭言》卷五《切磋》条有云："吴融，广明、中和之际，久负屈声。"吴融《祝风》诗亦自叹"余仍辙轲者，进趋年二纪"。应试达二十余年，于龙纪元年才及第，确难得。而据《旧唐书·陆扆传》，陆扆于龙纪元年冬为蓝田尉、直弘文馆，后迁左拾遗、兼集贤直学士，则其为左拾遗，当为龙纪元年末、大顺元年初。而据《通鉴》卷二五七，韦昭度于文德元年(888)六月任西川节度使，奉命入蜀征讨陈敬瑄，吴融曾应辟在其幕府赴蜀，至大顺二年(891)随韦昭度返回(关于吴融事，参见《唐才子传校笺》卷九《吴融传》周祖譔、吴在庆笺)①。则吴融此诗当作于大顺元年初尚未入蜀时②。据诗题，陆扆时在左拾遗任，尚未入院，但已有

————————

① 《唐才子传校笺》，傅璇琮主编，卷九为第四册，中华书局，1990年。
② 《唐五代文学编年史·晚唐卷》系吴融此诗于景福元年(892)，不确。按陆扆已于大顺二年(891)三月以监察御史入为翰林学士，景福元年仍在院，迁为祠部郎中、知制诰，已非左拾遗。

诗,吴融为和作。

陆扆后由左拾遗改为监察御史(正八品上),《旧传》即记叙其入院:"大顺二年三月,召充翰林学士,改屯田员外郎。"薛廷珪有《授起居郎李昌远、监察陆扆并守本官充翰林学士制》(《全唐文》卷八三七),即与李昌远同于大顺二年(891)三月入(李昌远事,见前传)。制中称陆扆:"监察陆扆,珪璋缜密,咸馥琤瑽,蔼然休声,砺乃佳器。"

《旧传》详叙其在院时迁转情况,《新传》则仅云:"累进翰林学士、中书舍人。"今据《旧传》,并参《旧纪》等,概述如下。

大顺二年(891)三月,以监察御史入。约于本年后半年迁为屯田员外郎(从六品上),知制诰。时年四十五,即进士及第后五年。

景福元年(892),迁祠部郎中(从五品上),仍知制诰。

景福二年(893),元日朝贺,赐紫。六月二十二日,迁中书舍人(正五品上)。按《旧传》记于五月,《旧唐书·昭宗纪》记于此年六月戊午:"以祠部郎中、知制诰陆扆为中书舍人,依前翰林学士。"此年六月戊午即为二十二日。

乾宁元年(894)五月,迁为户部侍郎(正四品下)、知制诰。《旧传》未记月份,《旧纪》记为五月:"以翰林学士、中书舍人陆扆为户部侍郎、知制诰,充职。"

乾宁二年(895)五月,由户部侍郎转兵部侍郎,仍知制诰。《旧传》未记月份,《旧纪》记于五月:"以翰林学士、户部侍郎、知制诰陆扆为兵部侍郎,充职。"

乾宁三年(896)正月,加承旨,寻改尚书左丞。《旧传》:"(乾宁）三年正月，宣授学士承旨，寻改左丞。"按黄滔文集附录《昭宗实录》，记乾宁二年二月九日丁酉"宣翰林学士承旨户部侍郎知制诰陆扆、秘书监冯渥于云韶殿考所试诗赋"，则乾宁二年二月前陆扆已为承旨。而乾宁二年赵光逢已为承旨（见后赵光逢传），则任承旨时间有冲突，承旨只能为一人。岑氏《补记》亦提及，谓当据《旧·陆扆传》系于乾宁三年正月。按据后赵光逢传，赵光逢自乾宁元年六月后已为承旨，乾宁三年六月辞职，崔远于乾宁三年秋接为承旨。而据《新唐书·宰相年表》，乾宁三年七月，"丙午，翰林学士承旨、尚书左丞陆扆为户部侍郎、同中书门下平章事"，则乾宁三年正月，陆扆与赵光逢同为承旨，此甚可疑（岑氏《补记》未提及此事，但谓崔远乃接陆扆于乾宁三年秋为承旨）。赵光逢事，待考。

又《旧纪》于乾宁三年二月又记："以银青光禄大夫、户部尚书、嘉兴县子、食邑五百户陆扆为兵部尚书。"按两《唐书》本传皆未记其在职期间先后历衔户部、兵部尚书；且同年正月为尚书左丞，七月出院时亦提及尚书左丞，未提及兵部尚书（据两《唐书》本纪、《新·宰相年表》及《通鉴》卷二六〇）。《旧纪》乾宁三年二月此记当误。《旧纪》于乾宁二年五月曾记"以翰林学士、户部侍郎、知制诰陆扆为兵部侍郎"，《旧纪》当将乾宁二年五月所记误移于三年二月，并将"侍郎"误书为"尚书"。

据两《唐书》本纪、《新·宰相年表》及《通鉴》卷二六〇，陆扆即于乾宁三年七月丙午，由翰林学士承旨、尚书左丞为户部侍郎、同中书门下平章事。《唐大诏令集》卷五〇即载有《陆扆平章事制》，文末署"乾宁三年七月"，但未署撰者姓名。《文苑英华》卷四五○"翰林制诏"亦载有此制,署为杨钜作,制中称"翰林学士承旨、银青光禄大夫、守尚书右丞、知制诰、上柱国、嘉兴县开国男、食邑三百户陆扆"。但《唐大诏令集》所载,称"可尚书兵部侍郎同中书门下平章事",《文苑英华》则为"可尚书户部侍郎",两《唐书》本纪亦皆记为户部侍郎,《唐大诏令集》之"兵"当为"户"之讹。

此制甚赞陆扆"六年专诏诰之勤",即自大顺二年(891)三月,至乾宁三年(896)七月,前后六年,"谠正自持,闻望弥峻"。又称颂其族祖、德宗时翰林学士陆贽:"况尔伯祖贽,昔以才行尝居禁林,当德宗避狄之时,实乃祖纳言之日;积其伟业,升于鼎司,书命谏章,流在人口。"可见陆贽甚有特色之制文,在晚唐仍极有影响。《旧传》亦载昭宗曾面对陆扆云:"朕闻贞元时有陆贽、吴通玄兄弟,能作内庭文书,后来绝不相继。今吾得卿,斯文不坠矣。"

《全唐文》卷八二七载陆扆文十篇,全为制文,除《封棣王虔王沂王遂王制》为封诸王册文外,其余均为授节度使文,未有授任朝中大臣者,与当时几位中书舍人(及以他官兼知制诰者)相比,则晚唐时翰林学士撰诏,已可不受限制,面可以开广。又陆扆所撰制文,文辞亦甚畅通,确有受陆贽影响;且字数亦多,一篇至少有六、七百字。确如《旧传》所评:"扆文思敏速,初无思虑,挥翰如飞,文理俱惬,同舍服其能。"

陆扆在院时,除积极参预政事,撰写制诰外,还特作诗记抒值班之情景,《全唐诗》卷六八八载其《禁林闻晓莺》一诗:"曙色分层汉,莺声绕上林。报花开瑞锦,催柳绽黄金。断续随风远,间关送月沉。语当温树近,飞觉禁园深。绣户惊残梦,瑶池啭好音。

愿将栖息意，从此沃天心。"颇有诗意。

当时文士亦有与其文学交往者。诗僧贯休有《寄翰林陆学士》诗(《全唐诗》卷八三四)。贯休长期居于荆南，当陆扆任翰林学士时，贯休特寄以诗，先称颂其所处之高位："宝辇千官捧，宫花九色开。"又抒期望之情："何时重一见，为我话蓬莱。"另黄滔有《和陈先辈陪陆舍人春日游曲江》(《全唐诗》卷七〇六)。陆扆在院任中书舍人在景福二年(893)五月至乾宁元年(894)五月间，《唐五代文学编年史·晚唐卷》即系于乾宁元年三月，当确切。此陈先辈为陈峤，光启三年(887)擢第，故黄滔于此时即称其先辈。由此诗题，当为陈峤曾陪陆扆于此年春游曲江，并作有诗，黄滔又作诗和之。黄滔于乾宁二年登第，则此时尚未及第，此七绝后二句云："红杏花旁见山色，诗成因触鼓声回。"似亦有期望陆扆请予举荐之意。

以上较详记述陆扆任职情况，今接叙其任相后之行迹。按乾宁三年七月，凤翔节度使李茂贞又出兵进逼长安，昭宗乃从华州节度使韩建之请，出驻华州，"(李)茂贞遂入长安，自中和以来所葺宫室市肆，燔烧俱尽"(《通鉴》卷二六〇)。可见当时藩镇对朝廷之凌视。昭宗至华州，仅十余日，即将陆扆由翰林学士(承旨)擢拔为相。杨钜所撰《授陆扆平章事制》，即称："於戏！奸凶尚炽，干革未平，生灵流离，宗稷榛莽。尔其举坠典，正颓纲，进贤良，远奸慝。勿依违以避事，无拱默以叨恩，庶乎艰难有望康济。"可见昭宗是寄予重望的，杨钜之文笔亦甚舒畅，值得注意。

但唐末僖、昭两代，翰林学士虽擢迁为相，其仕途甚为坎坷，结局往往不幸。据《新·宰相年表》，陆扆于乾宁三年(896)七月丙午为户部侍郎、同中书门下平章事，八月戊午为中书侍郎、判户部，而九月丁酉即贬峡州刺史(据《通鉴》卷二六〇，为受另一宰相崔胤所诬陷。又《旧传》所载贬峡州刺史，涉及覃王率师送徐彦若赴凤翔事，《通鉴·考异》谓此乃景福二年杜让能讨凤翔事，时陆扆尚未为相，《旧传》误，《新传》亦误)。光化二年(899)正月，陆扆又以兵部尚书同中书门下平章事，复相;三年(900)九月戊申，为门下侍郎兼户部尚书;天复元年(901)五月，又兼兵部尚书。而天复三年(903)二月甲戌，又贬为沂王傅、分司东都(亦为崔胤所陷)。后天祐元年(904)四月，昭宗因朱全忠所迫，自长安迁洛阳，八月，被朱全忠谋杀，其子祚被立(年仅十三)。时陆扆又在吏部尚书任(《旧唐书·哀帝纪》)。天祐二年(905)五月，时任宰相之柳璨，依仗朱全忠，并向朱全忠诬告同时居相位之独孤损、崔远、裴枢等，及朝臣吏部尚书陆扆等，于是独孤损等均被贬谪，陆扆被贬为濮州司户，次月，即六月，诸人又为朱全忠谋杀于滑州白马驿(《通鉴》卷二六五)。《旧传》云陆扆时年五十九。

陆扆著作，《新唐书》卷六〇《艺文志》四，集部别集类，著录《陆扆集》七卷。后传存不多，《全唐诗》仅载其在院时所作诗一首，《全唐文》载其制文十篇，前已述。另，宋《宣和书谱》卷四"正书"，记有陆扆，中云："亦善作真字，尝有赠瞢光草书歌，笔迹不减古人，翰墨耀映，真可尚也。今御府所藏正书一:赠瞢光草书歌。"则陆扆亦以书法著称。

赵光逢

赵光逢,两《唐书》有传,见《旧唐书》卷一七八、《新唐书》卷一八二,皆附于其父赵隐传后。《新传》甚简,仅二十余字。而新旧《五代史》则有专传,即《旧五代史》卷五八、《新五代史》卷三四,因赵光逢后仕于梁,并曾任为相。

《旧唐书·赵隐传》记为京兆奉天(今西安乾县)人。赵隐于懿宗咸通十三年(872)曾为相(此据《新唐书》卷六三《宰相年表》,《旧传》云咸通末),僖宗乾符元年(874)二月出为浙西镇海军节度使(此据《新唐书·宰相年表》,《旧传》云"乾符中",不确),广明元年(880)卒(《旧传》云"广明中卒",广明纪元仅一年,不当云"广明中")。《旧传》称赵隐"少孤贫,弟兄力耕稼以奉亲","既居宰辅,不以权位自高"。

《新唐书》卷七三下《宰相世系表》三下,记有赵光逢,云:"字延吉,太常卿。"两《唐书》本传皆未记其字号,两《五代史》本传则均记为字延吉。

《旧传》记赵光逢"乾符五年登进士第,释褐凤翔推官"。《新传》仅云"第进士",未记年。清徐松《登科记考》卷二三即据《旧传》系于僖宗乾符五年(878)。《旧五代史》本传有具体记载:"光逢与弟光裔,皆以文学德行知名。光逢幼嗜坟典,动守规检,议者目之为'玉界尺'。僖宗朝,登进士第。"则其早年即有文名。

《旧传》记其进士及第后,云"释褐凤翔推官",《旧五代史》传则谓"逾月，辟度支巡官"，稍有异。

《旧传》后记为："入朝为监察御史，丁父忧免。僖宗还京，授太常博士，历礼部、司勋、吏部三员外郎，集贤殿学士，转礼部郎中。"《新传》则甚简，于登进士第后，仅云"历台省华剧"，后即谓"以中书舍人为翰林学士"（亦有误，见后）。按据前述，其父赵隐卒于广明元年（880），则僖宗为避黄巢攻占长安而移居蜀中时，赵光逢即丁父忧，后僖宗于光启元年（885）三月返京，赵光逢则于僖宗后期及昭宗初期，如《旧传》所记，在朝中历任礼部等员外郎及郎中之职。清劳格《唐尚书省郎官石柱题名考》卷二〇礼外、卷八勋外、卷四吏外及卷一九礼中，皆有其名。唯《旧传》谓其以任员外郎时兼充集贤殿学士，误。按唐官制，集贤殿学士须以五品以上充，六品以下只能称"直学士"，尚书员外郎为从六品上，不能称学士，《旧传》当于"学士"前缺一"直"字。

关于赵光逢任翰林学士，《新传》仅记为"以中书舍人为翰林学士"，未记年，且有误。《旧五代史》传未记其入院，却云"转尚书左丞、翰林承旨"，《新五代史》传亦仅云"昭宗时为翰林学士承旨"。《旧传》则有具体记述，云："景福中，以祠部郎中知制诰，寻召充翰林学士。"按景福纪元为两年（892、893），赵光逢此前（约大顺时）为礼部郎中（从五品上），景福元年转为祠部郎中、兼知制诰，寻召为翰林学士，则当于景福元年、二年间以祠部郎中、知制诰入。由此即可证《新传》所云"以中书舍人为翰林学士"确误，赵光逢之具中书舍人衔，是入院后由祠部郎中迁转的。

关于赵光逢入院时所带之官衔，还须有一辨，即岑氏《补记》记赵光逢入院，有云："《全唐文》八二四黄滔《上赵员外启》，三称员外学士,按唐末赵姓学士,今知者唯有光逢,岂光逢实自员外入而《旧唐书》传从略欤。"岑氏乃据黄滔文,以为既称员外,又称学士,则赵光逢当由员外郎入,《旧唐书》记为祠部郎中,当有所缺略。按黄滔此文,首云:"伏以曦辔流辉,已侵穷腊,禹门飞浪,即到登时,莫不禺多士之精诚,仡有司之新命。"即为年底腊月时所作。唐代科举会试,一般在年初举行,但各地州府所贡的举子须于前一年秋冬之际陆续集中于京师,履行报到及行卷、求荐等活动(参傅璇琮《唐代科举与文学》第四章《举子到京后活动概说》,陕西人民出版社,1986年)。黄滔此处所述的"已侵穷腊"、"即到登时",当是他作为应试的举子,已在京师,快到年底,表现一种期望登榜的心理。黄滔虽为唐末一位著名文人,但他多年应试不第,最终于昭宗乾宁二年(895)登第。如果此篇《上赵员外启》在此次登第前所写,则当为乾宁元年(894)冬,而此时赵已为翰林学士承旨、兵部侍郎,不可能称其为员外。据前引述之《旧传》,僖宗于光启元年(885)返京后,赵光逢历任太常博士,礼部、司勋、吏部员外郎,并兼集贤殿直学士,即当僖宗末、昭宗初。黄滔此启,也当在这一期间,其称学士者,当并非指翰林学士,而是指集贤殿直学士,与时任员外郎相合。唐时只称学士,不一定即为翰林学士,如黄滔另有《寄同年崔学士》诗(《全唐诗》卷七〇五),此即作诗寄其同年登第者崔仁宝(见徐松《登科记考》卷二四)。黄滔又有《出京别崔学士》(《全唐诗》同上卷)。此崔仁宝未曾任翰林学士。

由此,黄滔此篇《上赵员外启》进上赵光逢,无疑,但非如岑氏《补记》所云赵光逢时已为翰林学士。黄滔曾多次应试不第,故文中云，"若滔也，折角有年，争锋无主，空秉龙钟之态，仰希伤悯之求"，即期望时任尚书员外郎并兼集贤直学士之对方能大力加以推荐、举拔："伏惟员外、学士猥隆恩遇，克异等伦，近者面获起居，亲叨然诺，自归旅舍，彻坐寒宵，历将往事以思惟，洞见今辰之通塞。"

《旧传》接叙赵光逢入院后之官阶迁转："正拜中书舍人、户部侍郎、学士承旨，改兵部侍郎、尚书左丞，学士如故。"皆未记年，亦未记何时出院。后云"乾宁三年，从驾幸华州，拜御史中丞，改礼部侍郎"，则当于乾宁三年（896）前已出院。而《旧五代史》传云："转尚书左丞、翰林承旨。昭宗幸石门，光逢不从，昭宗遣内养戴知权诏赴行在，称疾解官。驾在华州，拜御史中丞。"据《通鉴》等所记，乾宁二年（895）五月，凤翔节度使李茂贞与静难节度使王行瑜等交结，率兵入朝，杀朝臣韦昭度、李磎于都亭驿（见前韦、李传）。后河东节度使李克用闻讯，出兵南下，向昭宗上表，议征讨王行瑜、李茂贞，王、李即还镇；七月，李克用仍率军至河中，时京都长安有军中大乱，昭宗只得"徙幸石门镇"。石门镇在长安之南南山。后李克用击败王行瑜，昭宗下诏"削夺王行瑜官爵"，并于八月返京。为此，则昭宗当于乾宁二年七、八月间在南山石门。《旧五代史·赵光逢传》又称，昭宗出赴石门时，赵光逢未从行，后又"称疾解官"，则于此时辞职出院。至于昭宗出幸华州，乃在乾宁三年（896）七月，因此年六月凤翔节度使李茂贞又率兵攻京，昭宗应华州节度使韩建之请，徙驻华州，至光化元年（898）八月才返京。由此，则《旧传》所云"乾宁三年，从驾幸华州，拜御史中丞"，赵光逢时已出院一年，乃出院后又授为御史中丞，非在院时由尚书左丞改为御史中丞。

又《旧唐书·昭宗纪》，乾宁二年（895）三月，"以翰林学士承旨，兵部侍郎、知制诰赵光逢为尚书左丞，依前充职"。则乾宁二年三月前，已为承旨、兵部侍郎，三月改为尚书左丞，仍为承旨，至是年七月辞职出院。而兵部侍郎前，曾任户部侍郎，并为学士承旨，按乾宁元年前半年，李磎为承旨，六月拜相出院，则赵光逢当于乾宁元年六月后接为承旨。

由上考述，赵光逢之入、出，当为：

景福元年、二年间（892、893），以祠部郎中、知制诰入，寻又迁中书舍人。

乾宁元年（894），前半年，即六月前，由中书舍人迁为户部侍郎，并兼知制诰；六月后改兵部侍郎、知制诰，接任承旨。

乾宁二年（895）三月，改尚书左丞，仍为承旨，七、八月间辞职出院。

可以注意的是，黄滔于乾宁二年初又向赵光逢进献一诗，诗题与前不同，明确标为《投翰长赵侍郎》（《全唐诗》卷七〇六），这就与此年一、二月间赵光逢已为兵部侍部、翰林学士承旨相合，将翰林学士承旨称誉为翰长。按黄滔正于乾宁二年初登进士第，这是二十余年来夙愿所及，故诗中云："禹门西面逐飘蓬，忽喜仙都得入踪。……手扶日月重轮起，数是乾坤正气钟。"黄滔此次及第，当有赵光逢举荐之力，故诗中对赵光逢之任职翰林学士，赞誉为："五色笔驱神出没，八花砖接帝从容。诗酬御制风骚古，论似人情鼎鼐浓。"这也可见唐翰林学士在科举选士中所起的作用。

据前所述，赵光逢于乾宁二年七、八月间出院，乾宁三年七月昭宗出驻华州,复召为御史中丞。《旧唐书·昭宗纪》乾宁三年十二月有记:"以前翰林学士承旨、尚书左丞、知制诰赵光远为御史中丞。"此处记为"赵光远"。据《新唐书》卷七三下《宰相世系表》三下,赵光远为赵骘子,骘为赵隐弟,则赵光远虽有其人,乃赵光逢之堂兄弟。《旧纪》此处之"赵光远",显为"赵光逢"之讹。如此显误,中华书局点校本也未有校。

《旧传》记其为御史中丞后,接云"改礼部侍郎",《旧五代史》传更记为:"改礼部侍郎、知贡举。"徐松《登科记考》卷二四即记赵光逢于光化二年(899)以礼部侍郎知举,其所据为《唐摭言》所云"光化二年,赵光逢放柳璨及第",即《唐摭言》卷一五《杂记》条。此亦是唐翰林学士出院后,虽转任别职,但又曾知举之一例①。

据两《唐书》、《五代史》,赵光逢后因事又退居洛阳。昭宗于天祐元年(904)四月因朱全忠所迫,由长安迁至洛阳,即又起用赵

①《全唐诗》卷七〇七载殷文圭《赵侍郎看红白牡丹因寄杨状头赞图》(七律),陶敏《全唐诗人名考证》(页947)谓此赵侍郎为赵光逢,引《旧传》"乾宁三年,从驾幸华州,拜御史中丞,改礼部侍郎",即谓"杨赞图乾宁四年赵光逢下状元"。按杨赞图确为乾宁四年进士及第,状元(参见《登科记考》卷二四),但乾宁四年(897)知举者为礼部侍郎薛昭纬,赵光逢知举为光化二年(899),则杨赞图非"赵光逢下状元"。又,据前所述,赵光逢于乾宁三年十二月为御史中丞,而乾宁四年知举为礼部侍郎薛昭纬,则赵光逢此时仍未转礼侍,其为礼部侍郎可能在光化元年(898)秋冬,翌年初即以礼侍知举。殷文圭于乾宁五年(898)登进士第(参见《登科记考》卷二四),亦在赵光逢任礼部侍郎前,殷文圭此诗题之"赵侍郎"是否即为赵光逢,俟考。

光逢为吏部侍郎,尚书左丞。天祐元年八月,昭宗被杀,昭宣帝立;天祐四年(907)三月,昭宣帝又被迫禅位,"御史大夫薛贻矩为押金宝使,左丞赵光逢为副"(《旧唐书》卷二〇下《哀帝纪》)。由此,赵光逢即仕于梁。据两《五代史》传,赵光逢在梁时曾任中书侍郎、平章事,居相位;梁末帝时以疾辞。后唐明宗天成(926—930)初,"迁太保致仕,封齐国公,卒于洛阳"。撰于五代末、北宋初之《北梦琐言》,卷一九《玉界尺》有云:"太傅致仕赵光逢,仕唐及梁,薨于天成中。文学德行,风神秀异,号曰玉界尺。扬历台省,入翰林、御史中丞,梁时同平章事。时以两登廊庙,四退丘园,百行五常,不欺暗室,缙绅仰之。"则五代士人对其亦甚首肯。

赵光逢著作未见载记。

薛贻矩

薛贻矩,两《唐书》无传,两《五代史》有传,见《旧五代史》卷一八、《新五代史》卷三四。

《新唐书》卷七三下《宰相世系表》三下,薛氏西祖房,记有薛贻矩:"字式瞻,一字熙用,御史大夫。"记其终官御史大夫,当以其在唐时所授,实则其由唐入梁,在梁时曾为相。《旧五代史》传称其为"河东闻喜人",河东闻喜,即今山西闻喜县。

《旧五代史》传记其早年已有文名,谓:"贻矩风仪秀耸,其与游者皆一时英妙,藉甚于文场间。"并记其于"唐乾符中登进士第",即僖宗乾符年间(874—879)。清徐松《登科记考》卷二七记已登科而未确定年份者,但未记有薛贻矩,不知何故。

《旧五代史》传接云:"历度支巡官,集贤校理、拾遗、殿中、起居舍人,召拜翰林学士,加礼部员外郎,知制诰,转司勋郎中,其职如故。"《新五代史》传则仅云:"仕唐为兵部侍郎、翰林学士承旨。"按薛贻矩曾两次入院,《新五代史》传所记,为第二次入院所授之官衔,未记其初入院之仕迹。

按据《旧五代史》传所述,薛贻矩当以起居舍人入,但未记年。岑氏《补记》引黄滔《上翰林薛舍人书》及《薛舍人启》,谓薛贻矩"约乾宁初自起居舍人充",大致可从。今具体考述如下。

按黄氏此二文(《全唐文》卷八二四),均为黄滔应试前求举荐者,而黄滔于昭宗乾宁二年(895)进士及第(参见《登科记考》卷二四)。则此二文只能作于乾宁二年初以前,而乾宁二年七月前,薛贻矩已为翰林学士(详后),则黄滔《上翰林薛舍人书》,既称学士,又称舍人,此舍人非薛贻矩第二次入院时所授之中书舍人。《上翰林薛舍人书》,黄滔称自己已多年应试不第:"哀滔昔年五随计吏,刖双足以全空,今复三历贡闱,救陆沉而未暇。"并云:"礼司取士,寒进升名,若无喆匠以斫成,未有良时而自致。"即亟盼身居翰林学士要职之薛舍人能力荐之,故另一《薛舍人启》又云:"伏以舍人学士,半千膺数,全硕负才,嘉名冠绝于九流,逸步翱翔于四户。"则此二启当作于乾宁元年冬,可能因薛氏之举荐,黄滔即于乾宁二年初登第。

唯岑氏《补记》谓黄氏此二文所称之舍人,为《旧五代史》传所记之起居舍人。岑氏所说尚可议。按起居舍人虽与尚书诸司员外郎同阶(从六品上),但唐时一般不概称其为舍人者。就薛贻矩而言，他以起居舍人入任翰林学士，但后历任礼部员外郎、知制诰，又迁转司勋郎中，当仍知制诰，唐时对以他官兼知制诰者，多称舍人，因知制诰为中书舍人之前资。由此大致可定：薛贻矩当于景福二年（893）、乾宁元年（894）间以起居舍人入为翰林学士，入院后即累转为礼部员外郎、司勋郎中，并兼知制诰。

《旧五代史》传接云："乾宁中，天子幸石门，贻矩以私属相失，不及于行在，罢之。"按此所谓"天子幸石门"，乃乾宁二年（895）五月，凤翔节度使李茂贞、静难军节度使王行瑜等率兵入朝，杀朝臣韦昭度、李磎于都亭驿（见前韦昭度、李磎传）；河东节度使李克用闻讯，即起兵讨李茂贞、王行瑜，于此年七月兵至同州，李茂贞等虽还镇，而京都仍大乱，于是昭宗仓促间出奔南山石门镇。《通鉴》卷二六〇详记此事，谓"时百官多扈从不及"。则薛贻矩当亦于忙乱中未及随从，即罢职出院。

昭宗出幸后，李克用又攻讨王行瑜，败之，关中复稍安定，故昭宗即于同年八月返京。《旧五代史》传即云："旋除中书舍人，再践内署。"当为昭宗返京后，即再召薛贻矩入，并由司勋郎中（从五品上）升迁为中书舍人（正五品上）。自此薛贻矩在院期间较长，且官阶累有迁转。《旧五代史》传云："历户部、兵部侍郎、学士承旨。及昭宗自凤翔还京，大翦阉寺，贻矩尚为韩全诲等作画赞，悉记于内侍省屋壁间，坐是谪官。"其谪官即在天复三年（903）二月（详后）。如此，则薛贻矩此次在院，前后有八、九年。在此长时期中，虽无草撰制诰的记载，但甚与同院学士有文学交往。如吴融有《中秋陪熙用学士禁中玩月》诗（《全唐诗》卷六八四），诗题"学士"下，《全唐诗》本有校，谓"此下一本有'侍郎'二字"，即两《五代史》传记其再次入院后曾历户部、兵部侍郎(《新五代史》传未记户侍)。按吴融于乾宁三年(896)以礼部郎中入院,后历迁中书舍人,至天复三年(903),则二人亦长期共在院供职。吴融诗云:"月圆年十二,秋半每多阴。此夕无纤霭,同君宿禁林。未高知海阔,当午见宫深。衣似繁霜透,身疑积水沉。遭逢陪侍辇,归去忆抽簪。太液池南岸,相期到晓吟。"则虽为中秋佳节,二人仍在院中值班,"衣似繁霜透,身疑积水沉",有朝政紊乱,身负重压之感。

关于贬官事,据《通鉴》等史书所载,天复元年(901)七月,时为宰相的崔胤,拟抑制宦官,即与汴州节镇朱全忠交结,请其率兵至京;十月,朱全忠发兵至河中,请昭宗徙洛阳。时宦官、中尉韩全诲与凤翔节镇李茂贞交结,乃挟奉昭宗徙往凤翔,由李茂贞奉接。朱全忠占长安后,又西至凤翔,与李茂贞交战。天复二年(902),李茂贞与朱全忠战,屡败,乃与朱全忠和议,谋共诛宦官。天复三年(903)正月,昭宗仍在凤翔,李茂贞独向昭宗进奏,请诛宦官韩全诲等,以与朱全忠和解,即可返京都。昭宗遂听从李茂贞,后即返京。而与朱全忠交结甚深的崔胤,恃朱全忠之势,待昭宗返京后,又谋逐朝臣多人,又贬谪翰林学士韩偓为濮州司马。据《旧唐书》卷一八四《宦官传》,"(天复)三年正月,(李)茂贞杀两军中尉韩全诲、张弘彦、枢密使袁易简、周敬容等二十二人,皆斩首,以布囊贮之,令学士薛贻矩送于(朱)全忠求和"。则此时薛贻矩仍在职。又《旧唐书》卷一七七《崔胤传》载崔胤亦参与谋杀宦官,而于昭宗返京后,"又贬陆扆为沂王傅,王溥太子宾客,学士薛贻矩夔州司户,韩偓濮州司户,姚洎景王府咨议"。据前《通鉴》所载,韩偓被贬在天复三年二月,薛贻矩当亦与韩偓同时被贬出院。按陆扆、王溥曾为翰林学士,韩偓、薛贻矩、姚洎时正为翰林学士,可见唐末翰林学士多受当时政治斗争之牵累。

另,薛贻矩在院期间尚有一事须予辨清,即两《五代史》传皆记其第二次入院时,迁转侍郎,又为学士承旨。按乾宁三年(896),陆扆先为承旨,七月拜相出院,此后直至光化四年(901)十一月韩偓为承旨,其间五年,未记另有人任承旨者,而乾宁五年(898)至光化四年(901),薛贻矩为院中资历最深者(以上可参"学士年表")。按惯例,薛贻矩当可于其间接任承旨,但又按唐制,如仍在院,不可能另有其他学士予以接任,故韩偓于光化四年十一月为承旨,时薛贻矩仍在院,不可能由韩偓接其为承旨,故两《五代史》传记薛贻矩在任侍郎期间又任为承旨,当不确,但这四、五年期间竟无一人为承旨,亦甚可疑。

按《旧五代史》传,谓薛贻矩天复三年之贬,乃因薛贻矩曾为宦者韩全诲等作画赞,且"悉记于内侍省屋壁间",正值崔胤等与李茂贞交结,谋杀宦官,即亦因薛贻矩曾为韩全诲等作有画赞,"坐是谪宦"(《新五代史》传所载亦同)。实则薛贻矩作画赞,非个人所为,此实为翰林学士之职责,乃应君主之命而作。此当亦为崔胤假托之辞。

薛贻矩出贬,当时有文士送行之作。吴融有《送薛学士赴任峡州二首》(《全唐诗》卷六八五)。按前已述,吴融与薛贻矩长期共在院中,前两年昭宗奔赴凤翔时,吴融不及从,退居阆乡,天复三年正月昭宗返长安,吴融又被召入院,不料其复入院仅一月,薛贻矩即被贬,当甚使其不安,故其送行诗,首二句即谓:"负谴虽安不敢安,叠猿声里独之官。"不过仍加以慰勉:"莫将彩笔闲抛掷,更待淮王诏草看。"又时在江陵的贯休有《送薛侍郎贬峡州司马》（《全唐诗》卷八三七）。当为薛贻矩自长安南下，经江陵，再溯长江而上，在江陵会晤贯休，贯休特作诗送之："得罪唯惊恩未酬，夷陵山水称闲游。人如八凯须当国，猿到三声不用愁。花落扁舟香冉冉，草侵公署雨脩脩。因人好寄新诗好，不独江东有沃州。"将其赴贬之行慰为旅游，这也是诗僧开阔之心境。贯休虽在江陵，有好几首诗赠献韩偓、吴融、姚泊几位翰林学士，值得注意。

又，两《唐书》传，记薛贻矩此次之贬，仅云"谪官"、"左迁"，未记贬地。前所引述之《旧唐书·崔胤传》，则谓贬"夔州司户"，而吴融、贯休二诗诗题皆称峡州，贯休诗更明确记为峡州司马。《唐五代文学编年史·晚唐卷》乃据吴融、贯休诗，谓《旧唐书》所谓夔州，误，应是峡州①，是。但岑氏《补记》谓唐无峡州，薛贻矩乃为贬峡州，非《旧唐书·崔胤传》所谓贬夔州，或先贬硖州，后贬夔州。实则中唐时李吉甫《元和郡县图志》②，其"阙卷逸文"卷一，就有峡州，州内并有夷陵县、西夷陵等，与贯休诗"夷陵山水称闲游"合。《新唐书》卷四〇《地理志·山南道》，也有峡州夷陵郡。又《全唐诗》卷五八八有李频《峡州送清彻上人归浙西》，李频亦为晚唐时人，因此结合吴融、贯休诗，不能说唐无峡州。

不过薛贻矩很快即被召回，《旧五代史》传："天祐初，除吏部侍郎，不至，太祖素重之，尝言之于朝，即日拜吏部尚书。"《新五代

---

①按《唐五代文学编年史·晚唐卷》于此处，引据《旧唐书·薛贻矩传》，当为误写，因《旧唐书》未有薛贻矩传，应为崔胤传。
②《元和郡县图志》，贺次君点校，中华书局，1983年。

史》传更明确记为："贻矩乃自结于梁太祖,太祖言之于朝,拜吏部尚书。"薛贻矩似于翰林学士任职期间即与朱全忠已有交往,昭宗时曾奉命将被诛之宦官首脑向朱全忠进献(见前述)。按昭宗于天祐元年(904)八月在洛阳时已被朱全忠谋杀,其子立(昭宣帝),朱全忠当于此时将薛贻矩召回,并授以吏部尚书。后天祐四年(907)正月,昭宣帝下诏禅位于梁(朱全忠),也特命薛贻矩"持诏赴大梁,议禅代之事"。《旧五代史》卷三《梁太祖纪》,开平元年(即天祐四年)正月记薛贻矩奉命至汴梁传禅代之意,载谓:"贻矩谒帝,陈北面之礼,帝揖之升阶,贻矩曰:'殿下功德及人,三灵所卜已定。皇帝方议裁诏,行舜、禹之事,臣安敢违。'既而拜伏于砌下,帝侧躬以避之。"正因此,梁太祖登位后,即于是年五月任薛贻矩为相:中书侍郎、平章事。

《旧五代史》传接谓"在任绵五载",《新五代史》传亦谓其"为梁相五年"。而清邵晋涵《旧五代史考异》有云:"案《欧史·梁本纪》,贻矩以开平元年同平章事,至乾化二年薨,统计贻矩居相位共六年。"即新旧《五代史》传所云为相五年,误。按《旧五代史》卷七《梁太祖纪》,薛贻矩卒于乾化二年(912)五月,则邵氏《考异》说是。唐末朝臣,入梁时即任为相,居相位有六年,这也极为少见。

薛贻矩著作无载记。《唐文拾遗》卷四六载其《上大梁新定格律奏》,辑自《册府元龟》卷六一三,唯仅数行,乃仕梁时所上奏议。

宋《宣和书谱》卷五"正书",记有薛贻矩,颇为称誉,云:"贻矩风仪秀耸,所与游者咸一时之英杰,自此声名籍甚。喜弄翰墨,正书得古人用笔意。且唐末接五代,工书者笔迹疑皆扫地矣。观其赠詧光草书序，秀润可观，一时学者亦鲜俪焉。今御府所藏正书一：赠詧光草书序。"

杨　钜

　　杨钜，两《唐书》有传，见《旧唐书》卷一七七、《新唐书》卷一八四，皆附于其父杨收传后。杨收为懿宗时翰林学士，后曾为相，为另一宰相韦保衡所诬，被贬死（见前传）。

　　《新唐书》卷七一下《宰相世系表》一下，载杨钜"字文硕"，两《唐书》本传皆未载其字号。

　　《旧唐书·杨收传》谓"收子鉴、钜、鏻，皆登进士第"，《新传》未记诸子进士及第事。清徐松《登科记考》卷二三，僖宗广明元年（880）据《永乐大典》所辑《苏州府志》"广明元年，钱珝、杨钜登第"，系杨钜于广明元年进士及第。钱珝确为广明元年及第（参见《唐才子传校笺》卷九《钱珝传》周祖譔、吴在庆笺），但杨钜却未与钱珝同年及第。今检《全唐文》卷八一九载杨钜《唐御史里行虞鼎墓志铭》，记虞鼎"登咸通十年进士"，徐松《登科记考》卷二三即据杨钜所作此志，系虞鼎于懿宗咸通十年（869）进士及第。又杨《志》后历叙虞鼎仕迹，如御史里行、饶州刺史等，并记其卒于五代唐庄宗同光元年（923）十月十六日，十月十八日葬。文末云，葬前，虞鼎子虞盘受其父之托，请杨钜为作墓志，"冀出一言为永远记"，杨钜乃云："况钜与公同年，知公为最深，铭安得而辞耶？"唐时称"同年"，即指同一年登科者。杨钜自称与虞鼎同年登科，有深交,故愿撰志。志中已特记虞鼎为咸通十年进士及第,则杨钜亦当同年及第者,此为第一手材料,不能仅据后世所纂之方志。徐松《登科记考》、孟二冬《登科记考补正》皆未注意于此。

两《唐书》本传皆未具体记述其登第后之仕历,仅自其为翰林学士起叙。《旧传》云:"乾宁初以尚书郎知制诰,召充翰林学士。"《新传》亦谓"乾宁初为翰林学士"。岑氏《补记》即据两《唐书》本传所记,谓乾宁初以尚书郎入为翰林学士。

按乾宁共五年,既云"初",当为元年。由此当可定,杨钜于乾宁元年(894)以尚书郎(当为郎中)、知制诰入。《旧传》后叙其官阶迁转为:"拜中书舍人、户部侍郎,封晋阳男,食邑三百户。"《新传》未记。《新唐书》卷五八《艺文志》二,史部职官类,著录杨钜《翰林学士院旧规》,记杨钜为"昭宗时翰林学士,吏部侍郎"。或杨钜在职时,先由尚书郎中迁中书舍人,后又历迁户部侍郎、吏部侍郎。

至于其出院,《旧传》记为:"从昭宗东迁,为左散骑常侍。"《新传》亦谓"从入洛,终散骑常侍"。按昭宗因朱全忠所迫,于天祐元年(904)元月自长安起行,闰四月至洛阳,杨钜当随昭宗东迁洛阳,后改授左散骑常侍出院。左散骑常侍虽为正三品,官阶较高,但终为散衔,杨钜当因故出院,不过授以高阶,以示慰谕。

据此,则杨钜在院,前后共有十年,在本朝翰林学士中,任职时间是最长的。《全唐文》卷八一九载其制文五篇,岑氏《补记》据两《唐书》、《通鉴》等曾简考其撰写年月,今再具考如下。

《册淑妃何氏为皇后文》,又载于《文苑英华》卷四四六"翰林制诰"。《旧唐书·昭宗纪》,光化元年(898),"四月庚子,制淑妃何氏宜册为皇后"。按《文苑英华》卷四四六"翰林制诏"又载有钱珝《册淑妃为皇后文》，在杨钜文前，首云："维乾宁（琮按原作"元"，误，径改）五年岁次戊午四月庚子朔二十七日丙寅，皇帝若曰……"《新唐书》卷十《昭宗纪》亦记为"四月丙寅"。则《旧纪》记为"四月庚子"，误，庚子应为四月朔日，下诏册封则为丙寅。按乾宁三年（896）七月，昭宗因凤翔节镇李茂贞率兵攻京师，因华州刺史韩建之请，出迁华州，至乾宁五年（898）八月才返京，并改元光化。钱珝制文仍称乾宁五年，即昭宗于此年四月尚在华州，未改元。《旧唐书·何后传》亦云册为皇后在昭宗幸华州时。这里可以注意的是，此次册淑妃何氏为皇后，所下制敕，既有翰林学士（杨钜）作，又有中书舍人（钱珝）作，可见中书舍人撰制敕未受限制；当然也可能中书省受皇帝之命，受翰林学士以皇帝之名所下之制，即再撰制向尚书门下下诏。又，《通鉴》卷二六一亦记有"立淑妃何氏为皇后"，却系于乾宁四年十一月戊寅，提前半年，而未注所据，当误。

《授陆扆平章事制》，《文苑英华》卷四五〇所载，文末署"三年七月"。《新唐书》卷六三《宰相年表》，即记于乾宁三年（896）七月，"丙午，翰林学士承旨、尚书左丞陆扆为户部侍郎、同中书门下平章事"。

《赵凝进封南康王制》，按此"赵凝"应作"赵匡凝"，《文苑英华》（卷四五一）辑入时当避宋讳（赵匡胤），删"匡"字，而清编《全唐文》仍沿袭《文苑英华》，未补"匡"字。岑氏《补记》据《通鉴》卷二六一光化二年（899）十一月所载，加封忠义节度使赵匡凝兼中书令，并引制中所云"贵仍迁于右座"，以为即加兼中书令，乃定于光化二年。今查《旧唐书·昭宗纪》，天祐元年（904）六月记："荆南襄州忠义军节度、开府仪同三司、检校太师、中书令、江陵尹、襄州刺史、上柱国、楚王、食邑六千户赵匡凝宜备礼册命。"杨钜此制中有云："况我襄岘奥壤，荆吴要津，资上将之抚宁，兴庶人之歌咏。"即与江陵、襄州之地相合。赵匡凝于景福元年（892）至天祐二年（905）为忠义军（山南东道襄州）节度使（参见《唐刺史考全编》卷四）。则此制当即作于天祐元年六月，因进封南康王，故命其备礼册命。岑氏《补记》列于光化二年，证据不足。

《授韩建华州节度使制》，岑氏《补记》只略云：据《通鉴》二六一，乾宁四年十月，以建为镇国、匡国两军节度使。今按制中云"越自去秋狩于太华"。乾宁三年七月，昭宗即因凤翔李茂贞所迫，徙驻华州，与制文所记时合。又《旧唐书·昭宗纪》，乾宁四年十月，"以华州节度使韩建兼同州刺史、匡国军节度使"；《通鉴》卷二六一乾宁四年十月明确记："以（韩）建为镇国、匡国两军节度使。"故杨钜制文称："今者沙泽之阳，疆理相接……俾兼统制之权。"即韩建已为华州刺史，此次更兼同州刺史，故下此制文。

《授王搏威胜军节度平章事制》，此文岑氏《补记》未提及。按《唐大诏令集》卷五四有载此文，文末署"乾宁三年八月"。

由此可见，杨钜所撰制文，数量虽不多，仅五篇，但制文所记，其所授之官位甚高，除册封皇后外，有授陆扆为相，册封山南东道节镇赵匡凝为南康王，等等，可见杨钜当时在职撰制，是甚受重视的。

杨钜在职时除应命撰制文外，还有个人所作的《翰林学士院旧规》,此亦为唐时记述翰林学士建置之专著①。此书未如韦执谊《翰林院故事》、元稹《承旨学士院记》、丁居晦《重修承旨学士壁记》等均记有年月。不过书中所叙,所记之时,最早者为乾宁二年(895)十月(《沿革》),最晚为天复三年(903)七月(《草书诏例》),当即撰于在院时。此书体例亦与韦执谊、元稹、丁居晦等不同,未具体记述翰林学士入院、出院年月,而为分类记学士在院任职之规则、习俗,重点在昭宗朝,故亦有史料价值。

　　杨钜在院时,除上述撰有制文及专著外,还有与文士之交往。徐寅有《献内翰杨侍郎》诗(《全唐诗》卷七〇九):"窗开青琐见瑶台,冷拂星辰逼上台。丹凤诏成中使取,白龙香近圣君来。欲言温署三缄口,闲赋宫词八斗才。莫拟吟云避荣贵,庙堂玉弦待盐梅。"陶敏《全唐诗人名考证》(页950)谓此"内翰杨侍郎"即杨钜,是。按徐寅,两《唐书》、《五代史》均无传,《闽书》、《十国春秋》有传,其事迹可参《唐才子传校笺》卷十周祖譔、贾晋华笺。徐寅虽已于乾宁元年(894)进士及第,但仕途不顺,仅为秘书省正字,光化二年(899)仍在京供职,后离京,至汴梁朱全忠幕,历二年,即返闽中依王审知,后终老于泉州乡里。此诗或于光化二、三年(899、900)作,时杨钜在院中,为户(吏)部侍郎。前数句喻翰学接近皇宫,地处禁密,可见其才识,末二句提及之"盐梅",乃借喻殷高宗任傅说为相,即期望杨钜亦当擢迁入相。此诗当为徐寅因久在下

---

① 《翰林学士院旧规》,原载于南宋洪遵《翰苑群书》,今编于傅璇琮、施纯德编校之《翰学三书》,页20;辽宁教育出版社,2003年。

位,期望杨钜能予以引荐①。

又吴融有《和杨侍郎》、《寄杨侍郎》诗(《全唐诗》卷六八六),
皆为吴融与杨钜同在院时所作(吴融在院时间,详后吴融传)。关
于吴融此二诗之杨侍郎,陶敏《全唐诗人名考证》(页928),《唐五
代文学编年史·晚唐卷》(天祐元年),皆以为是杨注,不当,应为
杨钜(后杨注传对此有考,可参)。

关于杨钜晚年结局,亦须考辨。《旧传》记:"从昭宗东迁,为
左散骑常侍,卒。"《新传》亦记为:"从入洛,终散骑常侍。"则意谓
天祐元年(904)闰四月随昭宗至洛阳,出院改为左散骑常侍,即
卒。岑氏《补记》论及《翰林学士院旧规》撰人时,引宋洪遵曾云
此书为李愚作,岑氏先云:"李愚在唐(非后唐),未尝入翰林,则似
称(杨)钜撰者近是。"而又云:"但《旧规》内有云:契丹书头云,敕
契丹王阿保机。"岑氏即谓,阿保机为辽太祖名,其称王(帝)始天
祐四年,直至后唐明宗天成元年乃卒,就此而论,"又应与(李)愚
为翰林时相当,故若谓其书与愚完全无关,亦未惬当"。岑氏即据
两《唐书》,以杨钜即卒于唐末,而《翰林学士院旧规》中提及契丹

_____

①徐寅另有二诗,一为《经故翰林杨左丞池亭》(《全唐诗》卷七○八),陶敏
《全唐诗人名考证》(页949),即谓此"杨左丞"为杨钜;另一首《伤前翰林
杨左丞》(《全唐诗》卷七一○),《全唐诗人名考证》(页951),谓"疑为杨
钜"。按此二诗,当徐寅仍在长安时作,就二诗诗题,则此杨左丞均已去
世,前诗云"八角红亭荫绿池,一朝青草盖遗基",即目见其墓。据前述,徐
寅约于光化三年(900)离京,在汴梁二年,后返闽,而杨钜至天祐元年
(904)二月前仍在京任职,直至五代后唐(详见后考),绝不可能于徐寅离
京前即已去世。故徐寅此二诗之"翰林杨左丞",绝非杨钜。但究为何人,
俟考。

王阿保机，则已为五代后唐时，故此书当是五代后唐时翰林学士李愚所作。案前已引述杨钜所作《唐御史里行虞鼎墓志铭》(《全唐文》卷八一九)，志中明确记虞鼎卒于同光元年。按同光元年为五代后唐庄宗年号，元年为公元923年，则杨钜此时仍在世，可确证非卒于唐末。又阿保机为辽太祖名，其称王(帝)始于天祐四年(907)，其卒在后唐明宗天成元年(926)，则《旧规》中称"契丹王阿保机"，杨钜亦仍在世。杨钜当于昭宗朝任职时即撰《翰林学士院旧规》，后于五代梁、唐时又有所增补(如补述"契丹王阿保机"事)。由此，则两《唐书》记杨钜卒于唐末，岑氏疑《旧规》为五代后唐时李愚所作，皆非。

杨钜著作，《新唐书·艺文志》著录其《翰林学士院旧规》一卷，《全唐文》载其制文五篇，前已述。其他则无有载记，唯宋《宣和书谱》有记，卷四"正书"，记有杨钜，中并详引其书法之论。为供参考，今具载如下："喜作字，得正书体，其沉着处有类钟繇，而点画则柳公权法也。当时赠罃光草书诗，序者无虑数十人，而各出一家之见，以附载于文。独钜之立论，以性之与习自是两途，有字性不可以无学，有字学者复不可以无性，故其为言曰：习而无性者，其失也俗，性而无习者，其失也狂。盖以谓有规矩绳墨者，其习也，至于超诣绝尘处，则非性不可，二者相有以相成，相无以相废，至此然后可以论书欤。又为说曰：羲之七子，独献之能嗣其学，则知用此以求古人，庶几天下书眼同一纲纽耳。噫，钜之能为此论，则能知书之病也夫。今御府所藏正书一：赠罃光草书序。"由此，则杨钜对书法之论，尚为宋人所称。惜所引之论，原文未存。

王彦昌

王彦昌，两《唐书》无传，全书也未有记。记其事迹之唯一材料，为唐末五代初王定保所著之《唐摭言》卷九《敕赐及第》条，今全文录如下：

> 王彦昌，太原人，家世簪冕，推于鼎甲。广明岁，驾幸西蜀，恩赐及第，后为嗣薛王知柔判官。昭宗幸石门，时宰臣与学士不及随驾，知柔以京尹判醝，权中书，事属近辅，表章继至，切于批答。知柔以彦昌名闻，遂命权知学士。居半载，出拜京尹。又左常侍、大理卿，为本寺人吏所累，南迁。

按广明元年（880）十二月，僖宗因避黄巢兵，匆促出奔，二年（881）正月至成都。因兵乱，又临时在蜀举办科试，故应试与录取者不多。据清徐松《登科记考》卷二三，此年又续赐第二人，即王彦昌、杜昇（杜昇，亦据《唐摭言》卷九《敕赐及第》）。

嗣薛王（李）知柔，《新唐书》卷八一有传，为睿宗子惠宣太子（李）业后裔，李业曾封为薛王，故李知柔称为嗣薛王。据《新传》，知柔曾任为京兆尹，《旧唐书》卷二〇上《昭宗纪》，乾宁二年（895）六月丁亥朔，"以京兆尹、嗣薛王知柔兼户部尚书、判度支，兼诸道盐铁转运等使"，则王彦昌当于乾宁二年六月应辟为其判官，此距前广明二年敕赐及第，已十四年。

按乾宁二年五月，凤翔节度使李茂贞、静难节度使王行瑜等率兵入京，诛杀朝臣韦昭度、李磎，河东节度使李克用闻讯，即起兵南下，李茂贞、王行瑜遂返镇。七月，李克用仍南下至河中，京都内左右神策军闻讯亦大乱互斗，昭宗遂仓猝出奔南山石门。《唐摭言》所记"昭宗幸石门"，即指此事。《通鉴》卷二六〇乾宁二年七月亦有记："时百官多扈从不及，户部尚书、判度支及盐铁转运使薛王知柔独先至，上命权知中书事及置顿使。"王彦昌于六月已由嗣薛王知柔辟在其府署中供职，七月当亦随至南山，当时亦有学士未及扈从者（如薛贻矩，见前传），故嗣薛王知柔即举荐其入为翰林学士。《唐摭言》所谓"权知学士"，即匆促间临时安排，实为正式入院。但未详带何官入。

按李克用后又与王行瑜战，未来长安，昭宗遂于是年八月返京，王彦昌当亦返朝，仍在院供职。

《唐摭言》接云："居半载，出拜京尹。"按《旧唐书·昭宗纪》，"（乾宁）三年春正月癸丑朔，制以特进、户部尚书、兼京兆尹、嗣薛王知柔检校司徒，兼广州刺史、御史大夫，充清海军节度、岭南东道观察处置等使"。即嗣薛王李知柔于乾宁三年（896）正月由京兆尹出任广州刺史、岭南东道等使，可能李知柔即举荐王彦昌接其任。王彦昌于乾宁二年七月入院，三年正月接为京兆尹，即与《唐摭言》所云"居半载，出拜京尹"合。

京兆尹是一个要职，但两《唐书》本纪皆未载王彦昌由翰林学士改任京兆尹事。《旧唐书·昭宗纪》于乾宁三年九月记为："以京兆尹孙偓为兵部侍郎、同平章事。"即孙偓于乾宁三年九月前已在京兆尹任。于是《唐刺史考全编》卷二京畿道京兆府，虽亦将王彦昌列于乾宁三年，但却排于孙偓之后，则王彦昌乃于乾宁三年九月接孙偓为京兆尹，此则与《唐摭言》所记王彦昌于乾宁二年七月入为翰林学士，"居半载，出拜京尹"不合。且《旧纪》虽记孙偓于乾宁三年九月由京兆尹入相，但未记其任京兆尹之年月。就诸人仕迹加以比勘，当为：嗣薛王知柔于乾宁三年正月由京兆尹出任岭南节镇，王彦昌接任，时正为居翰苑半年；后约近数月，又由孙偓接为京兆尹，同年九月，孙偓又由京兆尹入相。又据《旧纪》，此年十一月，华州节度使韩建兼领京兆尹，皆相接。

《唐摭言》记王彦昌任京兆尹后，接云："又左常侍、大理卿，为本寺人吏所累，南迁。"按京兆尹为从三品，左散骑常侍、大理卿皆为正三品，王彦昌当离京兆尹实职后，朝中则授以较高品阶之虚衔。至于"为本寺人吏所累，南迁"，则不详。

王彦昌为昭宗朝翰林学士任职期间最短的。其诗文未有载记。

裴廷裕

裴廷裕，两《唐书》无传。《新唐书》卷七一上《宰相世系表》一上，东眷裴氏，河东闻喜（今属山西），记有裴廷裕，字膺馀，又其父绅，字子佩，唯皆未记官名。《旧唐书》卷一八下《宣宗纪》，大中九年（855），记："三月，试宏词举人，漏泄题目，为御史台所劾。"考试官即有处罚，其中刑部郎中唐技出为处州刺史。清徐松《登科记考》卷二二据裴廷裕《东观奏记》（卷下），时裴绅亦为试官，即因此由职方员外郎出为申州刺史。裴绅其他事不详。

关于裴廷裕登科，首见于《唐摭言》卷三《慈恩寺题名游赏赋咏杂记》条，中云"小归尚书榜，裴起部与邻之李搏先辈旧友"，后记李搏以诗贺之，裴亦和之。清徐松《登科记考》卷二三，据《益州名画录》所记僖宗由蜀返京，于中和院记有随驾文武臣姓名，内有礼部侍郎、知贡举归仁泽，即《唐摭言》所叙之"小归尚书"，乃系裴廷裕于中和二年（882）进士及第。但严耕望《唐仆尚丞郎表》[1]，卷一六《辑考五下·礼侍》有考，记中和二年知举者为归仁绍，《益州名画录》所记中和院写真，乃作于中和四年秋，记为礼部侍郎、知贡举归仁泽，则当于中和五年（光启元年）知举。严氏并据《广卓异记》卷一九引《登科记》所载，归仁绍为咸通十年（869）状元及第，归仁泽为乾符元年（874）状元及第，则归仁绍、归仁泽为两人，但徐松《登科记考》则定为一人，以"绍"断为"泽"，实误。后陈尚君《〈登科记考〉正补》[2]，又据乾隆《山西通志》，考定裴廷裕于光启元年（885）登第，时僖宗尚在成都，即将返京，科试仍在成都举办。

前所引述之《唐摭言》（卷三）在记叙裴廷裕于"小归尚书榜"登第后，其先辈旧友李搏（按据《唐诗纪事》卷六一，李搏"登乾符进士第"，即早于裴廷裕六、七年，故云先辈），特以诗贺之："铜梁千里曙云开，仙箓新从紫府来。天上也张新羽翼，世间无复旧尘埃。嘉祯果中君平卜，贺喜须斟卓氏杯。应笑戎藩刀笔吏，至今

①严耕望《唐仆尚丞郎表》，中华书局重印本，1986年。
②载《唐代文学研究》第4辑，广西师范大学出版社，1993年。

泥滓曝鱼鳏。"又有七绝一首:"曾随风水化凡麟,安上门前一字新。闻道蜀江风景好,不知何似杏园春?"《唐摭言》乃谓"裴有六韵答",中云:"仅劳问我成都事,亦报君知便纳降。蜀柳笼堤烟矗矗,海棠当户燕双双。富春不并穷师子,濯锦全胜旱曲江。"皆抒写蜀地美景,更可证裴廷裕确在成都应试及第者。

裴廷裕及第后,约历六、七年,于大顺二年(891)二月间,在左补阙任。《唐会要》卷六三《修国史》条有记云:"大顺二年二月,敕吏部侍郎柳玭等修宣宗、懿宗、僖宗实录。始丞相、监修国史杜让能,三朝实录未修,乃奏吏部侍郎柳玭、右补阙裴廷裕、右拾遗孙泰、驾部员外郎李允、太常博士郑光庭等五人修之。逾年,竟不能编录一字,惟廷裕采宣宗朝耳目闻睹,撰成三卷,目曰《东观奏记》,纳于史馆。"按杜让能于僖宗光启二年(886)三月已由翰林学士承旨、兵部尚书入相,昭宗大顺二年(891)仍居相位,是年正月,又加为弘文馆大学士(《旧唐书》卷二〇上《昭宗纪》),且又监修国史,故特安排柳玭、裴廷裕等修前三朝实录。不过此时昭宗刚即位,虽欲有所作为,但此后外镇如凤翔李茂贞、汴梁朱全忠、河东李克用仍不断以兵威胁朝廷,率兵入关,且僖宗时长安已数次历经兵乱,史书材料已极损毁,故《唐会要》称"逾年,竟不能编录一字"。裴廷裕在《东观奏记》自序中也称,自宣宗卒,"垂四十载,中原大乱,日历与起居注不存一字,致儒学之士搁笔未就"。不过裴廷裕自己仍有所作为,在参预修撰实录时,乃"采宣宗朝耳目闻睹",著有《东观奏记》三卷,即其自序中所谓:"廷裕自为儿时,已多记忆,谨采宣宗朝耳目闻睹,撰成三卷。"

《东观奏记》,主要记宣宗朝政事,历为后人重视。清《四库全书总目》卷五一，史部杂史类，于《东观奏记》提要，即称其"司马光作《通鉴》，多采其说"。光绪时缪荃孙《东观奏记跋》，更云："《通鉴》采及三十二条，《考异》一条，在唐朝杂史中最称翔实。"《新唐书》于本传中也有采录。其书确有史料价值。不过此书有一缺点，即对宣宗朝政绩称誉过分，并不合实，本书有关宣宗朝翰林学士传中，间有甄辨，可参。

裴廷裕后即于乾宁时入任翰林学士。《唐摭言》卷一三《敏捷》条，即云："裴廷裕，乾宁中在内庭。"又《全唐文》卷八四一载有裴廷裕《大唐故内枢密使特进左领军卫上将军知内侍省事上柱国濮阳郡开国侯食邑一千户食实封一百户吴公墓志铭并序》，记墓主宦官内枢密使吴承泌卒于乾宁二年（895）正月二十日，十一月二十日葬，中云："公之季知象、犹子恕己以书寓门僧，请铭于裴廷裕，时为天子词诏之臣，不得辞。""天子词诏之臣"，即翰林学士。又《金石萃编》卷一一八载其石刻文，首题："翰林学士、朝议郎、守尚书司封郎中、知制诰、上柱国、赐紫金鱼袋裴廷裕撰。"（《唐尚书省郎官石柱题名考》卷五司封郎中裴廷裕条，亦引此，并记为"乾宁二年，陕西咸宁"）。由此，则乾宁二年冬，裴廷裕已在院，官衔为司封郎中、知制诰。由此，则其入院可能在乾宁元年、二年间。大顺二年（891）已为左补阙（从七品上），或历二、三年，迁为尚书诸司员外郎（从六品上），乾宁元年（894）即以员外郎入为翰林学士，乾宁二年再迁为司封郎中（从五品上）。

《全唐文》卷八四一载其制文两篇，一为《授孙偓判户部制》，先称为"正议大夫，守中书侍郎、同中书门下平章事，上柱国、赐紫金鱼袋"，后云"可银青光禄大夫、依前中书侍郎、同中书门下平章事,充集贤殿大学士、兼判户部事"。据《新唐书》卷六三《宰相年表》,孙偓于乾宁二年(895)十月,由京兆尹为户部侍郎、同中书门下平章事,判户部;三年(896)七月为中书侍郎。而同年八月戊午,时居相位的陆扆为中书侍郎,判户部,九月丁酉,陆扆出贬峡州刺史,则裴廷裕此制当作于乾宁三年九月丁酉,因同月戊申孙偓又改为门下侍郎兼诸道盐铁转运使、判度支,与制文所记官衔不合(岑氏《补记》谓在七、八月间,恐亦不合)。另一篇制文为《授孙储邠州节度使制》。《唐刺史考全编》卷六京畿道邠州,又引吴融《授孙储秦州节度使制》(《全唐文》卷八二〇),谓孙储先授邠州,未之任,旋又改秦州,当在乾宁四年(897)。岑氏《补记》亦谓孙储由邠迁秦约亦在乾宁四年。

由此,则裴廷裕所撰此二制,及前记述之所撰吴承泌墓志,均作于乾宁年间,此可确证裴廷裕在乾宁元年至四、五年间均在院。

又吴承泌,题中称"知内侍省事",文中谓"充学士使",又云:"严徐论思之地,枚马视草之司,公以精识通才,光膺是选。丝纶夜出,得以讲陈;鸳鹭会同,靡不宴洽。"这就是所谓"翰林院使"。据杜元颖《翰林院使壁记》[①],此翰林院使(亦即学士使),有二员,"进则承睿旨而宣于下,退则受嘉谟而达于上,军国之重事,古今之大体,庶政之损益,众情之异同,悉以关揽,因而启发"。结合裴廷裕所作此志,可见唐时翰林学士虽为皇帝内臣,而由宦官所任之学士使,实际上起上下贯通之作用。

---

① 见傅璇琮、施纯德编《翰学三书》之《翰苑群书》卷二;辽宁教育出版社,2003年。

关于裴廷裕出院事,见于钱珝《授裴廷裕左散骑常侍制》
(《全唐文》卷八三一),云:"敕:具官裴廷裕,国之用材,在乎称
职。况词臣之任,君命所垂,苟详慎之有乖,系事机而实重,既闻
舆论,得以移官。以尔学植素深,文锋甚锐,自居侍从,亦谓勤劳。
乃推游刃之功,庶叶匿瑕之道。未能降秩,且复立朝,珥貂犹假于
宠光,夹乘乃亲于左右。将存大体,以息多言。可依前件。"文辞
有所蕴含,未有明显谴责,但仍指其不慎,有所漏言,故使其出院。
具体原因不明。但仍未加贬谪,且授以正三品之左散骑常侍,虽
为散秩,唯制中仍云"且复立朝"。钱珝在昭宗朝曾任中书舍人,
后于光化三年(900)获谴外出(见后张玄晏传),裴廷裕出院,当在
此前。具体年月,尚未能定,或在乾宁五年、光化二年间(898、
899)。

如此,裴廷裕出院后为左散骑常侍,仍在朝,但《新唐书·艺
文志》二,著录《东观奏记》,下有注文,谓裴廷裕"贬湖南,卒"。
则此后又因事贬湖南,卒于贬所。前所引述之《唐摭言》卷一三
《敏捷》条,亦有类似记载:"裴廷裕,乾宁中在内庭,文书敏捷,号
为下水船。梁太祖受禅,姚洎为学士,尝从容,上问及廷裕行止,
洎对曰:'顷岁左迁,今闻旅寄衡水。'"姚洎于昭宗后期为翰林学
士,后又入仕于梁(见后姚洎传)。据《唐摭言》此处所记,裴廷裕
则确于昭宗后期被贬于湖南,据姚洎所云"今闻旅寄衡水",则梁
初尚在世。

裴廷裕著作,主要是《东观奏记》。《全唐诗》卷六八六载其
诗二首。《全唐文》卷八四一载其文四篇,前已述。

郑　璘

　　郑璘，两《唐书》无传。《新唐书》卷七五上《宰相世系表》五上，记有郑璘，谓字华圣，未注官名；又记其父从谠，"相僖宗"。按郑从谠，两《唐书》有传，《旧唐书》卷一五八本传记其为荥阳人。《元和郡县图志》卷八河南道郑州，有荥阳县（即今河南省荥阳县）。郑从谠于僖宗时曾为相，《新唐书》卷六三《宰相年表》记为乾符五年（878）九月至广明元年（880）二月，又历任节镇，有政绩。但《旧传》及《新唐书》卷一六五本传皆未载其子郑璘。

　　郑璘早年事迹不详。清劳格《唐尚书省郎官石柱题名考》卷十考功员外郎列有其名。按《全唐文》卷八三七载有薛廷珪《授考功员外郎郑璘司勋员外郎卢择并充史馆修撰制》，中云："纪纲专总于丞相，笔削分任于名儒，非夫望蕴司南，才膺载笔者，不当其选。而崇望言尔璘等博闻强识，绳直冰清。"由此可见，刘崇望任相、监修国史时曾推荐郑璘、卢择兼充史馆修撰，预修国史。《旧唐书》卷一七九《刘崇望传》，谓张濬罢相后，"崇望代为门下侍郎、监修国史、判度支"。《新唐书》卷六三《宰相年表》，记刘崇望于昭宗龙纪元年（889）正月已由翰林学士承旨、兵部侍郎任相，为"本官同中书门下平章事"；大顺二年（891）正月，张濬罢相出为鄂岳观察使，刘崇望乃于二月为门下侍郎。《旧唐书》卷二〇上《昭宗纪》，大顺二年正月，"以中书侍郎、吏部尚书、平章事刘崇望为门下侍郎、监修国史、判度支事"，较《新表》所记早一月。刘崇望后于景福元年（892）二月出为武宁军节度使（据《新·宰相年表》）。如此，则郑璘当于大顺二年，因宰相刘崇望之荐，以考功员外郎充史馆修撰，预修国史。由此亦可见，此时郑璘尚未为翰林学士。

郑璘为翰林学士，唐时未有记载。宋晁公武《郡斋读书志》卷七职官类①，著录《翰林杂志》一卷，云："右不题撰人。辑唐韦执谊《故事》、元稹《承旨壁记》、韦表微《新楼记》②、杜元颖《监院使记》、郑璘《视草亭记》并诗、李宗谔《题名记》为一编。"按此处所述韦执谊、元稹、韦表微、杜元颖均为唐翰林学士，其所著已收辑于傅璇琮、施纯德所编之《翰学三书》③，李宗谔为宋真宗景德时翰林学士（《宋史》卷二六五本传）。郑璘既与此唐宋几位翰林学士并列，并将其所著合编于《翰林杂志》，则当亦曾为翰林学士；其《视草亭记》并诗虽未存（《新唐书·艺文志》亦未著录），但就书名含义，当为在翰林学士院内任职时所记。岑氏《补记》亦引及此，唯对郑璘早期事迹（如以考功员外郎充史馆修撰），未有记述。

郑璘之为翰林学士，除上述《郡斋读书志》所录其著作外，还可就《全唐文》卷八二一所载其制文六篇作为佐证。《全唐文》所载之六篇制文，其中五篇载于《文苑英华》之"翰林制诏"。岑氏《补记》对制文撰作时间有所考述，今参岑氏所述，复考如下。

《皇帝第八男祕第九男祚第十男祺封王制》，又见于《文苑英

---

① 《郡斋读书志》，孙猛校证本，上海古籍出版社，1990年。
② 韦表微之"表"，原书作"来"，孙猛校证本改。
③ 《翰学三书》，辽宁教育出版社，2003年。

华》卷四四五"翰林制诰",题下注:"《诏令》作封景王辉王祁王制。"文末署"乾宁四年十月"。按《唐大诏令集》(商务印书馆点校本,1959年)卷三三即载有《封景王祕等制》,题郑璘撰,文末署"乾宁四年十月"。《文苑英华》所载此篇,题下校所谓《诏令》,或即指此宋敏求所编之《唐大诏令集》。按《新唐书》卷十《昭宗纪》亦于乾宁四年(897)十月记:"甲子,封子祕为景王,祚辉王,祺祁王。"《旧唐书》卷一七五《昭宗十子传》及《通鉴》卷二六一同。而《旧唐书》卷二〇上《昭宗纪》却系于乾宁四年二月,显误。又值得注意的是,《唐大诏令集》卷三四亦载有钱珝《册景王祕文》、《册辉王祚文》、《册祁王祺文》,当亦同时作。时钱珝为中书舍人,则册封诸王文,中书舍人亦可撰制,这对于唐中书舍人的职能及与翰林学士的比较,可作进一步研究。

《授安友权安南节度使制》,又见于《文苑英华》卷四五八"翰林制诰",未署撰年。安友权,两《唐书》无传,亦无有载记。《唐刺史考全编》卷三一〇安南都护府,亦引及郑璘此制,云:"吴氏《方镇年表》系于乾宁四年(897)至光化三年(900),姑从之。"别无他考。

《授李鐬邕州节度使制》,《文苑英华》卷同上,未署年月。《通鉴》卷二六二光化三年(900)五月,载:"邕州军乱,逐节度使李鐬;鐬借兵邻道讨平之。"即光化三年五月,已在邕州节度使任。《唐刺史考全编》卷二九〇岭南道邕州,亦据吴氏《方镇年表》,系李鐬于乾宁四年(897)始任邕州节度使,则此制即撰于乾宁四年。

《授李继密山南西道节度使制》,《文苑英华》所载卷同上。《通鉴》卷二六一光化元年(898)五月载:"以武定节度使李继密为山南西道节度使。"郑璘此制当即作于此时。

《授钱镠润州节度使制》,《文苑英华》所载卷同上。《通鉴》卷二六〇乾宁三年十月记:"钱镠令两浙吏民上表,请以镠兼领浙东;朝廷不得已,复以王抟为吏部尚书、同平章事,以镠为镇海、威胜两军节度使。"元胡三省注:"钱镠自此遂跨有浙东、西。"此即郑璘此制所云:"是用益其疆土,盛彼旌旄,增镜水之名封,兼金陵之奥壤。合此重寄,殷为大藩。""镜水"喻浙东,"金陵"喻浙西。

《授王抟诸道盐铁转运等使制》,《文苑英华》未载。按此制前称王抟为"守吏部尚书、同中书门下平章事",后云"可门下侍郎、依前兼吏部尚书、同中书门下平章事、监修国史、充诸道盐铁转运等使"。据《新唐书·宰相年表》,王抟于乾宁三年(896)十月戊午为吏部尚书、同中书门下平章事,四年(897)四月为门下侍郎兼吏郎尚书、诸道转运等使。则郑璘此制即当作于乾宁四年四月。

据以上六文,所撰时间在乾宁三年(896)十月至光化三年(900)五月,即此五年内在院供职。唯其何时以何官入,未能确知。据前所述,郑璘已于大顺二年(891)为考功员外郎,并充史馆修撰,则郑璘可能于乾宁二、三年间以尚书郎中入。其出院,当在光化三年五月以后。按韩偓于五代梁开平三年(909)有《余寓汀州沙县病中闻前郑左丞随外镇赴洛兼云继有急征旋见脂辖因作七言四韵以赠之或冀其感悟也》(《全唐诗》卷六八一)。就此诗,韩偓与郑璘颇有交谊,二人曾同在院中。按韩偓于光化二年(899)入院,天复三年(903)二月出贬濮州司马(见后韩偓传),时为翰林学士之薛贻矩、姚洎亦同时被贬出院(见薛、姚传)。有可能郑璘亦同时被迫出院(或稍前)。另,《新唐书》卷一九〇《王潮传》附王审邽传,称其"为泉州刺史、检校司徒。……中原乱,公卿多来依之,振赋以财,如杨承休、郑璘、韩偓、归传懿、杨赞图、郑戬等赖以免祸,审邽遣子延彬作招贤院以礼之"。王审邽于乾宁元年(894)至天祐元年(904)为泉州刺史(参《唐刺史考全编》卷一五三江南东道泉州)。就韩偓诗题,可能郑璘在院时曾迁至尚书左丞(正四品上),后于天复三年二月与韩偓等同时被迫出院,即南下依附于泉州刺史王审邽幕。

又前所引韩偓诗,题下自注"己巳年",即梁开平三年(909),时韩偓居于汀州沙县①。诗云:"莫恨当年入用迟,通材何处不逢知。桑田变后新舟楫,华表归来旧路歧。公幹寂寥甘坐废,子牟欢抃促行期。移都已改侯王第,惆怅沙堤别筑基。"由此则郑璘在闽时,亦曾与韩偓相聚。后南闽节镇王审知称臣于朱梁,当向其举荐人才,中有郑璘,韩偓闻郑璘将赴洛,就特寄诗劝谏。郑璘可能听从韩偓之劝,未北赴,仍留于闽,因两《五代史》及有关史书均未载郑璘仕梁之讯息。

据前所引《郡斋读书志》,郑璘当于在职时著有《视草亭记》,惜后未存,《新唐书·艺文志》未著录。其诗也未载于《全唐诗》。其文,即《全唐文》卷八二一所载制文六篇,前已述。

----

① 参见邓小军《韩偓年谱》,载其所著《诗史释证》,中华书局,2004年;又《唐五代文学编年史·五代卷》,页81;辽海出版社,1998年。

张玄晏

张玄晏,两《唐书》无传。关于其事迹,两《唐书》仅见《新唐书》卷六〇《艺文志》四,集部别集类,著录《张玄晏集》二卷,注云:"字寅节,昭宗翰林学士。"

《全唐文》卷八一八载有张玄晏文十余篇,另有《唐故楚州盱眙县令荥阳郑府君墓志铭并序》,为《全唐文》所未载者,见于周绍良主编《唐代墓志汇编》①,咸通一一六。此文署"乡贡进士张玄晏撰"。文中记述此郑府君(名瀆),卒于"咸通甲午岁六月乙酉",葬于其年十月十五日。按咸通甲午,为咸通十五年,实为乾符元年(874)。懿宗卒于咸通十四年(873)七月,僖宗立,第二年十一月始改元乾符。张玄晏此制作于此年十月,故仍称"咸通甲午"。据此,则张玄晏于僖宗乾符元年冬曾为乡贡进士,唯后是否及第,未可知。就其以后仕迹,曾长期在朝中任职,则当为科试及第者。

《新唐书·艺文志》记张玄晏为昭宗时翰林学士,未记时。就《全唐文》卷八三七所载薛廷珪一篇制文,可考见张玄晏于入院前曾历任殿中侍御史、都官员外郎。薛廷珪此篇制文,题为《授侍御史沈栖远右司员外郎、殿中张玄晏都官员外郎制》,中称"具官沈栖远等,由御史属为尚书郎",即沈、张二人皆由御史台所属徙为

---

① 《唐代墓志汇编》,周绍良编,上海古籍出版社,1992年。

尚书郎官署。就此制题，张玄晏原为殿中侍御史（从七品上），升迁为都官员外郎（从六品上）。

按《旧唐书》卷一九〇下《文苑下·薛逢传》附其子廷珪传，称薛廷珪"大顺初累迁司勋员外郎、知制诰，正拜中书舍人。乾宁三年奉使太原"，光化中复为中书舍人。据后钱珝制文，张玄晏于乾宁三年秋由驾部员外郎入院，则薛廷珪此制当在乾宁三年前，或在乾宁初。薛氏此制，称张玄晏云："以玄晏词无枝叶，道有污隆，履君子之中庸，练国朝之故实。直方之气，佥论多之；文艺之优，前辈高许。"则张玄晏入院前已有文名。

张玄晏之入为翰林学士，首见于钱珝《授右司郎中张玄晏翰林学士制》，载于《文苑英华》卷三八四，文末未署年月；又载于《全唐文》卷八三一。按钱珝撰写制文之时间，见于其《舟中录序》（《全唐文》卷八三六），云："己丑岁冬十一月，余以尚书郎得掌诰命。庚申岁夏六月，以舍人获谴，佐抚州。"按此"己丑"，误，《文苑英华》所载钱珝此序，作"乙卯"，是。乙卯为乾宁二年（895），庚申为光化三年（900），故序中云"冒居六年"。钱珝乃于乾宁二年十一月因宰臣王抟之荐，以膳部郎中知制诰，又于乾宁三年迁为中书舍人；后王抟于光化三年（900）六月罢相被贬，又被迫自尽，钱珝亦受累出贬抚州司马①。由此，钱珝此篇授张玄晏翰林学士制文，即当在乾宁二年十一月后。又制中云："吾越在关辅，不遑燕居。"按乾宁三年六、七月间，凤翔节镇李茂贞率兵逼京师，昭宗应华州刺史韩建之请，出驻华州，长安为李茂贞所占，甚

① 《唐才子传校笺》卷九《钱珝传》，周祖譔、吴在庆笺，中华书局，1990年。

受破坏。昭宗在华州整整有两年，于光化元年（898）八月，才返京。由此，则当为昭宗匆促徙迁华州，军政紊乱，人才不足，张玄晏即于乾宁三年下半年受召入院。钱珝制中称此时"大盗未屠，蒸人且坠"，亟需用人，故勉励张玄晏，"尔其据体会机，剪烦总要"。并对张玄晏此前仕绩，亦甚赞誉："具官张玄晏，尝闻荐绅论者，多以尔儒行践修，出言之章，能顾于是，聚问之学，斯不为人。乃知发外之文，实自积中之性。"

《全唐文》卷八一八载张玄晏《上承旨崔侍郎启》，中云："自忝班行，寻逾涯分，岂谓承旨侍郎念兹单拙，悯及埋沈，密回吹借之隆私，显示挈维之重德。今日早面承尊旨，曲奉恩言，必欲拔自泥沙，置之霄汉。"即对时为翰林学士承旨崔侍郎之荐拔甚表谢意，因崔侍郎之力，乃"拔自泥沙，置之霄汉"。此崔侍郎为崔远，时亦在院，于乾宁三年秋由户部侍郎转为兵部侍郎，七月，接陆扆为承旨，又于九月拜相出院（参见前崔远传及书后"学士年表"）。由此即可参证张玄晏当于乾宁三年秋（九月前）入为翰林学士。

又据钱珝制题，张玄晏乃以右司郎中入，而岑氏《补记》援引张玄晏《谢奉常仆射启》（《全唐文》卷八一八）所云"伏奉敕命，授尚书驾部员外郎知制诰，依前充职者"，又引张玄晏另一文《谢时相启》（《全唐文》同上卷）"某伏奉今日敕授尚书驾部郎中知制诰、依前充职者。……忽自秋而徂冬，每素飧而尸禄"，遂以为钱珝制文题"右司郎中"四字误，张玄晏应以驾部员外郎、知制诰入，至同年冬，迁改驾部郎中。实则张玄晏《谢奉常仆射启》，《文苑英华》卷六五三已载，其文为："某伏奉敕命，授尚书驾部郎中、知制诰，依前充职者。"《全唐文》所载，乃据《文苑英华》录入，但误将

"驾部郎中"改为"驾部员外郎",岑氏仅据《全唐文》,未复核《文苑英华》,故致误断,并未加考析,即断钱珝制文题"右司郎中"四字误,更不确。

《全唐文》卷八一八载有张玄晏数篇书启,涉及入院受朝臣举荐,值得一提,并应予注意。中有《未召试前与孙相公启》,此孙相公为孙偓。据《新唐书》卷六三《宰相年表》,孙偓于乾宁二年(895)十月入相,四年(897)二月罢相,这正与张玄晏入为翰林学士时段相合。张玄晏当在正式入院前须先参预考试(可参韩偓《金銮密记》,见后韩偓传),在试前乃先上书给宰相孙偓,对孙"许与之恩言"、"提拔之隆旨",深表感恩之情;"倍怀感激之心,冀竭效酬之节"。另有一篇《谢时相启》,则为考试后对宰相致谢:"某今日伏奉宣召,伏蒙圣慈令充职翰林者。"由此可见,晚唐时士人入院前,似仍须参预考试,而张玄晏则于试前特向宰相进献书启,有期望举荐之意。

《全唐文》所载,张玄晏另有一《谢时相启》,与前所述之《谢时相启》,文题虽同,所作之时则不同。后一《谢时相启》,云:"顾惟鲰浅,寻过津涯,忽自秋而徂冬,每素飧而尸禄。"可见虽已入院,且已自秋至冬,仍致谢意,并云:"某伏奉今日敕,授尚书驾部郎中、知制诰,依前充职者。"此与《文苑英华》卷六五三所载之张玄晏《谢奉常仆射启》之"某伏奉敕命,授尚书驾部郎中、知制诰,依前充职者",意合。此"奉常仆射",据郁贤皓、胡可先《唐九卿考》[1],为乾宁三、四年间任太常卿的孙储,而孙储则为孙偓亲兄。

---

[1]《唐九卿考》,中国社会科学出版社,2003年。

由此可见,张玄晏于乾宁三年秋由司封郎中入院,本年冬改为驾部郎中,但加兼知制诰,故再次向宰相孙偓及其兄孙储致谢。前一《谢时相启》云:"相公殊常降德,不次施恩,拔自迷途,置诸密地。……遂使专诏诰教令之事,为言语侍从之臣。内省屡微,益深荣惧。"后一《谢时相启》云:"相公曲示洪钧,重磨顽璞,降始终之茂德,宏特达之深恩。再假丹青,复掀羽翼。"即应试入院,受宰相之举荐,在院时官衔之迁转,亦由宰相"曲示洪钧"。由此可见,当时翰林学士本人对宰相之推荐、提拔,是极为重视的。这也可见宰相对翰林学士地位、境遇所起的作用,所谓翰林学士为"内相",甚至超越宰相之权,就张玄晏这几篇书启,可证是不合实的。

今将现存张玄晏数篇制文之年月略考如下:

《皇第十一男祯封雅王第十二男祥封琼王制》。《旧唐书》卷一七五《昭宗诸子传》,记:"雅王祯,琼王祥,并光化元年十一月九日封。"《新唐书》卷十《昭宗纪》、《通鉴》卷二六一亦均记于光化元年十一月甲寅。《文苑英华》卷四四五"翰林制诏"亦载张玄晏此制,后署"光化元年十一月"。可以注意的是,《文苑英华》同卷又载钱珝《册雅王文》、《册琼王文》。张玄晏是册雅王、琼王合为一制,而钱珝分为二制,可与前郑璘所撰同类制文相参。中书舍人亦能撰此类册文,且与翰林学士同时诏发,可为研究唐中书舍人职能提供有用之材料。又钱珝此二篇制文,均有"今遣某官某乙持节册尔为雅(琼)王"辞句,而张玄晏所撰,首云"门下",末云"仍令所司择日备礼册命,主者施行",此可能为翰林学士与中书舍人之职能有所不同,一为皇帝诏发,一为中书省承皇帝之命(即翰林学士所发),又下敕"令所司择日备礼册命"。

《授庞从武宁平难军节度使改名师古制》，称"具官庞从，夙怀明略，早负壮图。……可某官，仍改名师古"。《通鉴》卷二六一，乾宁四年，"三月丙子，朱全忠表……庞师古为武宁留后"。武宁即治徐州。

《授王敬荛武宁军张珂彰义军节度使制》。《旧唐书·昭宗纪》，乾宁四年十一月，"以颍州刺史王敬荛检校尚书左仆射，兼徐州刺史，加司空，充武宁军节度使"。未记张珂。《通鉴》卷二六一光化二年正月则记："朱全忠表李罕之为昭义节度使，又表权知河阳留后丁会、武宁留后王敬荛、彰义留后张珂并为节度使。"即朱全忠为交结诸道统帅，请朝中授以正式节钺。《旧唐书·昭宗纪》记于乾宁四年，且仅记王敬荛，则又误又缺，应以《通鉴》为是。

《授冯行袭昭信军节度使制》。据《通鉴》卷二六一光化元年（898）正月，"以昭信防御使冯行袭为昭信节度使"。

《授李思敬宣武军李继颜保大军节度使制》。为光化元年（参《唐刺史考全编》卷二○九山南西道洋州）。

《授王潮威武军节度使制》。《通鉴》卷二六○乾宁三年，"九月庚辰，升福建为威武军，以观察使王潮为节度使"。

《授李继徽秦州节度使制》。《通鉴》卷二六○乾宁三年，"三月，以天雄留后李继徽为节度使"。天雄节镇所治在秦州。而岑氏《补记》却误为邠州，云："李继徽邠州制在乾宁四年。"

就上所述，其所撰制，在乾宁三、四年至光化元年间，即随昭宗在华州期间。按昭宗于光化元年八月返京师，张玄晏所撰封雅王、琼王制在光化元年十一月，则随昭宗返京，仍在院内供职。但何时出院，未可知，可能在光化二年（899）以后。

张玄晏著作,《新唐书·艺文志》著录其集二卷,后未存。《全唐文》卷八一八载其文十余篇,另又有《千唐志斋》所辑之盱眙令郑濆墓志(前已述)。其诗未有载记。

吴　融

吴融,《新唐书》卷二〇三《文艺传》下,有传。另《唐才子传校笺》卷九《吴融传》周祖譔、吴在庆笺,及《唐五代文学编年史·晚唐卷》,对吴融事迹有较详考述①,今即参据此二书,记述如下。

《新传》:"吴融字子华,越州山阴人。"越州山阴(今浙江绍兴)为其祖籍,中年时(约年三十左右)曾徙家于松江畔之长洲县(今属江苏苏州市),其间曾与陆龟蒙、皮日休等交往(详后)。

《新传》记:"龙纪初,及进士第。"《直斋书录解题》卷一九著录其《唐英集》三卷时,注云:"融与(韩)偓皆龙纪元年进士。"②元辛文房《唐才子传》卷九又具体记为"龙纪元年李瀚榜及进士第"。标为"李瀚榜",当据元时尚存之唐登科记。清徐松《登科记考》卷二四即据《唐才子传》,记龙纪元年(889)科试进士榜,状元为李瀚,同年及第者有吴融。

按韩偓后于任翰林学士期间,曾屡与吴融有诗唱和,其《与吴

①《唐才子传校笺》,傅璇琮主编,中华书局,1990年。《唐五代文学编年史》,傅璇琮主编,《晚唐卷》为吴在庆、傅璇琮撰,辽海出版社,1998年。
②《直斋书录解题》,上海古籍出版社点校本,1987年。

子华侍郎同年玉堂同直怀恩叙恳因成长句四韵兼呈诸同年》（《全唐诗》卷六八〇），于"二纪计偕劳笔研"句下自注云："余与子华俱久困名场。"吴融于其《祝风》诗（《唐英歌诗》卷中）亦云："余仍辗轲者,进趋二年纪。"则其登第前已有二十余年屡举试不第者。

但吴融早期已多与文士交往,有名声。《唐摭言》卷五《切磋》条有记云："吴融,广明、中和之际,久负屈声;虽未擢科第,同人多赞谒之如先达。"如晚唐另一著名诗人方干,《唐摭言》卷十《韦庄奏请追赠不及第人近代者》条,记方干"幼有清才,为徐凝所器,诲之格律",后曾谒访浙东观察使王龟,"王公将荐之于朝,请吴子华为表章。无何公遘疾而卒,事不谐矣"。按据两《唐书·王龟传》,王龟于咸通十四年（873）为越州刺史、浙东观察使,后乾符元年（874）六月,为当地乱兵所害（参见《唐刺史考全编》卷一四二江南东道越州）。则吴融当丁咸通十四年、乾符元年间在浙东王龟幕,并代为撰表举荐方干（《唐五代文学编年史·晚唐卷》亦记此,系于乾符元年,并举方干有《谢王大夫奏表》诗,载《全唐诗》卷六五二）。本年前后,吴融又与皮日休有交往,如吴融有《和皮博士赴上京观中修灵（宝）斋赠威仪尊师兼见寄》、《高侍御话及皮博士池中白莲因成一章寄博士兼奉呈》（《全唐诗》卷六八七）。皮博士即皮日休,乾符元年任太常博士（参见《唐五代文学编年史·晚唐卷》乾符元年）。又,《唐摭言》卷十《海叙不遇》条,记陆龟蒙于僖宗中和元年（881）卒于苏州故里,"颜荛给事为文志其墓,吴子华奠文千余言"。颜荛所作墓志不存,吴融所作祭文,见《全唐文》卷八二〇。由此可见,吴融进士登第前已与当时诗文名家甚有交往。

《新传》记吴融及第后，接云："韦昭度讨蜀，表掌书记，迁累侍御史。坐累去官，流浪荆南，依成汭。"韦昭度，僖宗朝翰林学士，其奉命征讨西蜀陈敬瑄之时间，详见前韦昭度传。吴融随韦昭度赴蜀，在龙纪元年（889）春，大顺二年（891）秋又随韦昭度返京，在蜀两年，有诗作（参见《唐五代文学编年史·晚唐卷》）。吴融返京后迁为侍御史（从六品下），但于乾宁二年（895）夏又因事南贬流寓荆南，在荆南节度使成汭幕；后于乾宁三年（896）冬又返京（详参《唐才子传校笺》卷九《吴融传》笺）。成汭，《新唐书》卷一九〇、《旧五代史》卷一七有传，其任荆南节度使在文德元年至天复三年间（888—903），参见《唐刺史考全编》卷一九五山南东道荆州。

吴融在荆州一年半，又与诗僧贯休甚有交往。初抵达荆州时，即有《访贯休上人》诗（《全唐诗》卷六八六），后又曾为其集作序，即《禅月集序》（《全唐文》卷八二〇），有云："沙门贯休……止于荆门龙兴寺。余谪官南行，因造其室，每谈论未尝不了于理性。自是而往，日入忘归，邈然浩然，使我不知放逐之感。此外商榷二雅，酬唱循环，越三日不得往来，恨疏矣。如此者凡期有半。"又记乾宁三年丙辰，吴融返京时，贯休又特赠其《西岳集》："丙辰岁，余蒙恩诏归，与上人别，袖出歌诗草本一，曰《西岳集》，以为贶（琼按：原作尽，当误，今改）矣。"吴融离荆时，贯休特作诗送之，有《送吴融员外赴阙》（《全唐诗》卷八三一）；吴融返京后，即作诗寄酬：《寄贯休上人》（《全唐诗》卷六八四）。

晚唐八十余年期间，翰林学士在入院前，即与文士有如此广泛、深入之交往，应当说吴融是较为突出的。

《新传》记吴融"流浪荆南,依成汭"后,接云:"久之,召为左补阙,以礼部郎中为翰林学士。"据前所述,吴融于乾宁二年初夏流贬荆南,乾宁三年即已返京,仅一年余,而《新传》称为"久之",措词不确。又吴融有《壬戌岁阌乡卜居》诗(《唐英歌诗》卷中),中云:"六载抽毫侍禁闱,可堪多病决然归。"壬戌为天复二年(902)。天复元年(901)十一月,昭宗因朱全忠兵胁,出徙凤翔,吴融因未能随从,避乱居于阌乡(详后)。自天复元年上溯六载,则为乾宁三年(896)。由此可以确定,乾宁三年初秋,吴融受召自荆南返京,初为左补阙(从七品上),旋即迁礼部郎中(从五品上),入为翰林学士,即乾宁三年秋冬际。按乾宁三年七月,昭宗因凤翔节度使李茂贞率兵逼京,出徙华州,当时正处于匆促之中,故急召人才,张玄晏即于此时入(见前张玄晏传),吴融当亦与张玄晏同时入。

据前所引吴融《壬戌岁阌乡卜居》诗,吴融当于乾宁三年初秋入院,直至天复元年十一月,均在院。按昭宗后于光化元年(898)八月自华州返京,吴融当亦随返,则在华州有两年余,后在京有三年余。其在院内官阶之迁转,据《新传》,以礼部郎中入,后为中书舍人(正五品上),接云:"昭宗反正,御南阙,群臣称贺,融最先至。于时左右欢骇,帝有指授,叠十许稿,融跪作诏,少选成,语当意详,帝咨赏良厚。进户部侍郎。"《新传》此处所谓"昭宗反正",未记具体年月。《唐摭言》卷一三《敏捷》条则有具体记述:"昭宗天复元年正旦,东内反正,即御楼,内翰维吴子华先生,上命于前跪草十余诏,简备精当,曾不顷刻。上大加赏激。"此时确记为天复元年正旦。据《通鉴》卷二六二,光化三年(900)十一月,"上猎苑中,因置酒,夜,醉归,手杀黄门、侍女数人",于是宦官、左军中尉刘季述密谋陈兵殿廷,迫使昭宗及后妃出居少阳院,以太子嗣位。十二月底,时任盐州雄毅军使孙德昭为左神策军指挥使,乃与宰臣崔胤谋,诛杀刘季述等。《旧唐书·昭宗纪》即于天复元年(901)正月甲申朔记:"昭宗反正,登长乐门楼,受朝贺。"由此,则吴融当于天复元年正月即迁为户部侍郎(正四品下)。岑氏《补记》仅云"拜中书舍人,进户部侍郎",对具体年月未有考。

又韩偓《无题》诗(《全唐诗》卷六八三),自序有云:"余辛酉年戏作《无题》十四韵,故奉常王公相国首于继和,故内翰吴侍郎融、令狐舍人涣……相次属和。"辛酉为天复元年,此亦为吴融于天复元年为户部侍郎之确证。

《全唐文》卷八二〇载吴融所撰制文六篇,岑氏《补记》有考其撰写时间,除《授王行审鄜州节度使制》谓待考外(《唐刺史考全编》卷七关内道鄜州,引吴融此制及《新唐书·吴融传》,谓作于天祐三、四年间,显误),皆作于乾宁三、四年至天复元年间,是。唯《授孙德昭安南都护充清江军节度使制》,此"清江"应为"静海",岑氏未辨正(详见傅璇琮《岑仲勉〈补僖昭哀三朝翰林学士记〉正补》,载《唐研究》第十卷,北京大学出版社,2004年,又编于前《唐翰林学士传论》)。

吴融在此期间,常与同院诸学士有诗唱和,如《和诸学士秋夕禁直偶雪》(《全唐诗》卷六八五),特别与韩偓唱酬更多,详见后韩偓传,此不赘。现可提二事。一为当时以草书著名之诗僧昙光,曾得昭宗赏识,乾宁四年(897)昭宗仍在华州时,昙光归永嘉,当时有不少在朝之文臣以诗送之,后辑送行者五十家之作为一集,其中即有吴融诗。宋赞宁《宋高僧传·后唐明州国宁寺詟光传》,称詟光"多作古调诗,苦僻寡味,得句时有得色。长于草隶";并云自华归故乡时,"有朝贤赠歌诗,吴内翰融、罗江东隐等五十家,仅成一集"。司空图亦有《送草书僧归楚越》(《全唐文》卷八〇七)。宋《宣和书谱》卷一九有记:"释詟光,江南人也。潜心草字,名重一时。吴融赠其歌曰:'忽时飞动更惊人,一声霹雳龙蛇活。'"吴融又有《送广利大师东归》(《全唐诗》卷六八五)。《宣和书谱》多有载当时文士赠詟光诗,其笔迹于北宋徽宗宫内尚有存者。由此亦可见吴融参与之文学群体活动。另一事为贯休诗集撰序,其《禅月集序》称作此序在"己未岁嘉平月之三日"。己未为光化二年(899),嘉平月为十二月。序中称"太白、乐天既殁,可嗣其美者,非上人而谁",即贯休诗又上接李白、白居易;而所以能"嗣其美",即在于"气骨高举",并讥评"迩来相教学者,靡漫浸淫,困不知变",亦可见吴融对晚唐诗界的评论。

《新传》记吴融"进户部侍郎"后,接云:"凤翔劫迁,融不克从,去客阌乡。俄召还翰林,迁承旨,卒官。"按据《通鉴》卷二六二,天复元年(901)十月,朱全忠与宰臣崔胤联系,发兵赴长安,欲迫昭宗迁徙洛阳;十一月初,昭宗乃受宦者、中尉韩全诲之挟,出奔凤翔。当时韩偓倒是连夜追赶,随昭宗西出的,而吴融则不知何故,未及随从,遂客居阌乡,即辞职出院。按阌乡在今河南西部灵宝市西北,已在潼关东,不知何以吴融远出关东。这就历一年余。天复三年(903)正月,昭宗与朱全忠和解,返长安,并诛宦者韩全诲等。吴融当于此年春返朝,复入院。而此年二、三月间,宰相崔胤与朱全忠交结,又胁迫昭宗贬谪同列宰臣陆扆,并贬翰林学士韩偓出为濮州司马,薛贻矩出为峡州司户。薛贻矩出贬时,吴融有《送薛学士赴任峡州二首》(《全唐诗》卷六八五),其一有云:"莫将彩笔闲抛掷,更待淮王诏草看。"即仍期望以后仍能召还,入院充职。

关于吴融出院及卒年,《新传》仅云:"迁承旨,卒官。"未有确记。岑氏《补记》谓吴融当继韩偓为承旨,又云:"融卒何年,虽乏明文,但据《旧唐书》一七九《柳璨传》,璨天祐元年正月十日命相时,充承旨者已是张文蔚,则文蔚殆于天复三年加充。换言之,即融以天复三年卒官也。"即吴融天复三年(903)正月返朝,再入院,并接任承旨,但又于同年卒。但吴融有《寄杨侍郎》诗(《全唐诗》卷六八六):"目极家山远,身拘禁苑深。烟霄惭暮齿,麋鹿愧初心。""禁苑深",则此杨侍郎亦在翰林学士院中任职。陶敏《全唐诗人名考证》(页 928)谓此杨侍郎为杨注。《唐五代文学编年史·晚唐卷》天祐三年条引吴融另一首《寄杨侍郎》诗(《全唐诗》同上卷),亦以为杨注。据《旧唐书·昭宗纪》,杨注于天祐元年(904)六月以中书舍人充翰林学士,又同书《哀帝纪》天祐二年三月,记杨注时为户部侍郎。则吴融此二诗,当作于天祐元年、二年间(904、905),即此时吴融仍在世,非天复三年(903)已卒。关于张文蔚于天复三年接任承旨,可再考。可能吴融于天复三年下半年离职出院,张文蔚接任,而吴融非卒于在院中任职时。

又前所述之韩偓《无题》诗,自序称"丙寅年九月"作,中称"故内翰吴侍郎融"。丙寅为天祐三年(906),既称吴融为"故",则天祐三年九月前吴融已卒,当卒于天祐二、三年间(参《唐五代文学编年史·晚唐卷》天祐二年条)。

《新唐书》卷六〇《艺文志》四,集部别集类,著录《吴融诗集》四卷,又《制诰》一卷。其所撰制诰,能专辑为一卷,可见在职时所撰亦多。《直斋书录解题》卷一九诗集类,著录吴融《唐英集》三卷。清《四库全书总目》卷一五一集部别集类,亦著录《唐英歌诗》三卷,当承宋时所传之本,其《提要》有将其所作与韩偓评比者,谓:“偓心在朝廷,力图匡辅,以屡弱文士毅然折逆党之凶锋,其诗所谓报国危曾捋虎须者,实非虚语,纯忠亮节,万万非融所能及;以文章工拙论之,则融诗音节谐雅,犹有中唐之遗风,较偓为稍胜焉。”又将其与当时诗家相比,云:“在天祐诸诗人中,闲远不及司空图,沉挚不及罗隐,繁富不及皮日休,奇辟不及周朴,然其余作者,实罕与雁行。”吴融诗文创作,在唐末还是较为突出的,可进一步结合其政治活动加以探讨。

《全唐诗》编其诗为四卷(卷六八四—卷六八七)。《全唐文》卷八二〇载其文十余篇。

韩 仪

韩仪,为韩偓兄,《新唐书》卷一八三《韩偓传》后有其附传,但所记甚简。

《新传》记其字羽光,“亦以翰林学士为御史中丞”,未载其入院前仕迹。按《唐摭言》卷一《述进士》下篇,有云:“近年及第,未过关试,皆称‘新及第进士’,所以韩中丞仪尝有‘知闻近过关试仪’,以一篇纪之曰:‘短行纳了付三铨,休把新衔恼必先。今日便称前进士,好留春色与明年。'"据此,韩仪曾自称"前进士",即曾登进士第,但未知其年。

《新传》仅称其曾为翰林学士,但未记何时入院。《全唐文》卷八四〇载其制文八篇,当在院任职时所撰。中有《授朱朴平章事制》,可考定于昭宗乾宁三年(896)八月作,则此前即已入院。

《授朱朴平章事制》,岑氏《补记》谓《文苑英华》卷四五〇所载,文末署乾宁三年八月;《新唐书》卷二〇《昭宗纪》、卷六三《宰相年表》均记朱朴拜相在乾宁三年八月乙丑,《旧唐书》卷二〇上《昭宗纪》记为四年五月乙亥朔,岑氏于此未作判断。按朱朴任相事,《通鉴》卷二六〇乾宁三年(896)七、八月有具体记述,七月记:"水部郎中何迎表荐国子《毛诗》博士襄阳朱朴,才如谢安,道士许岩士亦荐朴有经济才。"同年八月记:"上愤天下之乱,思得奇杰之士不次用之,国子博士朱朴自言:'得为宰相,月余可致太平。'上以为然。乙丑,以朴为右谏议大夫、同平章事。朴为人庸鄙迂僻,无他长。制出,中外大惊。"《通鉴》卷二六一又记乾宁四年(897)二月朱朴与孙偓同罢相,并云:"朴既秉政,所言皆不效,外议沸腾。"《旧唐书》卷一七九、《新唐书》卷一八三《朱朴传》亦皆记朱朴拜相后仅数月即罢相。由此,则《旧纪》记朱朴于乾宁四年五月乙丑朔,"以国子博士朱朴为右谏议大夫、同平章事",显误。又,韩仪所撰此制,确对朱朴甚为赞誉,称其"学业优深,识用精敏,久徊翔而不振,弥贞吉以自多。朕知其才,遂召与语,理乱立分于言下,闻所未闻;兵农皆在于彀中,得所未得。不觉前席,为之改容"。可能正因此,遂使制文一出,"中外大惊"。韩仪作为翰林学士,当然不得不听从君主意旨撰文,但中唐时如白居易等,还是有自己相对独立见解的。

韩仪于乾宁三年八月即已撰授宰臣制文,则其入院当已有一定时间,或当在乾宁三年初。但以何官入,入院后官衔如何迁转,限于史料,皆未可知。

《全唐文》所载其他七篇制文,岑氏《补记》也多有所考,谓"年月之较可确定者,为乾宁三年秋至四年冬"。即均在华州时作。时昭宗即出驻于华州。《新传》云:"以翰林学士为御史中丞。"似意为出院任御史中丞。御史中丞为正五品上,与中书舍人同阶,很可能韩仪在院时曾历任尚书诸司郎中、中书舍人。又昭宗于乾宁五年(898)八月自华州返京师,改元光化,按现存韩仪制文之时日推测,很可能随昭宗返朝后,昭宗即授以谏职,出院。但另有一可能,即韩仪于光化元年仍未出院,而韩偓于光化三年(900)六月以司勋郎中兼侍御史入为翰林学士(见后韩偓传),韩仪当因与韩偓为亲兄弟,乃避嫌辞出,昭宗即授以御史中丞。唐时以亲兄弟同时入为翰林学士者,首例为张垍、张均(见前玄宗朝传),但有其特殊性,即张垍为驸马都尉,玄宗之婿。有唐一代,仅此一例。后懿宗朝,韦保衡亦先为驸马都尉,后入为翰林学士(咸通十年,869,三月),其弟韦保乂,也于懿宗朝为翰林学士,但其入院在咸通十二年(871)二月,而韦保衡已于前一年(咸通十一年)四月任相出院,亲兄弟二人并未同时在院(详见前传)。当然,韩仪现存制文,未见有乾宁四年以后者,但唐时翰林学士有不少在院好几年,连一篇制文也未有传存者。故此处推测,韩偓于光化三年六月入院,韩仪即避嫌辞职出院,可能性较大。

《新传》后云:"(韩)偓贬之明年,帝宴文思毬场,全忠入,百官坐庑下,全忠怒,贬仪棣州司马,侍御史归蔼登州司户参军。"按韩偓由翰林学士出贬濮州司马在天复三年(903)二月,则此时韩仪当仍为御史中丞,未受累。所谓"偓贬之明年",当为天复四年,亦即天祐元年(904)。按此年正月,朱全忠即迫使昭宗离长安东迁,闰四月徙至洛阳。《旧唐书·昭宗纪》天祐元年七月记:"甲子,(朱全忠)自汴至洛阳,宴于文思毬场。全忠入,百官或坐于廊下,全忠怒,笞通引官何凝。丙寅,制金紫光禄大夫、行御史中丞、上柱国韩仪责授棣州司马,侍御史归蔼责授登州司户,坐百官傲全忠也。"(此事,《通鉴》、《新唐书·昭宗纪》皆未载)由此可见朱全忠之专横跋扈,也可见韩仪等之政见品德。

棣州,《元和郡县图志》卷一七所载,属河北道,其辖境相当今山东阳信、惠民等县。韩仪被贬后,事迹不详。可知者,韩偓有《寄上兄长》一诗(《全唐诗》卷六八〇):"两地支离路八千,襟怀凄怆鬓苍然。乱来未必长团会(原注:一作聚),其奈而今更长年。"按韩偓于天复三年(903)二月被迫出院,贬濮州(今山东鄄城北)司马,四年二月再贬荣懿县尉、邓州司马,未赴任弃官南下,留于湖南。天祐二年(905)又移居江西;三年,移福州。邓小军《韩偓年谱》记韩偓居于福州后,稍安定,乃作此《寄上兄长》诗,棣州与福州亦近八千里,故诗中云"两地支离路八千"[①]。据此,则韩仪长期留于棣州贬地,未如韩偓弃官南下。很可能后即卒于棣州。

《全唐文》卷八四〇载其文八篇,前已述。《全唐诗》卷六六

---

①邓小军《韩偓年谱》,见其所著《诗史释证》,中华书局,2004年。

七载其《记知闻近过关试》一诗,即辑自《唐摭言》卷一《述进士》下篇者,前亦已述。

卢　说

卢说,两《唐书》既无专传,亦无一字记及。《文苑英华》卷四一九"中书制诏"载有钱珝《翰林学士兵部侍郎卢说妻博陵郡君崔氏进封博陵郡夫人制》,岑氏《补记》即引此,谓卢说为昭宗时翰林学士,并谓此制当为乾宁二年末至光化三年夏所行,因钱珝于此期间任为知制诰、中书舍人。当是。但岑氏又据《文苑英华》卷四五八所载卢说《授马殷湖南节度使制》,定卢说约于乾宁末入充翰林学士,则不合,今考如下。

按岑氏所引卢说此制,谓题为《授马殷湖南节度使制》,而《文苑英华》所载,题为《授李思敬马殷湖南节度使制》,《全唐文》卷八二一同,实则此制非仅记授马殷湖南节度使,另尚有李思敬事,岑氏所引,于题中漏"李思敬"三字。但《文苑英华》、《全唐文》所载,题与文亦有差误,如仅就制题,则似李思敬与马殷同授湖南观察使,此与制文内容亦不合。

按《通鉴》卷二六〇,乾宁三年(896)三月记:"保大节度使李思孝表请致仕,荐弟思敬自代,诏以思孝为太师,致仕,思敬为保大留后。"同年九月,即"以保大留后李思敬为节度使"。《通鉴》于同年九月又载:"以湖南留后马殷判湖南军府事。"关于湖南事,《旧唐书》卷二〇上《昭宗纪》有较详记载,即乾宁三年四月,"湖南军乱，杀其帅刘建锋，三军立其部将权知邵州刺史马殷为兵马留后"。《新唐书》卷十《昭宗纪》亦记乾宁三年四月武安（湖南）节度使刘建锋因军乱被杀，"其将马殷自称留后"。由此，则可知乾宁三年四月，湖南军乱，其主帅、湖南节度使刘建锋被杀，马殷被推为兵马留后，至同年九月，朝廷正式任命其判湖南军府使，也就是使其任为湖南节度使。按保大节度治鄜州，唐时属关内道，即在陕中。由此可见，卢说此制，所任实为二人，一在北，一在南，称保大为"束神京襟带"，称湖南为"扼衡越咽喉"，非常清晰。其叙李思敬，制中称"有以难兄告老，沥恳以闻，俾谐内举之诚，爰颁试守之命"，即乾宁三年三月保大节度使李思孝表请致仕，荐其弟思敬，乃授以为保大留后，即制中所云"爰颁试守之命"。后叙马殷，称"有以元戎殒丧，军俗上陈，言其以得士心，可使为帅，姑徇人欲，爰假武符"，也与该年四月湖南事合。制文在记叙上述事后，一称"或曾未半期"，一称"或始逾星纪"，即不到半年，即于九月授以正职，故制文云"不有即真之命，曷明劝赏之文"。由此可以考定，此制当撰于乾宁三年九月，因二人同任节度使，在同一期间，故可以在同一制文中颁发，这在唐代制文中是常有的。由此，则其制题实应为《授李思敬保大节度使、马殷湖南节度使制》，《文苑英华》缺记，《全唐文》沿袭。又，乾宁纪元为五年，即公元894—898，卢说既于乾宁三年九月已撰有制文，则其入院当更在此前。而岑氏定为乾宁末入，则不确。

由上考述，则卢说当于乾宁二、三年间入为翰林学士，但以何官入，限于史料，未可知。前所引之钱珝制文，称卢说为"翰林学士、兵部侍郎"，兵部侍郎为正四品下，官阶高于中书舍人（正五品上），当为入院后逾一定年月所授。《全唐文》卷八二一仅载卢说制文一篇（即前所述者），故未能考索其出院时间。

又钱珝此制，称所以进封卢说妻崔氏，乃因“（卢）说代我之言，必能恪居其职，助于内者，足以彰焉”，乃勉励卢说恪守其职。

关于卢说仕迹，《全唐文》卷八二一小传，未记翰林学士事，但云“官汝阳主簿”。据《元和郡县图志》卷九河南道，汝阳属蔡州，为上县，其主簿为正九品下，官阶甚低，当为初入仕时所授。又齐己有《送卢说乱后投知己》诗（《全唐诗》卷八三九）：“兵寇残江墅，生涯尽荡除。事堪煎桂玉，时莫倚诗书。暮狄啼空半，春山列雨余。舟中有新作，回寄示慵疏。”按此诗题仅记卢说之名，未称其官衔，而唐末乱事甚多，故未能确定其所撰之时；或亦为卢说早年未入仕时，故齐己称其“投知己”，当以求举荐。不过由此亦可见卢说与当时已有盛誉之诗僧齐己亦曾有交往。

韩 偓

韩偓，《旧唐书》无传，《新唐书》卷一八三有传，所记甚详。近现代学者有关韩偓事迹之记述、考证者亦不少，正因如此，现为韩偓所作传论，为避免重复，当以记其翰林学士任期为主，主要参考者除岑氏《补记》外，为《唐才子传校笺》卷九《韩偓传》周祖譔、吴在庆笺，邓小军《韩偓年谱》[1]，《唐五代文学编年史》之《晚唐

---

[1]邓小军《韩偓年谱》，载其所著《诗史释证》，中华书局，2004年。

卷》、《五代卷》;其他单篇论文,如周祖譔、叶之桦《韩偓年谱补正》①,吴在庆《韩偓贬官前后的心态及其对诗歌创作的影响》②,亦间加参辑。

《新传》:"韩偓字致光,京兆万年人。"韩偓之字,诸书所载不一,有作致尧、致元者。宋计有功《唐诗纪事》卷六五韩偓条,清《四库全书总目》卷一五一《韩内翰别集》提要,及岑氏《补记》,皆以为作致光误,应为致尧。然吴融有《和韩致光侍郎无题三首十四韵》(《全唐诗》卷六八五),为吴融与韩偓同任翰林学士时所作,既为同在院中,当有所据。故韩偓之字致光、致尧,诸说皆可并存。

关于韩偓生年,亦有歧说,现据周祖譔、吴在庆《唐才子传·韩偓传》笺、邓小军《韩偓年谱》(以下简称邓《谱》),定于武宗会昌二年(842)。

又据有关记载,韩偓父瞻(字畏之),文宗开成二年(837)与李商隐同年进士及第(徐松《登科记考》卷二一)。又韩瞻与李商隐同为文宗、武宗时节度使王茂元之婿,故李商隐为韩偓姨父。又韩偓兄韩仪,亦为昭宗时翰林学士,在韩偓前入院,见其前传。

韩偓早年即有诗才,并极受李商隐赞赏。李商隐于宣宗大中五年(851)七月应东川节度使柳仲郢之聘,入其幕府,离长安赴任

①《韩偓年谱补正》,周祖譔、叶之桦撰,载《唐代文学研究》第六辑,中国唐代文学学会等编,广西师范大学出版社,1996年。
②吴在庆《韩偓贬官前后的心态及其对诗歌创作的影响》,载其所著《唐代文士与唐诗考论》,厦门大学出版社,2006年。

时,韩瞻携韩偓送行,于饯别寓席时,韩偓特作诗赠别,有"连宵侍坐徘徊久"之句,甚得李商隐欣赏;后李商隐在梓州时,也特作诗回寄,诗题为:《韩冬郎即席为诗相送,一座尽惊,他日余方追吟"连宵侍坐徘徊久"之句,有老成之风,因成二绝寄酬,兼呈畏之员外》(《全唐诗》卷五三九)。冬郎为韩偓幼年时小称(见《南部新书》卷乙及《唐诗纪事》卷六五),时为十岁,故李商隐诗中称"十岁裁诗走马成",又称其诗"雏凤清于老凤声",与诗题所云"有老成之风"相合。由此可见韩偓少年时即甚有诗才,惜此诗整篇未存,仅李商隐于诗题中录其一句。

《新传》云"擢进士第",但未记年。清徐松《登科记考》卷二四,据《新唐书·吴融传》所记吴融于龙纪初及进士第,又据《唐诗纪事》所载韩偓与吴融同年及第,即载韩偓与吴融同为昭宗龙纪元年(889)同年进士及第。《唐才子传·韩偓传》亦记为"龙纪元年,礼部侍郎赵崇下擢第"。按韩偓后与吴融同在翰林学士任内时,曾有一诗,题为:《与吴子华侍郎同年玉堂同直怀恩叙恳因成长句四韵兼呈诸同年》(《全唐诗》卷六八〇),中有"二纪计偕劳笔研"句,自注云"余与子华俱久困名场"。即韩偓应试已二十余年,屡试不第。龙纪元年,韩偓已四十八岁,可见确为"久困名场"。

值得注意的是,在这长时期中,他虽"久困",但仍专注于诗歌创作。《四部丛刊初编》影印之旧抄本韩偓《玉山樵人集》,其卷末附有《玉山樵人香奁集序》,为后任翰林学士承旨、户部侍郎、知制诰时所作,有记其早期之作,云:"余溺章句,信有年矣。诚知非大夫所为,不能忘情,天所赋也。自庚辰、辛巳之际,迄辛丑、庚子之间，所著歌诗不啻千首，其间以绮丽得意者，亦数百篇，往往在士大夫之口，或乐工配入声律，粉墙椒壁，斜行小字，窃咏者不可胜记。大盗入关，缃帙都坠。"按《全唐文》卷八二九亦载有韩偓《香奁集自序》，却甚简，未有此所引语句。故陈尚君《全唐文补编》卷一一六即据以补入①。此也可确定此序确出于韩偓之手，所记可信。序中提及之庚辰、辛巳为懿宗咸通元年、二年（860、861），庚子、辛丑为僖宗广明元年、二年（880、881），亦即在韩偓十九、二十岁至三十九、四十岁之间。即此二十年间，所作诗有千余首，其间"以绮丽得意者"有数百篇，且传诵于士大夫，又传播于社会。可惜广明元年、二年间，黄巢等攻占长安、关中，其诗作大多散佚。

《新传》记其登进士第后，云："佐河中幕府，召拜左拾遗，以疾解。后迁累左谏议大夫。"据邓《谱》，韩偓于昭宗乾宁三年（896）曾为刑部员外郎；乾宁五年即光化元年（898）迁为司勋（封）郎中兼侍御史，后于光化三年（900）入为翰林学士。

关于韩偓入院之年，唐末五代初王定保《唐摭言》卷六《公荐》条记为："韩偓，天复初入翰林。"元辛文房《唐才子传》卷九《韩偓传》谓："天复中，王抟荐为翰林学士。"近现世之有关著述多有辨其误者，其所据主要即《新传》所云"宰相崔胤判度支，表以自副，王抟荐为翰林学士"，及《全唐文》卷八三一钱珝《授司勋（《文苑英华》之总目卷三八四作"封"）兼侍御史知杂事赐绯鱼韩偓本官充翰林学士制》。今考述如下：

———————————

① 陈尚君《全唐文补编》，中华书局，2005年。

《新唐书》卷六三《宰相年表》，记崔胤于乾宁三年（896）九月已再任为相，光化二年（899）正月丁未罢守吏部尚书，至光化三年（900）六月丁卯，又为尚书左仆射兼门下侍郎、同中书门下平章事、诸道盐铁转运使。两《唐书·昭宗纪》及《旧唐书》卷二二三下《崔胤传》，皆记崔胤复相兼领度支、盐铁、户部使时，又诬使王抟罢相，后又贬死。《通鉴》卷二六二光化三年六月所记同。而钱珝，原即因王抟之荐，为中书舍人，后王抟为崔胤所诬，罢相贬谪，钱珝亦受累贬抚州司马（见《新唐书》卷一七七《钱珝传》）。钱珝《舟中录序》即云："庚申岁夏六月以舍人获谴，佐抚州。"（《文苑英华》卷七〇七）庚申即光化三年。由此，则钱珝《授司勋郎中兼侍御史知杂事赐绯鱼韩偓本官充翰林学士制》，当撰于光化三年六月贬出前。邓《谱》定韩偓入充翰林学士在此年六月十一日至十三日左右，是①。

韩偓入院，另一值得注意的，是入院应试事。韩偓后于晚年曾追叙其在院任职事，著有《金銮密记》。宋陈振孙《直斋书录解题》卷五著录其为三卷，谓"具述在翰苑时事"。此书后佚，当代学者陈尚君曾采辑诸书所引，得十七条，刊于《中华野史·唐朝

---

①邓《谱》在引《唐摭言》卷六《公荐》"韩偓，天复初入翰林"时，又引《通鉴》卷二六二天复元年六月所记："上之返正也，中书舍人令狐涣、给事中韩偓皆预其谋，故擢为翰林学士。"谓《通鉴》与《唐摭言》皆记韩偓为翰林学士在天复元年，误。按《通鉴》此处所记，乃天复元年六月韩偓与令狐涣在任职翰林学士时昭宗与之交谈，咨询政事，所谓"上之返正也"，乃光化三年十二月事，此为《通鉴》追叙，《通鉴》并未谓天复元年六月才召韩偓、令狐涣入院。

卷》①。中有引自《说郛》卷四、卷七五者，云："昭宗召偓入院，试文五篇：《万邦咸宁赋》、《禹拜昌言诗》、《武臣授东川节度使制》、《答佛詹国进贡书》、《批三功臣让图形表》。"关于翰林学士入院考试，李肇《翰林志》曾有记："凡初迁者，中书、门下省召令右银台门候旨。其日入院，试制、书、答共三首，诗一首，自张仲素后加赋一首。试毕封进，可者翌日受宣，乃定。"李肇作《翰林志》在宪宗元和十四年（819），时亦在院（见前宪宗朝李肇传）。而此前，白居易于元和二年（807）入院时，即有《奉敕试制书诏批答诗等五首》②，此为首次记叙有此考试者，并有原文。此后长时期即未记入院考试事，至唐末昭宗时才又有韩偓所记，但韩偓所记仅有题，无文。如此，则唐时翰林学士入院前确须经过考试。但唐时科举考试，有及第，有未及第者。按体制，既有考试，当亦有不合而未能入选者，但有唐一代，未有记虽经荐举，但经考试而不合格，终未召入者。唐翰林学士入选，往往先由皇帝提名，或宰相大臣等推荐，其入院已定，所谓考试当仅是一种程序，未起实际作用。

　　韩偓于光化三年（900）六月入院，时年五十九，天复三年（903）二月出院被贬（见后），在院前后不到三年。时间并不长，但有两点值得注意：一、在职期间，虽未有制文传世，但积极参预朝政。《新传》与《通鉴》对此所记甚详。宋晁公武《郡斋读书志》卷六杂史类著录《金銮密记》，其提要有云："予尝谓偓有君子之道四焉：唐之末，南北分朋而忘其君，偓，崔胤门生，独能弃家从上，一

①《中华野史·唐朝卷》，泰山出版社，2000年。
②见《白居易集笺校》，朱金城撰，上海古籍出版社，1988年。

也；其时搢绅无不交通内外，以躐取爵位，偓独能力辞相位，二也；不肯草韦贻范起复麻，三也；不肯致拜于朱温，四也。《诗》曰'风雨如晦，鸡鸣不已'，偓之谓也。"可见韩偓积极参政，坚持己见，至南宋尚为人重视①。二、韩偓在院时，作诗甚多，有记院中值班事，有与诸学士唱和，有记学士时俗，这在晚唐翰林学士中极为突出，可与中唐时白居易并称。

韩偓参预政事，《新传》与《通鉴》所叙甚详，邓《谱》等亦有具记，限于篇幅，此处就不再复述。今大致考索其任职期间所历官阶。

《新传》："王溥荐为翰林学士，迁中书舍人。偓尝与（崔）胤定策诛刘季述，昭宗反正，为功臣。"据《通鉴》卷二六二，光化三年（900）十一月，宦官、左军中尉刘季述率禁兵逼昭宗困居，挟太子缜嗣位，后崔胤与左神策指挥使孙德昭谋，于天复元年（901）正月诛杀刘季述等，昭宗复位。则天复元年正月前韩偓已为中书舍人，即为"功臣"，即迁左谏议大夫。《通鉴》卷二六二天复元年正月丙午即记有"左谏议大夫万年韩偓"②。

《通鉴》卷二六二又载，天复元年（901）十月，朱全忠发兵西进，至河中，表请昭宗迁徙洛阳，京城大骇，士民多逃窜山谷。十

①晁氏此处所述亦有小误，即韩偓于龙纪元年及第时，知举者为赵崇，非崔胤，而晁氏云"偓，崔胤门生"，误。应为崔胤为相兼知盐铁等使时，曾辟韩偓为副使。

②邓《谱》有两处记有"迁中书舍人、加知制诰"（页230、233）。按唐时，知制诰者例以他官兼，一般为尚书诸司郎中、员外郎，或侍郎，中书舍人本身即行撰制时，不再兼知制诰，故不能称"中书舍人、加知制诰"。

一月，昭宗乃受宦官韩全诲等之挟，出奔凤翔，凤翔节度使李茂贞相接。《新传》记："（韩）偓夜追及鄠，见帝恸哭。至凤翔，迁兵部侍郎，进承旨。"韩偓此时有《辛酉岁冬十一月随驾幸岐下作》诗（《全唐诗》卷六八〇）。辛酉即天复元年。按崔远于乾宁三年（896）秋自户部侍郎、知制诰改迁兵部侍郎、知制诰，为翰林学士承旨，同年九月十七日出院任相，此后未见有谁接任承旨，历四年，至天复元年十一月才由韩偓接为承旨。这可能由于史料所限，其间承旨学士有所缺记。

天复二年（902），昭宗仍在凤翔。韩偓因在学士承旨重任，此年就发生一件大事：此年五月，宰相韦贻范遭母丧罢位，《通鉴》卷二六三于七月记："韦贻范之为相也，多受人赂，许以官，既而以母丧罢去，日为债家所噪。"于是汲汲于起复，"日遣人诣两中尉、枢密及李茂贞求之。甲戌，命韩偓草贻范起复制，偓曰：'吾腕可断，此制不可草！'即上疏论贻范遭忧未数月，遽令起复，实骇物听，伤国体。学士院二中使怒曰：'学士勿以死为戏！'偓以疏授之，解衣而寝；二使不得已奏之，上即命罢草，仍赐敕褒赏之"。至八月乙亥朔，仍无命相制诏，凤翔节度使李茂贞即公然对昭宗说："陛下命相而学士不肯草麻，与反何异！"（此又见《金銮密记》，陈尚君据《类说》卷七辑）于是，同月即起复韦贻范为相。由此可见韩偓之坚持己见，但此事亦为其以后致贬之原由。

《旧唐书·昭宗纪》，天复三年正月丙午，"上又令户部侍郎韩偓、赵国夫人宠颜宣谕于（朱）全忠军"，则天复二年，其官衔已由兵部侍郎改为户部侍郎，当仍知制诰，依前为承旨。

天复三年（903）正月，昭宗从李茂贞之请，与朱全忠和解，还京都，诛杀宦官韩全诲等，而朝中则为崔胤专权，崔胤与朱全忠交结，又贬责朝臣王溥、陆扆等，韩偓亦于同时贬出。《通鉴》卷二六四，天复三年二月记："初，翰林学士承旨韩偓之登进士第也，御史大夫赵崇知贡举。上返自凤翔，欲用偓为相，偓荐崇及兵部侍郎王赞自代；上欲从之，崔胤恶其分己权，使朱全忠入争之。全忠见上曰：'赵崇轻薄之魁，王赞无才用，韩偓何得妄荐为相！'上见全忠怒甚，不得已，癸未，贬偓濮州司马。"可见，韩偓之贬，即出于宰臣崔胤与节镇朱全忠之谋，这也是唐末翰林学士所处之政治境遇。韩偓《出官经硖石县》（《全唐诗》卷六八〇），题下自注："天复三年二月二十日。"首二句云："谪宦过东畿，所抵州名濮。"句下自注："是月十一日贬濮州司马。"硖石在今河南三门峡东南，濮州在今山东鄄城北，如此，则韩偓于天复三年二月十一日受令贬濮州司马，同月二十二日已在洛阳途中。

韩偓在院任职时，常与同院学士以诗唱和，其所作有《与吴子华侍郎同年玉堂同直怀恩叙恳因成长句四韵兼呈诸同年》《和吴子华侍郎令狐昭化舍人叹白菊衰谢之绝次用本韵》等（《全唐诗》卷六八〇），即与吴融、令狐涣唱和者。特别是韩偓《无题》诗（《全唐诗》卷六八三）更值得注意。此诗自序有云："余辛酉年戏作《无题》十四韵，故奉常王公相国首于继和，故内翰吴侍郎融、令狐舍人涣、阁下刘舍人崇誉、吏部王员外涣相次属和。余因作第二首，却寄诸公。二内翰及小天亦再和。余复作第三首，二内翰亦三和。王公一首，刘紫微一首，王小天二首，二学士各三首。余又倒押前韵成第四首，二学士笑谓余曰：'谨竖降旗，何朱研如是也？'遂绝笔。是岁十月末，余在内直，一旦兵起，随驾西狩，文稿咸弃,更无孑遗。"辛酉年,即天复元年,时吴融、令狐涣同在院,王溥即序中所云"奉常王公相国",时为相,但天复元年二月前亦曾在院。由此,则韩偓此时作《无题》诗,不仅院内学士,且外廷宰臣、中书舍人、吏部员外郎等均与唱和。惜天复元年十月末、十一月初随昭宗匆促西奔,诗稿佚失。当时唱和者,现所存唯吴融有《和韩致光侍郎无题三首十四韵》(《全唐诗》卷六八五)。

此外,韩偓与社会人士亦有文字交往。诗僧贯休有《送陈秀才赴举兼寄韩舍人》诗(《全唐诗》卷八三一),陶敏《全唐诗人名考证》(页1035)谓此韩舍人即韩偓,是。贯休长期居于江陵,多与翰林学士有交往,如《送令狐涣赴阙》、《送吴融员外赴阙》、《送姚泊拾遗自江陵幕赴京》等(均见《全唐诗》卷八三一)。此诗称韩偓为舍人,当在光化三年秋冬在院为中书舍人时。此位陈秀才(名不详)当于此时赴京应试,贯休特为向韩偓献诗,诗云"主圣臣贤日,求名莫等闲",即期望韩偓予以荐举。这也是晚唐时翰林学士在科举应试中常为人相求举荐之一例。

韩偓出院被贬后之经历,这里就不具述,谨就邓《谱》等,概述如下:

天复三年(903)十二月或天祐元年(904)正月,又改贬荣懿县尉。荣懿在今贵州北部边境,即自濮州南下;途中又徙邓州(今河南邓县)司马,于是又沿汉水北上改赴邓州。天祐元年正月,朱全忠迫昭宗罢崔胤相位,旋又杀之,并胁迫昭宗迁都洛阳。韩偓闻讯,即弃官南下。后累居于湖南、江西、福建等地,多有诗作。五代梁末帝贞明六年(920),去世于福建泉州南安,年七十九。

韩偓诗,见《全唐诗》卷六八〇—六八三,共四卷;《全唐文》

卷八二九载其文十余篇,无制文。另有专集传世,可参邓小军《韩偓集版本》一文(亦见其所著《诗史释证》,中华书局,2004年)。

张文蔚

张文蔚,附于《旧唐书》卷一七八其父张祎传后(以下皆简称《旧传》),另《旧五代史》卷一八、《新五代史》卷三四有专传,因在梁太祖(朱全忠)时曾任为相。

张祎,河间人,文宗时曾为翰林学士、承旨(见前传)。《旧五代传》称:"张文蔚,字右华,河间人也。"《新五代传》同。唯《新唐书》卷七二下《宰相世系表》二下,记张文蔚,谓"字在华"。"在"、"右"互异,中华书局点校本及赵超《新唐书宰相世系表集校》均未校及,陈尚君《旧五代史新辑会证》卷一八《张文蔚传》亦未有校①。疑《新表》作"在",误。

《旧传》记张文蔚"乾符二年进士擢第"。清徐松《登科记考》卷二三即据此系于僖宗乾符二年(875)。《旧五代传》仅概称为"唐乾符初登进士第",未记年,但记其早年即有文名:"文蔚幼砺文行,求知取友,蔼然有佳士之称。"但《旧五代传》记其登第后仕迹,有误,云:"时丞相裴坦兼判盐铁,解褐署巡官。"按《新唐书》卷六三《宰相年表》,乾符元年(874)二月癸丑,"检校户部尚书兼华州刺史裴坦为中书侍郎、同中书门下平章事";同年"五月乙未,

---

① 陈尚君《旧五代史新辑会证》,复旦大学出版社,2005年。

坦薨"。《新唐书》卷九《僖宗纪》、《通鉴》卷二五二,所记均同。裴坦,《旧唐书》无传,《新唐书》卷一八二本传亦记其由华州刺史"召为中书侍郎、同中书门下平章事,不数月卒",则与《新表》、《通鉴》等所记合。由此,则裴坦于张文蔚进士及第前一年,已任相,并卒,《旧五代传》所记显误①。

另,《旧唐书》卷一九下《僖宗纪》所记亦有误。按《旧唐书·僖宗纪》未如《新纪》、《新表》、《通鉴》所记裴坦于乾符元年任相及卒之事,但于乾符二年二月记为:"以吏部侍郎裴坦为兵部侍郎,充诸道盐铁转运使。"此处记裴坦由吏侍改为兵侍,未记其任相事,尤其是裴坦于前一年乾符元年五月已卒,而《旧纪》却于第二年乾符二年二月仍记其仕迹,更为显误。

《旧传》记张文蔚进士及第后之仕历,为:"累佐使府。龙纪初,入朝为尚书郎。乾宁中,以祠部郎中知制诰,正拜中书舍人,赐紫。"《旧五代传》所记较详,记其曾两次丁忧,两次任中书舍人,唯未如《旧传》所记曾任祠部郎中、知制诰,后迁为中书舍人,而载为"拜司勋郎中、知制诰,岁满授中书舍人",未记任祠部郎中。清劳格《唐尚书省郎官石柱题名考》卷二一祠部郎中列有张文蔚,并谓《旧五代传》"失载祠中"。按《文苑英华》卷四一九"中书制诰",有刘崇望《祠部郎中知制诰张文蔚母扶风郡太夫人苏氏封冯翊郡太夫人等制》,则任祠部郎中、知制诰时其母尚在世。《旧五

---

① 徐松《登科记考》卷二三,于张文蔚名下亦据《新唐书·宰相年表》纠《旧五代传》之误,但未提及《新纪》、《通鉴》等加以佐证。陈尚君《旧五代史新辑会证》有校,引朱玉龙《中华版〈旧五代史〉考证》,谓据《新唐书·宰相年表》,裴坦于乾符元年二月为相,五月卒,与徐松所述同。

代传》云："拜司勋郎中、知制诰，岁满授中书舍人。丁母忧，退居东畿。"由此，则《旧五代传》"司勋郎中"当为"祠部郎中"之误。

关于张文蔚入为翰林学士，《旧传》记其任中书舍人后，云："崔胤擅朝政，与蔚同年进士，尤相善，用为翰林学士、户部侍郎。"按崔胤确亦于乾符二年登进士第（《登科记考》卷二三）。岑氏《补记》引《旧唐书》卷一七七《崔胤传》"光化中，贬（王）溥溪州司马……自是朝廷权政皆归于己"，定张文蔚于光化末自中书舍人充。岑说可从。《通鉴》卷二六二光化三年（900）六月，记崔胤因交结朱全忠，由湖南复召为相，同月，王抟罢相出贬溪州刺史，寻赐死途中，"于是（崔）胤专制朝政，势震中外"。由此，则张文蔚当于光化三年秋冬因宰臣崔胤举荐，由中书舍人（正五品上）入为翰林学士，后又迁为户部侍郎（正四品下）。又，迁为户部侍郎时，当加知制诰。

《旧传》未记张文蔚在院时曾任承旨，仅记其入院后为"户部侍郎，转兵部"，也未记年月。《旧五代传》则云"俄召入翰林，为承旨学士"，后转为户部侍郎。《新五代传》则甚简，仅云"唐昭宗时为翰林学士承旨"，未记中舍、户侍、兵侍等官衔。关于张文蔚任翰林学士承旨事，《旧唐书》卷一七九《柳璨传》曾提及，云："崔胤得罪前一日，召璨入内殿草制敕。胤死之日，既夕，璨自内出，前驱传呼相公来。人未见制敕，莫测所以。翌日对学士，上谓之曰：'朕以柳璨奇特，似可奖任。若令预政事，宜授何官？'承旨张文蔚曰：'陛下拔用贤能，固不拘资级。恩命高下，出自圣怀。若循两省迁转，拾遗超等入起居郎，临大位，非宜也。'帝曰：'超至谏议大夫可乎？'文蔚曰：'此命甚惬。'即以谏议大夫平章事。"按据

《新唐书》卷六三《宰相年表》,崔胤罢相,柳璨由翰林学士、左拾遗为右谏议大夫、同中书门下平章事,在天祐元年(904)正月乙巳。《通鉴》卷二六四天祐元年正月亦记此,不过先于正月乙巳记崔胤罢相,为太子少傅、分司,翌日,迁柳璨为相,并有《考异》,谓"(崔)胤未死,璨已除平章事,新、旧《柳璨传》云胤死后,误也"。《通鉴》即后于同月戊申记朱全忠密令兵围崔胤宿第,杀之。由此,则张文蔚于天祐元年正月已为承旨,则当于前一年即天复三年(903)下半年任承旨。按天复三年,二月前韩偓为户部侍郎、翰林学士承旨,二月中被贬出院(见前韩偓传),吴融接任承旨,后吴融于天复三年内又辞职出院,则即由张文蔚接任(参书后"学士年表")。时当为户部侍郎。

《旧传》记张文蔚于户部侍郎后"转兵部",《旧五代传》则于户部侍郎后云"寻出为礼部侍郎"。《新五代传》未记。《唐摭言》卷一四《主司称意》条记有:"(天祐)二年,张文蔚东洛放榜后大拜。"徐松《登科记考》卷二四,即据以记张文蔚于天祐二年(905)以礼部侍郎知贡举。由此,则张文蔚当于天祐元年以礼部侍郎出院。《旧传》仅云"转兵部",未记改任礼部侍郎出院事。疑其所云"转兵部",此"兵部"为"礼部"之误。

如此,则张文蔚于光化三年(900)秋冬以中书舍人入院,天祐元年(904)秋冬以礼部侍郎出院,前后历三年余。《旧五代传》称其"所发诏令,靡失厥中,论者多之";《新五代传》亦谓:"是时,天子微弱,制度已隳,文蔚居翰林,制诏四方,独守大体。"惜其制文均未有传存。

又,《旧传》曾云:"从昭宗迁洛阳。辉王时,拜中书侍郎、平章事。"按昭宗因受朱全忠之胁，于天祐元年（904）正月离长安东徙，闰四月至洛阳，张文蔚时当仍在院，随从赴洛。同年八月，昭宗为朱全忠谋杀，其子辉王（李）祚接位，为昭宣帝（哀帝）。就前所述，张文蔚于天祐元年秋冬以礼部侍郎出院，即昭宗已卒，哀帝即位之时，第二年（天祐二年）春知举，即在洛阳。但两《五代史》本传于此又有误记。《旧五代传》云："寻出为礼部侍郎，天祐元年夏，拜中书侍郎、平章事，兼判户部。"《新五代传》云："昭宗迁洛，拜中书侍郎、同中书门下平章事。"《旧五代传》即记张文蔚拜相在天祐元年夏，时昭宗尚在位；《新五代传》亦谓昭宗迁洛，即任张文蔚为相。而前已考述，张文蔚于天祐元年秋冬才以礼部侍郎出院，天祐二年春尚知贡举。两《五代史》本传所记，确为显误。

关于张文蔚任相，《新唐书·宰相年表》，于天祐二年三月戊寅，明确记为："礼部侍郎张文蔚同中书门下平章事。"《新唐书》卷十《哀帝纪》同。《通鉴》卷二六五亦于天祐二年三月戊寅记："以礼部侍郎河间张文蔚同平章事。"即张文蔚于天祐二年初以礼部侍郎知举后，即擢迁入相。《旧唐书》卷二〇下《哀帝纪》亦记于天祐二年三月，但云以"尚书吏部侍郎"为中书门下平章事，此处"吏"当为"礼"之音讹。

《旧五代传》记张文蔚任相后，云："时柳璨在相位，擅权纵暴，倾陷贤俊，宰相裴枢等五家及三省而下三十余人，咸抱冤就死，搢绅以目，不敢窃语其是非，余怒所注，亦不啻十许辈。文蔚殚其力解之，乃止，士人赖焉。"《新五代传》所记同。《旧传》则未有记。《通鉴》卷二六五即于天祐二年五月记柳璨恃朱全忠之势，贬裴枢等，六月，又下令迫使裴枢等自尽，实为朱全忠所杀。《通鉴》有记云："柳璨余怒所注，犹不啻十数，张文蔚力解之，乃止。"可见张文蔚尚能为朝士解祸。

《旧五代传》后云："（柳）璨败死，文蔚兼度支盐铁使。"按柳璨虽交结朱全忠，但亦为朱全忠所忌，乃于天祐二年十二月罢其相，出贬，旋又斩杀之。而据《新唐书·宰相年表》，张文蔚于此年三月甲申已为中书侍郎、判度支，即在柳璨罢相、贬死前，此亦为《旧五代传》一误。

据史书所载，哀帝后为朱全忠所迫，禅位。《旧唐书·哀帝纪》，天祐四年（907）三月，"乙酉，乃以中书侍郎、平章事张文蔚充册使"；"甲午，文蔚押文武百僚赴大梁"，行事。后朱全忠即位，建国号为梁，仍命张文蔚为相。《旧五代史》卷三《梁太祖纪》，开平元年即天祐四年（907），"五月，以唐朝宰臣张文蔚、杨涉并为门下侍郎、平章事"。

《旧传》仅载张文蔚"入梁，卒"。《旧五代传》则具体记为："开平二年春，暴卒于位，诏卒赠右仆射。"

张文蔚仕梁为宰臣，实仅一年，但《新五代传》记"梁初制度皆文蔚所裁定"，即颇有政绩。《旧五代传》于传末称誉其"沈邃重厚，有大臣之风"。不过《新五代史》卷三五标为"唐六臣传"，其中张文蔚、张策、赵光逢、薛贻矩及所附杜晓，于唐昭宗、哀帝时曾任翰林学士，后仕于梁，《新五代史》于此传前有小序，中云："呜呼！唐之亡也，贤人君子既与之共尽，其余在者皆慵懦不肖，倾险狯猾，趋利卖国之徒也。"极予讥评，此亦为欧阳修之史观。

张文蔚无诗文载记。

王　溥

　　王溥,《旧唐书》无传,《新唐书》有传,见卷一八二。《新传》:"王溥字德润,失其何所人。"《新唐书》卷七二中《宰相世系表》二中,太原王氏,记有王溥,云:"字德润,相昭宗。"太原当为其郡籍。《新表》又记其祖堪,定陵令;父聪,未注官职。

　　《新传》称其"第进士",未记年,故清徐松《登科记考》列于卷二七进士及第未记有年者。

　　《新传》后云:"擢累礼部员外郎、史馆修撰。崔胤镇武安,表署观察府判官。胤不赴镇,溥留充集贤殿直学士。御史中丞赵光逢奏为刑部郎中、知杂事。"按据《新唐书》卷六三《宰相年表》,乾宁三年(896)七月乙巳,时任宰相的崔胤,改为检校礼部尚书、同平章事、武安军节度使;九月乙未,复为中书侍郎兼户部尚书、同中书门下平章事。《通鉴》卷二六〇乾宁三年七月亦载:"乙巳,以中书侍郎、同平章事崔胤同平章事,充武安节度使。上以胤,崔昭纬之党也,故出之。"而崔胤则密求援于朱全忠,朱全忠乃迫使昭宗仍将崔胤召回,复为相。崔胤此次本辟王溥为其节镇幕府任职(判官),但实未赴任,故王溥仍留于朝,充集贤殿直学士。不过由此亦可见崔胤对王溥已有赏识。

　　至于《新传》所云"御史中丞赵光逢奏为刑部郎中、知杂事",则有钱珝制文,《文苑英华》卷三九四载钱珝《授礼部员外郎集贤院直学士赐紫金鱼袋王抟刑部郎中兼御史知杂事制》,此又载《全唐文》卷八三一,题中仍作"王拚"。清劳格《唐尚书省郎官石柱题名考》卷二〇礼部员外郎,于王溥名下亦引钱珝此制,特为指出:"依《新传》,'拚(搏)'当作'溥'。"制中云:"御史中丞光逢,以望执宪,搢绅间咸观其初,故选荐府僚,审而后定。以尔学文惟博,藏器则深。正道甚夷,有进不竞。其守则峻,其用必通。斯可正秋曹郎,率白简吏。"即《新传》所云由御史中丞赵光逢奏为刑部郎中者。按赵光逢于昭宗景福时入为翰林学士(见前传),《旧唐书》卷一七八《赵光逢传》谓"乾宁三年,从驾幸华州,拜御史中丞"。昭宗即于乾宁三年(896)七月因凤翔节度使李茂贞率兵迫长安,从华州刺史韩建之请,出徙华州,则王溥因赵光逢之荐,由礼部员外郎(从六品上)、集贤殿直学士迁为刑部郎中(从五品上)兼御史知杂事,当亦于乾宁三年八、九月份以后。

《新传》接云:"昭宗蒙难东内,溥与(崔)胤说卫军执刘季述等杀之。帝反正,骤拜翰林学士、户部侍郎。"按光化三年(900)十一月,宦官、左军中尉刘季述率兵至宫,召百官,议废帝,另立太子,昭宗被困。翌年天复元年(901)正月,右神策军将孙德昭等以兵讨乱,诛刘季述等,昭宗复位。崔胤与孙德昭有所交结,故《通鉴》卷二六二天复元年正月记平乱后,崔胤进位司空,"上宠待胤益厚"。据《新传》,王溥亦与崔胤有所谋议,当即于昭宗复位后,即天复元年正月,召王溥为翰林学士,并迁授户部侍郎(正四品下)。

又《旧唐书》卷二〇上《昭宗纪》,光化三年(900)十月,"辛酉,以前清海军节度副使、朝散大夫、检校左散骑常侍、御史大夫、上柱国王溥守左散骑常侍,充盐铁副使"。岑氏《补记》即据此,谓王溥于光化四年（901）正月以左散骑常侍入院。按据前所述，王溥于乾宁三年（896）九月后为刑部郎中、御史知杂事，《新传》于此后未记其他官职事，且左散骑常侍为正三品，诸司侍郎为正四品下，不应其由左散骑常侍入，又降阶为户部侍郎。《旧唐书·昭宗纪》于光化三年十月记王溥事，甚可疑，故当仍定为以刑部郎中入，入院后又迁为户部侍郎。

《新传》记其入院后，即云："以中书侍郎同中书门下平章事，判户部。"未记年月。今检《新唐书·宰相年表》，天复元年（901），"二月，翰林学士、户部侍郎王溥为中书侍郎，与裴枢并同中书门下平章事"。《新唐书·昭宗纪》、《通鉴》卷二六二同。而《旧唐书·昭宗纪》则记于天复三年（903）三月乙未："以户部侍郎王溥同平章事。"较《新纪》、《新表》、《通鉴》等所记，竟晚两年，实则天复三年二月为王溥罢相之时（见后），此又为《旧纪》显误。

又《通鉴》载王溥授相，乃因王溥"尝在崔胤幕府，故胤引之"。此确合乎实际（见前述）。由此可见，晚唐时翰林学士之入院、迁拔，常出于宰相荐引，此亦为唐翰林学士与宰相之关系提供值得研究之材料。

关于王溥此次任相，《文苑英华》卷四五〇"翰林制诏"，载有吴融《授王抟中书侍郎同中书门下平章事判户部制》，又载于《全唐文》卷八二〇。岑氏《补记》谓王抟以乾宁初为相，时吴融尚未掌制，当为溥之误。按据《新唐书·宰相年表》，王抟于乾宁二年三月由户部侍郎判户部为中书侍郎、同中书门下平章事，而吴融则于乾宁三年以礼部郎中入为翰林学士，确未能撰王抟为相之制文。且吴融此制有云:"昨者朕失遵王度,致降天灾……而赖能谋于上相,说彼中权,反正乘舆。"即叙刘季述于内廷起乱,王溥能与宰臣谋议平反。云"昨者",时仅二月。又云:"畴其忠节,虽已擢于禁林,惜此奇才,难久留于诰命。"即谓王溥前已擢入为翰林学士,今因惜此奇才,即再擢拔为相,这与王抟由户部侍郎入相,不合。前已记述《文苑英华》所载钱珝所撰授王溥刑部郎中兼御史知杂之制文,以王溥误为王抟,而吴融此制又同样有误。此或为《文苑英华》传刻之误。

《新传》记其任相后,云:"不能有所裨益,罢为太子宾客,分司东都。"但两《唐书》本纪及《新唐书·宰相年表》皆未载王溥罢相事及年月,甚可怪。按《通鉴》卷二六二,天复元年(901)十一月,"甲戌,制:守司空兼门下侍郎同平章事崔胤责授工部尚书,户部侍郎、同平章事裴枢罢守本官"。元胡三省于此处注云:"皆宦官之意也,时宰相皆不扈从。"按此前宦者韩全诲等因朱全忠进兵,挟迫昭宗西赴凤翔,而崔胤因交结朱全忠,不随从,故昭宗即迫于韩全诲,下制罢崔胤等相位。胡注云"时宰相皆不扈从",当王溥亦未随昭宗西出,遂就此罢为太子宾客、分司东都。由此,则其任相,亦仅十月。

按韩偓《无题》诗(《全唐诗》卷六八三),自序中云:"余辛酉年戏作《无题》十四韵,故奉常王公相国首于继和,故内翰吴侍郎融、令狐舍人涣、阁下刘舍人崇誉、吏部王员外涣相次属和,余因作第二首,却寄诸公。"后又云:"是岁十月末,余在内直,一旦兵起,随驾西狩,文稿咸弃,更无孑遗。"辛酉,即天复元年,时韩偓正任为翰林学士。就此序所云,韩偓于院中作《无题》诗时,时任宰相之王溥先为和作,后又有翰林学士及诸文臣继和,惜同年十月末随昭宗西出凤翔,诗稿均佚(详见前韩偓传)。由此亦可见王溥于天复元年,先为翰林学士,后为相,与韩偓皆有文字交往。

《新传》接云:"未几,召拜太常卿、工部尚书。"按据《通鉴》等载,天复三年(903)正月,凤翔节度使李茂贞与朱全忠和解,并谋诛杀宦官韩全海等,昭宗返京,二月,复以崔胤为相。可能王溥亦于天复三年二月后亦入朝,任太常卿、工部尚书,后昭宗于天祐元年(904)八月在洛阳为朱全忠谋杀,太子辉王即位,即后称为哀帝。《旧唐书》卷二〇下《哀帝纪》记哀帝即位时,"差太常卿王溥充礼仪";天祐二年(905)二月,"庚戌,制以太常卿王溥为工部尚书"。而同年五月,时任宰相的柳璨,又恃朱全忠之势,陷害朝中诸臣。《通鉴》卷二六五天祐二年五月记,又贬谪宰臣裴枢、崔远等,王溥亦由工部尚书贬淄州司户,而旋于六月,裴枢等三十余人于滑州白马驿尽为朱全忠所杀。此即《新传》所云"会朱温侵逼,贬淄州司户参军,赐自尽,与裴枢等投尸于河"。这是唐末文士群体参预政事而遭致的一场悲剧。

据前所引述的韩偓《无题》诗序,王溥在朝居相位时是乐于与翰林学士等作诗歌酬和的。但王溥未有诗文传存。又据王定保《唐摭言》卷三《散序》,王定保于唐末即开始撰写此书,颇着意于"谘访于前达","蒙言及京华故事,靡不录之于心,退则编之于简策",其中就提及王溥,称"从翁丞相溥",视为家族前辈。此亦可见王溥颇注意与社会文士之交往。

令狐涣

令狐涣,两《唐书》无专传,仅附见于《旧唐书》卷一七二、《新唐书》卷一六六《令狐楚传》后。令狐楚为涣祖,于宪宗元和时曾为翰林学士,后又曾任相;其子绹,宣宗时翰林学士,后亦居相位达十年。绹有三子:滈、涣、沨。据《旧传》,令狐滈于宣宗时因其父绹长期为宰相,遂内外勾结,货贿盈门,"讼者不一";懿宗时,"为众所非,宦名不达"。不过令狐涣祖孙三代,皆曾为翰林学士,在唐代也甚难得。

《旧传》仅云"涣、沨俱登进士第,涣位至中书舍人",《新传》同,其他皆未有记,即两《唐书》传均未记令狐涣任翰林学士事。

贯休有《送令狐涣赴阙》诗(《全唐诗》卷八三一):"渚宫遥落日,相送碧江湄。陟也须为相,天乎更赞谁。风高樯力出,霞热鸟行迟。此去多来客,无忘慰所思。"首句云"渚宫",当在江陵时作。贯休长期居于江陵,在江陵期间有《送姚泪拾遗自江陵幕赴京》、《送吴融员外赴阙》等作(《全唐诗》卷同上)。此二诗于姚泪、吴融名下均记有官名,即姚、吴时在江陵幕府任职,但送令狐涣诗则仅提及姓名,或令狐涣早期游历荆湖时尚未入仕,而与诗僧贯休已有交往。

明确记及令狐涣为翰林学士者,为《通鉴》卷二六二天复元年(901)六月,云:"上之返正也,中书舍人令狐涣、给事中韩偓皆预其谋,故擢为翰林学士,数召对,访以机密。"此为追记,所谓"上之返正",为天复元年正月。据《通鉴》等所记,光化三年(900)十一月,宦官刘季述率兵入宫,挟昭宗困居,拥立太子嗣位,后宰相崔胤与左神策指挥使孙德昭谋,于天复元年(901)正月,由孙德昭领兵诛杀刘季述等,昭宗复位,即返正。据《通鉴》所记,当时崔胤与孙德昭谋议时,时为中书舍人的令狐涣亦曾参与,故于昭宗复位后,即由崔胤举荐,召令狐涣入为翰林学士(韩偓已前于光化二年入院,见前传)。

据前《通鉴》天复元年六月所记,昭宗曾召韩偓、令狐涣,"访以机密"。韩偓有《六月十七日召对自辰及申方归本院》(《全唐诗》卷六八〇),即记此六月召对事。

韩偓于此年常与同院友人作诗唱和,其《无题》诗(《全唐诗》卷六八三),自序有云:"余辛酉年戏作《无题》十四韵,故奉常王公相国首于继和,故内翰吴侍郎融、令狐舍人涣、阁下刘舍人崇誉、吏部王员外涣相次属和。余因作第二首,却寄诸公,二内翰及小天亦再和。余复作第三首,二内翰亦三和。"可见韩偓当时就《无题》诗连作三首,令狐涣与吴融均有和作。

韩偓又有《和吴子华侍郎令狐昭化舍人叹白菊衰谢之绝次用本韵》(《全唐诗》卷六八〇):"正怜香雪披千片,忽讶残霞覆一丛(自注:此花将谢,却有红色)。还似妖姬长年后,酒酣双脸却微红。"吴子华即吴融,子华为其字(见前吴融传),则昭化当为令狐涣字①。

----

① 岑氏《补记》引《长安志》,谓昭化为令狐涣于长安所居之坊名,不确。陶敏《全唐诗人名考证》(页923)亦谓岑说误。

不过韩偓与令狐涣于当时政事,所见亦有异。据前所述,天复元年正月,崔胤与左神策指挥使孙德昭谋,诛杀刘季述等,平乱,凤翔节度使李茂贞即又率兵来朝,以示对昭宗返正之支持。后李茂贞还镇,崔胤想以外镇之兵抵制宦官所掌之军,就向昭宗奏议,留李茂贞之兵三千于京师,以李茂贞之义子继筠掌管。当时韩偓以为不可,恐有后患,但崔胤不纳。《新唐书》卷一八三《韩偓传》曾记此事,并云:"偓又语令狐涣,涣曰:'吾属不惜宰相邪?无卫军则为阉竖所图矣。'偓曰:'不然,无兵则家与国安,有兵则家与国不可保。'"当时外镇之威胁已较宦官为重,东为汴州朱全忠,西为凤翔李茂贞,经常出兵胁迫昭宗。韩偓是为"家与国"之总局考虑的,而令狐涣则偏重于宰相之安全:"吾属不惜宰相邪?"这当令狐涣因受崔胤之举荐有关。

岑氏《补记》仅记令狐涣"天复元年自中书舍人充",未记出院事。实则令狐涣之出院亦与崔胤交结有关,其时即在天复元年冬。

崔胤与朱全忠素有交结,想利用朱全忠兵力抵制李茂贞,加强其在朝中之控制权,朱全忠亦欲挟昭宗东徙洛阳。《通鉴》卷二六二天复元年六月载,崔胤"遗朱全忠书,称被密诏,令全忠以兵迎车驾"。朱全忠乃于是年十月即"大举兵发大梁",同月"戊申,朱全忠至河中,表请车驾幸东都,京城大骇,士民亡窜山谷。是日,百官皆不入朝,阙前寂无人"。十一月,昭宗即受宦官韩全海之挟,离京西奔,后受凤翔节度使李茂贞接侍。《通鉴》载,昭宗离京前,曾"遣供奉官张绍孙召百官,崔胤等皆表辞不至"。很明显,崔胤是想奉迎朱全忠的,故不随昭宗西出。当时令狐涣亦留京未出，《通鉴》记昭宗于十一月，出至鄠县，《考异》曾引《续宝运录》所云"圣上幸凤翔，宰臣裴诣、翰林学士令狐涣等扈从"，《考异》谓"其说妄谬，今不取"。

又朱全忠于十一月至长安后，又继续西进，至凤翔，与李茂贞对话，昭宗也劝朱全忠还镇。朱全忠可能出于全局考虑，不便与李茂贞交战，即返回，于是昭宗即下诏罢崔胤相，《通鉴》于十一月甲戌载："制：守司空兼门下侍郎、同平章事崔胤责授工部尚书，户部侍郎、同平章事裴枢罢守本官。"《新唐书》卷六三《宰相年表》天复元年十一月亦记："甲戌，（崔）胤、（裴）枢罢，并守工部尚书。"时裴枢亦未随昭宗西出。《旧唐书》卷一七七《崔胤传》即详录崔胤罢相制文，其中指责崔胤"四居极位，一无可称"。《通鉴》于十一月甲戌，有《考异》，亦云："《实录》载制辞曰：'四居极位，一无可称。'又曰：'无功及人，为国生事。'"可以注意的是，《旧唐书·崔胤传》所载崔胤罢相制文，又特为提及令狐涣，谓："令狐涣奸纤有素，操守无堪，用作腹心，共张声势。遂令滥居深密，日在禁闱，罔惑朕躬，伪行书诏，致兹播越，职尔之由。"对令狐涣指责甚深，明确指出，令狐涣是为崔胤"用作腹心"，故受其意旨，"伪行书诏"。在罢崔胤之制文中，又如此公开谴责令狐涣，则肯定亦同时贬其出院。岑氏《补记》之所以未记令狐涣出院，当未注意到此制文。作为昭宗一朝之翰林学士，令狐涣之品行确是较低的①。

---

① 北宋宋敏求所编之《唐大诏令集》卷五八"宰相·贬降"，亦载《崔胤工部尚书制》，中亦有指责令狐涣语，与《旧唐书·崔胤传》所录制文同。唯《唐大诏令集》所载，文末署为"天复二年十一月"，"二年"误，应为"元年"。

由此可定，令狐涣于天复元年正月因受宰相崔胤之荐，由中书舍人入为翰林学士，同年十一月，受崔胤罢相之累，出院。出院后仕迹不详。其诗文也未有著录。

姚洎

姚洎，两《唐书》无传。其仕迹最早可知者，当为贯休《送姚洎拾遗自江陵幕赴京》（《全唐诗》卷八三一），中有"銮辂方离华，车书渐似秦"之句。按乾宁三年（896）七月，昭宗因凤翔节度使李茂贞率兵攻京之胁，应华州节度使韩建之请，出徙华州，至乾宁五年（898）八月始返京，并改元光化。贯休此诗"銮辂方离华"，当指昭宗自华州返京师。贯休作此诗，当在光化元年秋，姚洎由江陵幕入朝任拾遗。按贯休于昭宗乾宁时即居于江陵，甚得荆南节度使成汭礼待，宋赞宁《宋高僧传》卷三〇本传，记其"北谒荆帅成汭，初甚礼焉，于龙兴寺安置"；又云"时内翰吴融谪官相遇，往来论道论诗，融为休作集序，则乾宁三年也"。吴融为贯休诗集作序，详见前吴融传。由此可知，贯休于乾宁时即居于江陵，姚洎亦当于此期间在荆南节度幕中供职，与贯休有交往，故其离职赴朝时，贯休即特作诗送之。

姚洎籍贯，未知，其是否曾应科试及第，亦不详。

姚洎返朝后，不久即当入为翰林学士。《新唐书》卷一八三《韩偓传》，有记云："宰相韦贻范母丧，诏还位，偓当草制，上言：'贻范处丧未数月，遽使视事，伤孝子心。今中书事，一相可办。

陛下诚惜贻范才,俟变缦而召可也,何必使出峨冠庙堂……'"韩偓是坚持按礼制而办的,故坚不撰制。但韦贻范与凤翔节度使李茂贞有交结,李茂贞坚请复其相位,故《新唐书·韩偓传》云:"既而帝畏(李)茂贞,卒诏贻范还相,(姚)洎代草麻。"

据《新唐书》卷六三《宰相年表》,天复二年(902)"五月庚午,(韦)贻范以母丧罢";同年,"八月己亥,贻范起复"。《新唐书》卷十《昭宗纪》同(《旧唐书·昭宗纪》未有记)。由此,则姚洎于天复二年五月已在翰林学士任,且能为授宰相位撰制,其入院或当在前一年,即天复元年(901)。但以何官入院,此时所带何官,皆未可知。

《通鉴》卷二六三天复二年五月又有记:"庚午,工部侍郎、平章事韦贻范遭母丧,宦官荐翰林学士姚洎为相。洎谋于韩偓,偓曰:'若图永久之利,则莫若未就为善;傥出上意,固无不可。且汴军旦夕合围,孤城难保,家族在东,可不虑乎?'洎乃移疾,上亦自不许。"就此,则宦官尚对姚洎有好感,欲荐其为相。

又,天复元年十一月,昭宗因朱全忠出兵至关中,乃受宦官韩全诲之挟,出徙凤翔,至天复三年(903)正月才返长安。《旧唐书·昭宗纪》天复三年正月记,"甲辰,天子遣中使到(朱)全忠军,(李)茂贞亦令军将郭启奇来达上欲还京之旨";"辛亥,全忠令判官李振入奏,上令翰林学士姚洎传宣,令全忠唤崔胤令率文武百僚来迎驾"。由此则可确知姚洎一直随昭宗守于凤翔。

昭宗于天复三年正月返长安,时任宰相的崔胤,数年来即交结朱全忠,此时更"恃全忠之势,专权自恣,天子动静皆禀之,朝臣从上幸凤翔者,凡贬逐三十余人"(《通鉴》卷二六四天复三年二月)。《旧唐书》卷一七七《崔胤传》记有被贬责者姓名:"昭宗初幸凤翔,命卢光启、韦贻范、苏检等作相,及还京,胤皆贬斥之。又贬陆扆为沂王傅,王溥太子宾客,学士薛贻矩夔州司户,韩偓濮州司户,姚洎景王府咨议。"《通鉴》记陆扆、韩偓之贬,均在天复三年二月,则姚洎亦于此时被迫出院。不过姚洎此时未外贬,仍留于京中,为景王府咨议,虽为虚职,但较韩偓、薛贻矩等处分较轻。

正因此,姚洎当不久即又迁改中书舍人。《旧唐书》卷二〇下《哀帝纪》,天祐二年(905)八月,"戊子,制中书舍人姚洎可尚书户部侍郎,充元帅府判官,从(朱)全忠之请也"。按天祐元年(904)正月,昭宗为朱全忠所胁,离长安东徙,闰四月至洛阳,同年八月又为朱全忠谋杀,皇太子祚即位(即哀帝),年仅十三,时朝政实受朱全忠操纵。由《旧唐书·哀帝纪》所记,则姚洎虽于天复三年(903)二月被责出院,后又授中书舍人,至天祐二年八月又迁为户部侍郎,而实在朱全忠之元帅府充职,即为朱全忠所聘。

又《旧五代史》卷四《梁太祖纪》,记开平二年二月,"兵部侍郎姚洎为卤簿使"。开平二年为公元908年,即朱全忠受禅之第二年,此时朱全忠拟巡幸洛阳,即又以姚洎为卤簿使(时又已改任兵部侍郎)。

按岑氏《补记》引《唐摭言》卷一三所记"梁太祖受禅,姚洎为学士",即谓"则洎逮事朱梁,其终官不可考",未提及《旧五代史·梁太祖纪》开平二年二月事。应当说,姚洎于天祐二年八月虽为户部侍郎,实在朱全忠之元帅府充职,梁朝建立,开平二年仕梁由户侍改为兵侍,仍于朱全忠出外巡幸时为卤簿使,即姚洎由唐入梁,并未任翰林学士,《唐摭言》所记非实,岑氏引以为据,亦不确。

又徐松《登科记考》卷二五,梁开平四年(910)十二月,记姚洎曾以兵部尚书、知贡上奏,论及公卿子弟贡举荐送事(据《册府元龟》、《五代会要》),《全唐文》卷八四一即载此篇,题为《请令公卿子弟准赴贡举奏》。翌年乾化元年(911),知举者即姚洎。

又《旧五代史》卷八《梁末帝纪》,乾化三年(913),"秋九月甲辰,以光禄大夫,守御史大夫、吴兴郡开国侯姚洎为中书侍郎、平章事"。《新五代史》卷三《梁末帝纪》、《通鉴》卷二六八所记同。则姚洎在梁时,甚受重视。岑氏《补记》谓其"逮事朱梁,其终官不可考",当失检五代史书。

姚洎仕梁任相,后不详。《全唐诗》未载其诗。《全唐文》卷八四一仅载其文一篇,前已述,实为梁时所作。

柳 璨

柳璨,两《唐书》有传,见《旧唐书》卷一七九、《新唐书》卷二二三下,《新唐书》卷二二三标为《奸臣传》)。

《旧传》:"柳璨,河东人。曾祖子华。祖公器,仆射公绰之再从弟也。父遵。"《新传》:"柳璨字炤之,公绰族孙也。"未载其祖、父名。《新唐书》卷七三下《宰相世系表》三下,记其祖名器,无"公"字;父名仲遵,则多"仲"字;又记柳璨字昭之,与《新传》之"炤之"异。中华书局点校本均未有校。

柳璨之祖、父,皆未记有官职。《旧传》记柳璨"少孤贫",但

"好学","僻居林泉,昼则采樵,夜则燃木叶以照书"。又记其"光化中登进士第"。《唐摭言》卷一五《杂记》条有记,云:"光化二年,赵光逢放柳璨及第。"清徐松《登科记考》卷二四即据此系于昭宗光化二年(899)。

柳璨早年即以博学著称。《旧传》记其登第后,云:"尤精汉史,鲁国颜荛深重之。荛为中书舍人,判史馆,引为直学士。璨以刘子玄所撰《史通》讥驳经史过当,璨纪子玄之失,别为十卷,号《柳氏释史》,学者伏其优赡。"按颜荛,两《唐书》无传。《旧唐书》卷二〇上《昭宗纪》,光化三年(900)八月,"丁卯,以朝请大夫、虞部郎中、知制诰、上柱国、赐紫金鱼袋颜荛为中书舍人"。则柳璨当于光化二年登第,光化三年八月后因中书舍人颜荛之荐,为史馆直学士,但以何官入直,未知。柳璨此后则迁为左拾遗(从八品上)。

柳璨早期勤于著述,值得注意。《新唐书》卷六〇《艺文志》四,集部文史类,即著录前已记述之《柳氏释史》,十卷,下注:"柳璨。一作《史通析微》。"《直斋书录解题》卷二二文史类,亦著录有《史通析微》十卷,谓:"唐柳璨撰,讥评刘氏之失。"则此书南宋前期尚存,惜后佚。唐本朝能对刘知几(子玄)《史通》有专书评议者,除柳璨外,别无他作。后世多有评注,如明陆深《史通会要》三卷,李维桢《史通评释》二十卷,王维检《史通训故》二十卷,清黄叔琳《史通训故补》二十卷,浦起龙《史通通释》二十卷(参见清《四库全书总目》史部史评类)。《四库全书总目》卷八八于《史通》提要,亦有评刘知几"性本过刚,词复有激,诋诃太甚,或悍然不顾其安,《疑古》、《惑经》诸篇,世所共诟,不待言矣"。可见后世对《史通》确多有议，而柳璨能着意于此，开其端，确亦不易。又据《新唐书·艺文志》二，史部编史类，又著录柳璨《正闰位历》三卷，谱牒类有其《姓氏韵略》六卷；《艺文志》三，子部五行类，有其《梦隽》一卷。其治学之面确甚博，在昭宗朝翰林学士中是较特出的。惜其入院、任相后，参预政事，人品迥异。

《旧传》记其曾任左拾遗，但未记年，后云："昭宗好文，初宠待李磎颇厚，洎磎不得其死，心常惜之，求文士似磎者。或荐璨高才，召见，试以诗什，甚喜，无几，召为翰林学士。"《新传》略同，也均未记年。按李磎于文德元年（888）复入为翰林学士，乾宁元年（894）六月任相，二年（895）五月为邠宁节度使王行瑜所杀（见前李磎传）。则虽已逾数年，昭宗仍对李磎甚有怀念，现得悉柳璨有文才，故即召为翰林学士。

两《唐书》未有记柳璨何时入院，现可知其在院年月者，为杨钜《翰林学士院旧规》之《草书诏例》条，云："唐天复三年七月二十一日，学士柳璨准宣于思政殿对，便令到院宣示待诏，自今后写敕书，后面不得留空纸。"[1]按杨钜于乾宁初入为翰林学士，至天祐元年（904）正月出院，则天复三年（903）仍在院，故所记可信。由此，则柳璨于天复三年七月已在院。又，此前他已任为左拾遗，后又由左拾遗升阶为宰相，则他可能于天复二年以左拾遗入，在院时官阶未有迁转。

《旧传》接云："崔胤得罪前一日，召璨入内殿草制敕。胤死之

---

[1] 杨钜《翰林学士院旧规》，原辑于宋洪遵《翰苑群书》，今编于傅璇琮、施纯德《翰学三书》，辽宁教育出版社，2003年。

日,既夕,璨自内出,前驱传呼相公来,人未见制敕,莫测所以。翌日对学士,上谓之曰:'朕以柳璨奇特,似可奖任。若令预政事,宜授何官?'承旨张文蔚曰:'陛下拔用贤能,固不拘资级。恩命高下,出自圣怀。若循两省迁转,拾遗超等入起居郎,临大位,非宜也。'帝曰:'超至谏议大夫可乎?'文蔚曰:'此命甚惬。'即以谏议大夫、平章事,改中书侍郎。任人之速,古无兹例。"《新传》所载略同,唯有云:"起布衣,至是不四岁,其暴贵近世所未有。"按《新唐书》卷六三《宰相年表》,天祐元年(904)正月乙巳,崔胤罢为太子少傅、分司东都。《新唐书》卷十《昭宗纪》天祐元年,亦记正月乙巳,"崔胤罢";"己酉,朱全忠杀太子少傅崔胤及京兆尹郑元规、威远军使陈班"。而据《新纪》《通鉴》,崔胤罢相之同日,柳璨即由翰林学士、左拾遗为右谏议大夫、同中书门下平章事。《通鉴》记此事时并有《考异》,曰:"按(崔)胤未死,璨已除平章事,新、旧《传》云胤死后,误也。"则与两《唐书》所载崔胤死后,柳璨才任为相,有异。

又据前考述,柳璨于光化二年(899)登第,光化三年(900)八月后,因中书舍人颜荛之荐,为史馆直学士,后迁左拾遗,至天祐元年(904)正月又由翰林学士、右谏议大夫入相,确如《新传》所云"起布衣,至是不四岁",是唐时少见的。

按天复三年,在院之学士,如薛贻矩、韩偓、姚洎,已为宰臣崔胤贬责出院,吴融于同年出院,杨钜于天祐元年正月出院,即柳璨被任为相时,在院者仅张文蔚(参见书后"学士年表")。时张文蔚任承旨学士,故昭宗特向他咨询。

柳璨任相后,有很大变化,一方面积极依附于朱全忠,另一方面又蓄意谋害不少朝士。按天祐元年正月，昭宗受朱全忠之胁，被迫离长安东徙，闰四月至洛阳，同年八月又为朱全忠谋杀，其子柷继位（年十三）。《旧唐书·柳璨传》记云："昭宗迁洛，诸司内使、宿卫将佐，皆朱全忠腹心也，璨皆将迎，接之以恩，厚相交结，故当时权任皆归之。"《通鉴》卷二六五天祐二年（905）三月记："时天子左右皆朱全忠腹心，（柳）璨曲意事之。同列裴枢、崔远、独孤损皆朝廷宿望，意轻之，璨以为憾。"乃"谮于全忠"，此年三月，即将裴枢等三人皆罢去相位。同年五月，柳璨又言于朱全忠，进一步使裴枢等出贬；六月戊子朔，又由朝廷下令，"敕裴枢、独孤损、崔远、陆扆、王溥、赵崇，王赞等并所在赐自尽"，实则当时所贬者三十余人皆于滑州白马驿为朱全忠所杀。《旧传》记此事，谓"班行为之一空，冤声载路"。《旧唐书》卷一一三《裴枢传》，即记谓：哀帝时，柳璨希朱全忠意，罢裴枢相。又卷一七七《崔远传》记"为柳璨希朱全忠旨，累贬白州长史"，又被害于白马驿。卷一七八《卢携传》又载："子晏，天祐初为河南县尉，为柳璨所杀。"又卷一九〇下《司空图传》亦有云："昭宗迁洛，鼎欲归梁，柳璨希贼旨，陷害旧族。"可见时人对柳璨依附朱全忠，陷害朝士，甚为谴责。《新唐书》卷一八三《陆扆传》即云："柳璨始附朱全忠，谋去朝廷衣冠有望者。"

当正因此，《旧唐书》卷二〇下《哀帝纪》，天祐二年（905）十二月甲午，记云："上召三宰相议其事，柳璨曰：'人望归元帅，陛下揖让释负，今其时也。'"即促使禅位于朱全忠。但虽然如此，"（柳）璨陷害朝士过多，（朱）全忠亦恶之"（《通鉴》卷二六五天祐二年十二月）。即于天祐二年十二月癸丑贬为登州刺史，次日甲寅,杀之。两《唐书》本传及《通鉴》皆记其临刑时大叫:"负国贼柳璨,死宜矣!"这当是临终时一种心境变态。

柳璨著述甚多,前已记述。《全唐文》卷八三〇载其《移置元元观奏》《请黜司空图李敬义奏》,皆任相时作。《唐文拾遗》卷四五,据《天中记》,载《请创阁图画梁王奏》,亦为昭宗将迁洛时,柳璨请再创建凌烟阁,"图画梁王,以旌德业",亦为谀附朱全忠之作。

另,陶敏《全唐诗人名考证》(页920),考郑谷《恩门小谏雨中乞菊栽》,谓此"恩门小谏"为柳璨,小谏乃指柳璨任左拾遗事,恩门为柳玭,郑谷在柳玭知举时及第。今检赵昌平等笺注之《郑谷诗集笺注》卷三(页425),谓郑谷此诗作于乾宁五年(898),是。就此,则柳璨于光化二年(899)才进士及第,光化三年(900)八月因颜荛之荐入直史馆,后迁为左拾遗,则与郑谷此诗作年不合,陶《考》此说俟考。

沈栖远

沈栖远,两《唐书》无传。《新唐书》卷六〇《艺文志》四,集部别集类,著录"沈栖远《景台编》十卷",注云:"字子鸾,咸通进士第。"按懿宗咸通共十五年(860—874),则沈栖远登进士第之时甚早,在昭宗朝前二、三十年。但限于史料,其早期仕迹不详。

《全唐文》卷八三七载有薛廷珪《授侍御史沈栖远右司员外郎、殿中张玄晏都官员外郎制》。据前张玄晏传,此制当为薛廷珪于张玄晏入院前约大顺元、二年（890、891）所作，由此，则沈栖远此时由侍御史（从六品下）迁为左司员外郎（从六品上）。制中称："以栖远清白向正，艺实扬名，鲁人将以为木铎，太一下传其洪范。石渠铅椠，谏署淹翔，动静有常，职业惟允。"对其任侍御史之仕绩亦甚赞誉。

《旧唐书》卷二〇上《昭宗纪》，天祐元年（904）五月，"乙酉，翰林学士、左谏议大夫、知制诰沈栖远守本官，以病陈乞故也"。《旧唐书》记沈栖远，仅此一处，就此，则沈栖远于天祐元年五月前已入院，至此出院，在院当已有一、二年，或为天复三年（903）以左谏议大夫入，入院后又加知制诰。按天复元年（901）十一月，朱全忠发兵来河中，欲昭宗东徙洛阳，昭宗乃西奔凤翔（由凤翔节度使李茂贞接待）。天复三年正月，因李茂贞与朱全忠和解，朱全忠还兵，昭宗返京。时崔胤居相，执掌大权，多贬责朝臣，"朝臣从上幸凤翔者，凡贬逐三十余人"（《通鉴》卷二六四天复三年二月）。时朝中人员变动甚大，沈栖远可能即在此时被召入院。

又天祐元年正月，昭宗受朱全忠之挟，离长安东徙，闰四月至洛阳。则沈栖远当为不满朱全忠对皇上之挟持，遂随昭宗徙至洛阳后，即托病辞职出院。

又岑氏《补记》引《元和姓纂》，记沈栖远"宾客致仕"后，"梁征详定礼仪、户部侍郎"，即后又仕于梁。此恐不一定可靠。经通检，新旧《五代史》均未提及沈栖远。

《新唐书·艺文志》四，集部别集类，著录沈栖远《景台编》，当在朝中供职时所记，包括左司员外郎及翰林学士任内，且有十卷，份量不少。惜后未存，其诗文也未有载记。

杨 注

杨注,附于两《唐书·杨收传》后,见《旧唐书》卷一七七、《新唐书》卷一八四。杨收,懿宗时翰林学士,又曾任相,后为韦保衡陷害致死,详见懿宗朝杨收传。收三子:鉴、钜、鏻。杨钜亦为昭宗时翰林学士,见前传。又杨收弟严,严有二子:涉、注。则杨收为杨注之伯,而岑氏《补记》谓"注,《旧唐书》一七七附见其父收传",以杨收为其父,有所疏失。

两《唐书》传皆未载其字号,《新唐书》卷七一下《宰相世系表》一下,记杨注字文台(其兄涉字文川)。

《旧传》:"中和二年进士登第。"清徐松《登科记考》卷二三即据此系于僖宗中和二年(882)。

《旧传》接云:"昭宗朝,累官考功员外、刑部郎中。寻知制诰,正拜中书舍人,召充翰林学士。"《新传》则仅云"注为翰林学士",皆未记年。

杨注之入院,《旧唐书》卷二〇上《昭宗纪》有记,天祐元年(904)六月,"丙申,通议大夫、中书舍人、赐紫金鱼袋杨注可充翰林学士"。按此年正月,昭宗被迫离长安东徙,闰四月至洛阳,政局大变。正月,杨钜已出院,五月,沈栖远又以病辞出,时在院中仅二、三人(参见书后"学士年表"),杨注可能即因此召入。

《旧传》叙其入院后云:"累迁户部侍郎。辉王缵历,兄涉为宰相,注避嫌辞内职,守户部侍郎。"辉王即昭宗子(名祚)。按天祐元年八月,昭宗为朱全忠谋杀,太子辉王祚嗣位(时年十三),故曰"缵历"。《新唐书》卷六三《宰相年表》,天祐二年三月,"甲申,吏部侍郎杨涉同中书门下平章事、判户部",即杨注入院后翌年三月,其兄杨涉任相,杨注乃避嫌出院。《旧唐书》卷二〇下《哀帝纪》天祐二年(905)三月亦有记:"丁亥,敕:翰林学士、户部侍郎杨注是宰臣杨涉亲弟,兄既秉于枢衡,弟故难居宥密,可守本官,罢内职。"这也是唐时习例。如独孤郁于宪宗元和五年(810)四月入为翰林学士,同年九月出院,即因此年九月其岳父权德舆由太常卿为礼部尚书、同中书门下平章事,入相。韩愈《唐故秘书少监赠绛州刺史独孤府君墓志铭》①,即记云:"权公既相,君以嫌自列,改尚书考功员外郎。"

由此,则杨注于天祐元年(904)六月以中书舍人(正五品上)入为翰林学士,后迁为户部侍郎(正四品下),二年(905)三月以本官出院,在院仅八、九个月。主要即随哀帝在洛阳供职,当时朝政为汴梁朱全忠操纵,故当时在内廷之翰林学士实无有作为。

其在院时之与文士交往,有一事须辨析。吴融有《和杨侍郎》诗(《全唐诗》卷六八六),有云:"目极家山远,身拘禁苑深。烟霄惭暮齿,麋鹿愧初心。"陶敏《全唐诗人名考证》(页928)即据此,以杨侍郎为杨注,谓:"诗云'身拘禁苑深',融时当与杨同在翰林。"按吴融早于昭宗乾宁三年(896)入院,光化四年(901)十一月昭宗出徙凤翔时,吴融因仓促未及随从,暂居于阌乡;天复三年(903)正月,因昭宗返回,吴融又返朝入院,并接韩偓为承旨(韩偓

①见《韩昌黎文集校注》卷六,马其昶校注,上海古籍出版社,1986年。

于此年二月贬出）。但吴融于天复三年出院，张文蔚即于此年接为承旨（见前吴融、张文蔚传）。而杨注于天祐元年（904）六月后才入院，约本年秋冬由中书舍人迁为户部侍郎。吴融与杨注未曾同时在院。又，杨钜于乾宁初以尚书郎、知制诰入为翰林学士，后累有迁转，约光化四年前后由中书舍人改为户部侍郎，至天祐元年（904）正月才出院，而光化三、四年间吴融正在院，则吴融此篇《和杨侍郎》诗，乃与杨钜和作，此杨侍郎非杨注。

杨注出院后仕迹不详。其兄杨涉，《新五代史》卷三五"唐六臣传"有传，称："唐亡，事梁为门下侍郎、同中书门下平章事。在位三年，俯首无所施为，罢为左仆射，知贡举，后数年卒。"其子凝式，亦历仕五代，有文名。唯新旧《五代史》皆未记有杨注，或未仕于梁。

杨注未有诗文著录。

杜　晓

杜晓，两《唐书》无专传，仅附于《旧唐书》卷一七七、《新唐书》卷九六《杜让能传》后。杜晓为杜让能子。杜让能，僖宗朝翰林学士，昭宗时曾为相，景福二年（893）十月，因另一宰臣崔胤陷害，与凤翔节度使李茂贞谋，使杜让能受贬、自尽。《新唐书·杜让能传》后略有记云："子光乂，次子晓，不复仕。晓入梁，贵显于世。"《旧唐书·杜让能传》亦云："子光乂、晓，以父枉横，不求闻达。晓入梁，位亦至宰辅。"另《新唐书》卷七二上《宰相世系表》

二上，记有杜晓，云：“字明远，膳部郎中、翰林学士。”此为两《唐书》唯一记其曾为翰林学士传者。由此，则杜晓在唐末仍入仕，《新唐书·杜让能传》谓其二子"不复仕"，则不确。

两《五代史》则有杜晓专传，见《旧五代史》卷一八、《新五代史》卷三五。《旧五代传》云：“杜晓，字明远，京兆杜陵人。”又记其父杜让能被害后，“晓居丧柴立，几至灭性。忧满，服幅巾七年，沉迹自废者将十余载”。《新五代传》亦云"自废十余年"。陈尚君《新辑会证》本引清邵晋涵《旧五代史考异》卷一二：“案《欧阳史》作‘自废十余年’，吴缜《纂误》据景福二年让能死，乾宁四年崔远判户部，光化三年崔远罢相，相隔七、八年。晓为崔远判户部所举，不得云‘自废十余年’。”邵氏《考异》是，详后考述。

可能受其父被害所累，杜晓未曾应举科试。《旧五代传》云：“光化中，宰相崔远判盐铁，奏为巡官，兼校书郎。”按《新唐书》卷六三《宰相年表》，崔远于昭宗乾宁三年（896）九月乙未，由翰林学士承旨、兵部侍郎以本官同中书门下平章事，入相，四年（897）三月，判户部，直至光化三年（900）九月罢为兵部尚书。则崔远居相判户部（盐铁），奏荐杜晓为其巡官，并兼校书郎，当在光化二、三年间（899、900），即由此入仕。此距景福二年（893）其父杜让能被害，确仅八年左右。

《旧五代传》接云：“寻除畿尉，直弘文馆，皆不起。及昭宗东迁，宰相崔远判户部，又奏为巡官兼殿中丞。”据《新唐书·宰相年表》，天祐元年（904）正月，崔远复为相。昭宗则于此年正月，受朱全忠所胁，离长安东徙，闰四月至洛阳。如此，则天祐元年闰四月后，崔远又奏荐杜晓为其判户部之巡官，并予以殿中丞之官衔。

殿中丞为从五品上,与尚书省诸司郎中同阶,品阶已不低。

《旧五代传》又接云:"未几,拜左拾遗,寻召为翰林学士,转膳部员外郎,依前充职。"按据《新唐书·宰相年表》天祐二年(905)三月甲申,崔远又罢为尚书右仆射。岑氏《补记》即据此,谓杜晓当于天祐元年末以左拾遗入为翰林学士,即受崔远之荐。可从。

《旧五代传》后云:"及崔远得罪,出守本官。"按昭宗于天祐元年八月被害,太子祚立,时居相位之柳璨依附朱全忠,执掌大权,即又排挤同列。《通鉴》卷二六五天祐二年三月甲申载,时崔远、裴枢皆罢相,五月癸酉,又使其贬官,"贬逐无虚日,搢绅为之一空";六月,崔远、裴枢及朝士贬官者三十余人皆被杀于滑州白马驿。杜晓既数次为崔远所辟,其入院当亦受崔远之荐,则当亦于天祐二年五、六月以本官出院,即仍为膳部员外郎。

《旧五代传》接云:"居数月,以本官知制诰,俄又召为翰林学士,迁郎中充职。"按《旧唐书·哀帝纪》,天祐二年十二月辛卯,已记有"膳部员外、知制诰杜晓",则当于是年秋已以本官(膳部员外郎)知制诰。又此年十二月癸丑,宰臣柳璨又为朱全忠贬责,被杀,则杜晓当即于此际复召入为翰林学士,迁为膳部郎中。

《旧五代传》又云:"太祖受禅,拜中书舍人,职如故。"按朱全忠受禅,建梁立国,在天祐四年(亦为开平元年,907)三月。则杜晓于朱全忠即位后,应聘仍在院供职,并由膳部郎中(从五品上)迁为中书舍人(正五品上)。此为唐翰林学士入梁任职之首例。

入梁后仕历,《旧五代传》记云:"开平三年,转工部侍郎,充承旨。明年秋,拜中书侍郎、平章事,仍判户部。"《新五代传》则谓:"梁太祖即位,迁工部侍郎、奉旨。开平二年,拜中书侍郎、同中书门下平章事。"则杜晓在梁时为相，有二说，一为开平四年(910)，一为二年(908)，实则皆误(《全唐文》卷八三六杜晓小传，亦云"(开平)四年拜中书侍郎平章事，仍判户部"，仍沿袭《旧五代传》之误)。

　　按《旧五代史》卷五《梁太祖纪》，于开平三年九月记云："太常卿赵光逢为中书侍郎、平章事，翰林学士奉旨、工部侍郎、知制诰杜晓为尚书户部侍郎、平章事。"《新五代史》卷二《梁太祖纪》开平三年九月："辛亥，韩建、杨涉罢。太常卿赵光逢为中书侍郎，翰林学士承旨、工部侍郎杜晓为户部侍郎，同中书门下平章事。"《通鉴》卷二六七亦于开平三年九月记："辛亥，侍中韩建罢守太保，左仆射、同平章事杨涉罢守本官。以太常卿赵光逢为中书侍郎，翰林奉旨、工部侍郎杜晓为户部侍郎，并同平章事。"(元胡三省于此处有注："梁改翰林承旨为翰林奉旨，以庙讳诚，避嫌讳也。")则可确定杜晓于梁开平三年秋九月由翰林学士(承旨)擢为宰相，新旧《五代史》之《杜晓传》皆误。按陈尚君《新辑会证》本曾于《旧五代传》之"明年秋，拜中书侍郎、平章事，仍判户部"处作校，但仅引《旧五代史考异》卷一所云"按杜晓入相之岁，《欧阳史》纪作三年，传作二年，吴缜已辨其误"，但未对《旧五代传》加以辨正。应当说，《旧五代传》之"开平三年，转工部侍郎，充承旨"，此"开平三年"应为"开平二年"，如此则"明年秋"即开平三年秋，与《旧五代史·梁太祖纪》等合。可能《旧五代传》原书本作"开平二年"，清邵晋涵就《永乐大典》辑时，误将"二"作"三"。

　　《旧五代传》接云："庶人友珪篡位，迁礼部尚书、平章事、集贤殿大学士，依前判户部。及袁象先之讨友珪，禁兵火纵，晓中重创而卒。"《新五代传》略同。按据史书所记,郢王友珪于乾化二年(912)六月谋杀太祖朱全忠,自立为帝。《通鉴》卷二六八乾化三年(913)二月记,侍卫亲军都指挥使袁象先,为朱全忠之甥,乃于此月庚寅率禁兵数千人突入宫中,杀友珪,"诸军十余万大掠都市,百司逃散,中书侍郎、同平章事杜晓,侍讲学士李珽,皆为乱兵所杀"。则杜晓在梁,任相有四、五年。《旧五代史》卷一八列传,有张文蔚、薛贻矩、张策、杜晓,皆为唐昭宗、哀帝时翰林学士,后仕于梁,传末称:"杜晓著文雅之称,张策有冲淡之量,咸登台席,无忝士林。"极予肯定。

《全唐文》卷八三六载杜晓文一篇《匡国节度使冯行袭德政碑》。此篇多有缺字,不堪读,但《旧五代史》卷一五《冯行袭传》有记。据传,冯行袭于昭宗时曾任节镇,后入梁,任为匡国节度使,梁太祖朱全忠乃"诏翰林学士杜晓撰德政碑以赐之"。则杜晓此篇,为在梁任翰林学士时所作,其在唐于院中任职时,无一篇传存。

封　渭

封渭,两《唐书》无传,《新唐书》卷七一下《宰相世系表》一下,记有封敖侄孙封渭,云"字希叟",未注官职。封敖为武宗朝翰林学士(见前传)。

清徐松《登科记考》卷二四,据《黄御史集》后所附《莆阳志》,记黄滔于昭宗乾宁二年(895)登进士第,徐氏又引黄滔《二月二日宴中贻同年封先辈渭》诗，定封渭与黄滔同年及第，是。此诗见《全唐诗》卷七〇五，云："帝尧城里日衔杯，每倚嵇康到玉颓。桂苑五更听榜后，蓬山二月看花开。垂名入甲成龙去，列姓如丁作鹤来。同戴大恩何处报，永言交道契陈雷。"按此诗前为《放榜日》诗，则当皆作于刚及第放榜时。

封渭此后仕迹不详。按黄滔另有《寄同年封舍人渭》(《全唐诗》卷七〇五)，题下自注："时得来书。"诗云："唐城接轸赴秦川，忧合欢离骤十年。龙颔摘珠同泳海，凤衔辉翰别升天。八行真迹虽收拾，四户高扃奈隔悬。能使丘门终始雪，莫教华发独潸然。"按黄滔于昭宗光化三年(900)已在闽，后为闽王审知所辟，以监察御史里行充威武军节度使推官(参《唐五代文学编年史·晚唐卷》光化三年正月、四年十一月)。梁太祖乾化元年(911)时，仍仕为闽节度使推官，约后数年卒(参《唐五代文学编年史·五代卷》乾化元年)。黄滔《寄同年封舍人渭》诗，首句称"唐城接轸赴秦川"，则昭宗时仍在长安。昭宗因朱全忠所胁，于天祐元年(904)正月即离长安东徙，闰四月至洛。封渭寄黄滔信，昭宗尚在长安，则黄滔作此诗，当在天复三年(903)、天祐元年(904)间，亦距登第年乾宁二年(895)近十年，故诗云"忧合欢离骤十年"。诗题称"封舍人渭"，则此时封渭已任为中书舍人。

至于封渭曾任翰林学士，仅见于《册府元龟》卷七七一《总录部·世官》："封舜钦，庄宗同光已来累历清显。封氏自大和已来，世居两制，以文笔称于时。舜钦从子渭，昭宗迁洛时为翰林学士，舜钦为中书舍人，叔侄对掌内外制。"按《新唐书》卷七一下《宰相世系表》一下，记舜钦为封敖子，其弟信卿，信卿子渭，则封渭为舜钦侄,故云"从子"。《旧五代史》卷六八有《封舜钦传》。又《旧五代史》卷三《梁太祖纪》,开平元年(907)九月,封舜钦已在中书舍人任,则《册府元龟》卷七七一所云"昭宗迁洛时(封渭)为翰林学士,舜钦为中书舍人",与时合。据此,则封渭于昭宗天祐元年闰四月迁洛前已为中书舍人,迁洛后即以中书舍人为翰林学士(岑氏《补记》亦引及《册府元龟》,但未详考,亦未引及《旧五代史》)。

但封渭在院仅一年,又出院。《旧唐书》卷二〇下《哀帝纪》,天祐二年五月,"甲戌,敕中书舍人封渭贬齐州司户,右补阙郑辇密州莒县尉,兵部员外卢协祁州司户,并员外置"。按关于此时朝臣贬责,《通鉴》卷二六五天祐二年五月有记,此时"柳璨恃朱全忠之势","因疏其素所不快者于(朱)全忠",当时宰臣独孤损、裴枢、崔远等罢相被贬,"自余或门胄高华,或科第自进,居三省台阁,以名检自处,声迹稍著者,皆指为浮薄,贬逐无虚日,搢绅为之一空"。封渭当亦于此时自院中出贬为齐州司户(以员外置)。《通鉴》并于此年六月记裴枢等朝士三十余人被贬者,又为朱全忠谋杀于滑州白马驿,未知封渭是否亦及于此难,因此后事迹不详。而其从父舜钦,历仕于五代梁、唐,"累历清显"(《旧五代史》卷六八《封舜钦传》)。

封渭诗文未有载记。

韦　郊

韦郊,两《唐书》无专传,《旧唐书》卷一五八《韦贯之传》记贯之有二子：澳、潾；潾有五子：庾、庠、序、雍、郊；后略有记韦郊仕迹。

《新唐书》卷七四上《宰相世系表》四上，亦有记，但有误。据《新表》所列，韦贯之有三子，即澳、庾、潾，又记庾有四子，为庠、雍、序、郊。与《旧唐书·韦贯之传》相校，《新表》所记韦贯之子多一人，即庾，实则韦贯之确为二子，即澳、潾，其名皆以水字（氵）旁，而庾则与庠、序等皆以广部行，庾当与庠、序等同列，非贯之子。又《新表》未记潾有子，而将庠、序等列于庾之下格，并将韦郊之官名记于雍之名下，均误。岑氏《补记》及赵超《新唐书宰相世系表集校》均有辨正，中华书局点校本则未有校。唯岑氏《补记》引述之《旧唐书·韦贯之传》，记韦庾四子，将韦序误作"韦亭"，谓"亭字休之"，实则《新表》记为"序字休之"。此当岑氏笔误或所见之版本有异。

韦贯之于宪宗元和时曾以礼部侍郎连续两年知贡举（清徐松《登科记考》卷一八），"所选士大抵抑浮华，先行实，由是趋竞者稍息"；后曾为相，"严身律下，以清流品为先，故门无杂宾"（《旧唐书·韦贯之传》）。其伯兄韦绶，为德宗朝翰林学士；韦贯之子澳，宣宗时翰林学士承旨。此亦可见韦郊家世之文化渊源。

《旧唐书·韦贯之传》记潾子序、雍、郊皆登进士第，但未记年。关于韦郊，记云："郊文学尤高，累历清显。自礼部员外郎知制诰，正拜中书舍人。昭宗末，召充翰林学士，累官户部侍郎、学士承旨，卒。"按前所引述之《新唐书·宰相世系表》，于韦郊仅记"字延休"，而于其兄雍处，则记有："户部侍郎、翰林学士承旨。"即将韦郊之官名移于韦雍名下，此又为《新表》之误。

据《旧传》，韦郊本已任中书舍人，昭宗末召为翰林学士，则当为天祐元年（904）上半年昭宗东徙洛阳时。按张文蔚于天复三年（903）后半年接吴融为承旨，天祐元年冬出为礼部侍郎，以备翌年春知举（参见前张文蔚、吴融传，及"学士年表"），时在院学士未记有任承旨者，则当由韦郊接任。由此可定：韦郊于天祐元年上半年以中书舍人为翰林学士，同年冬迁为户部侍郎、承旨。

唯《旧传》于"累官户部侍郎、学士承旨"后，即云"卒"，似即卒于唐末（哀帝时）。岑氏《补记》谓韦郊"以某年入充，卒于某年，均未得他文为证，故附于昭宗之末"；其《补文宗至哀帝七朝翰林承旨学士记》，亦谓仅据《旧传》，"郊究以何年加承旨，尚难确定"，当亦未检核张文蔚、吴融事。

今检《旧五代史》卷三《梁太祖纪》，记开平二年（908）十月，提及"翰林学士张策、韦郊、杜晓"。杜晓确以翰林学士入梁，见前传。开平二年为朱全忠立朝之第二年，由此可以确定韦郊亦以翰林学士入仕于梁，故谓卒于唐末，不确（岑氏《补记》未引及《旧五代史》此处所记）。但韦郊此后事迹不详。

韦郊未有诗文著录。

张　策

张策，两《唐书》无传，两《五代史》有传，见《旧五代史》卷一八、《新五代史》卷三四。

《旧五代传》记其"字少逸，敦煌人"，《新五代传》同。《旧五代传》又载其父名同，"仕唐，官至容管经略史"。容管属容州（今广西容县），当时属岭南道。《旧唐书》卷一九下《僖宗纪》，记乾符三年（876）九月，"商州刺史张同为谏议大夫"，其他不详。

两《五代史》本传皆称张策少年时聪警，并特记一事。《旧五代传》谓："居洛阳敦化里，尝浚甘泉井，得古鼎，耳有篆字曰：'魏黄初元年春二月，匠吉千。'且又制作奇巧，同甚宝之。策时在父傍，徐言曰：'建安二十五年，曹公薨，改年为延康，其年十月，文帝受汉禅，始号黄初，则是黄初元年无二月明矣。鼎文何谬欤！'同大惊，亟遣启书室，取《魏志》展读，一不失所启，宗族奇之，时年十三。"《新五代传》所记略同。由此可见，张策十三岁时，已对史书记诵极熟，且能订正遗物所记之失，确为不易。

张策曾在邠州王行瑜幕。《旧五代传》："王行瑜帅邠州，辟为观察支使，带水曹员外郎，赐绯。"约在昭宗乾宁初（894、895）。后又在华州节度使韩建幕，《旧五代传》云："天复中，（张）策奉其主书币来聘，太祖见而喜曰：'张夫子且至矣。'即奏为掌记，兼赐金紫。"《新五代传》亦记云："华州韩建辟判官，建徙许州，以为掌书记。建遣策聘于太祖，太祖见而喜曰：'张夫子至矣。'遂留以为掌书记。"按据《通鉴》卷二六二，天复元年（901）十月，朱全忠发兵，请昭宗徙洛阳；十一月，昭宗因宦官韩全诲之挟，出奔凤翔，朱全忠仍发兵至关中，逼华州，"韩建遣节度副使李巨川请降，献银三万两助军"。《新唐书》卷十《昭宗纪》，天复元年十一月亦记："丁巳，朱全忠陷华州，镇国军节度使韩建叛附于全忠。"则张策当于此时受韩建之命，至朱全忠处求和，朱全忠赏识其才，遂聘张策入其幕府，掌书记。这是张策依附朱全忠的开端。

故《旧五代传》后云："天祐初，表其才，拜职方郎中，兼史馆修撰，俄召入为翰林学士。"《新五代传》叙朱全忠留其为掌书记后，亦云："荐之于朝，累拜中书舍人、翰林学士。"这就是，张策先于天复元年（901）十一月在朱全忠幕，后又由朱全忠之荐入朝，任职方郎中，兼史馆修撰，随又入为翰林学士。这是唐末文士因节镇重臣之荐而入任翰林学士之一例。

《旧唐书》卷二〇下《哀帝纪》，天祐二年（905）五月记："丁亥，敕以翰林学士、尚书职方郎中张策兼充史馆修撰，修国史。"由此，则天祐二年五月，张策已在院中，其入院或当在天祐元年，以职方郎中入。

《旧五代传》后云："转兵部郎中、知制诰，依前修史。未几，迁中书舍人，职如故。"其迁中书舍人，或为天祐下半年。由此，则张策先为职方郎中，后以职方郎中入任翰林学士，在院期间又累迁为中书舍人。而《新五代传》则谓，因朱全忠之荐，"累拜中书舍人、翰林学士"，即意为先任中书舍人，后入为翰林学士，则与前考述不合，当不确。

《旧唐书·哀帝纪》天祐四年（907）三月记，哀帝因朱全忠所逼，传位，"庚寅，诏薛贻矩再使大梁，达传位之旨"；乙酉，以"中书侍郎、平章事杨涉押传国宝使，翰林学士、中书舍人张策为副"。《通鉴》卷二六六梁太祖开平元年（即天祐四年，907）三月，所记同。

朱全忠即位后，于同年四月改元开平，国号梁，"唐代中外旧臣官爵并如故"（《通鉴》）。张策仕于梁，仍为翰林学士，但有较快之升迁。《旧五代传》云："太祖受禅，改工部侍郎，加承旨。其年冬,转礼部侍郎。明年,从征至泽州,拜刑部侍郎,平章事,仍判户部,寻迁中书侍郎。"《旧五代史》卷四《梁太祖纪》开平二年(908)四月即记:"以吏部侍郎于兢为中书侍郎、平章事,以翰林奉旨学士张策为刑部侍郎、平章事。时帝在泽州,拜二相于行在。"据《通鉴》卷二六六,梁开平二年,三月"癸巳,门下侍郎、同平章事张文蔚卒";四月"癸卯,门下侍郎、同平章事杨涉罢为右仆射",故以于兢、张策继为相。

《旧五代传》接云:"寻迁中书侍郎,以风恙拜章乞骸,改刑部尚书致仕。"未记年。《新五代史》卷二《梁太祖纪》则具记为:开平二年十一月,"癸巳,张策罢"。《旧五代传》记张策致仕后,"即日肩舆归洛,居于福善里,修篁嘉木,图书琴酒,以自适焉。乾化二年秋,卒"。《新五代传》未记其卒年,仅云"致仕,卒于洛阳"。按乾化二年为公元912年,则其闲居于洛,有四年。《旧五代史》卷一八,于传后有评云:"张策有冲淡之量。"

《旧五代传》对其著作有记,谓:"所著《典议》三卷,制词歌诗二十卷,笺表三十卷,存于其家。"则其著述颇多,惜均未存。

张　衍

张衍,《旧五代史》有传,见卷二四。《传》云:"张衍,字元用,河南尹魏王宗奭之犹子也。"此宗奭,即张全义,《旧五代史》卷六三有传,称濮州临濮人。濮州,辖境相当今山东鄄城及河南濮阳等地。僖宗时起兵者王仙芝即濮州人,故《旧五代史·张全义传》

称"乾符末,黄巢起冤句,全义亡命入巢军";后与朱全忠相交,累得其助,"全义感梁祖援助之恩,自是依附,皆从其制",即为朱全忠任为河南尹。

张衍早期事迹,《旧五代传》记为:"衍乐读书为儒,始以经学就举,不中选。时谏议大夫郑徽退居洛阳,以女妻之,遂令应辞科,不数上登第。"郑徽,《旧五代史》卷五八《郑珏传》称张全义为河南尹时曾为其判官。

关于张衍任翰林学士,《旧五代传》记为:"唐昭宗东迁,以宗奭勋力隆峻,衍由校书郎拜左拾遗,旋召为翰林学士。"按昭宗因朱全忠所迫,于天祐元年(904)正月离长安东徙,此时张全义任河南尹(治洛阳),《旧五代史·张全义传》即记:"梁祖迫昭宗东迁,命全义缮治洛阳宫城。"《通鉴》卷二六四天祐元年记:"夏四月辛巳,朱全忠奏洛阳宫室已成,请车驾早发,表章相继。"昭宗遂于闰四月抵达洛阳。由此可见,朱全忠之促迫昭宗徙洛阳,洛阳宫室建成是作为表面理由之一的。于此,则如《旧五代史·张衍传》所云,当以全义"勋力隆峻",受到朱全忠之赏识,张衍即因张全义之"犹子",即由校书郎(正九品上)迁左拾遗(从八品上),随即召为翰林学士,当在天祐三年四、五月间。

张衍由天祐三年四、五月间入院,后天祐四年(907)四月唐哀帝禅位,朱全忠立,建梁,并改元开平。奇怪的是,朱全忠接位后,并未使张衍仍在院任职。《旧五代传》云:"太祖即位罢之,特拜考功郎中,俄迁右谏议大夫。"则虽使其出院,仍升其官阶。左拾遗为从八品上,较低,而考功郎中为从五品上,右谏议大夫为正五品上,与中书舍人同阶,升迁较快。

不过此后又有不幸的结局。《旧五代传》云:"衍巧生业,乐积聚。太祖将北伐,颇以扈从间糜耗力用,系意屡干托宰执,求免是行,太祖微闻之,又属应召稽晚,与孙隲等同日遇祸。"《旧五代史》同卷《孙隲传》更详记其事:"乾化二年春,太祖将议北巡,选朝士之三十余人扈从。二月甲子,车驾发自洛阳。禺中,次白马顿,召文武官就食,以从臣未集,驻跸以俟之,命飞骑促于道,而隲与谏议大夫张衍、兵部郎中张俦等累刻方至,太祖性本卞急,因兹大怒,并格杀于前埤。"《通鉴》卷二六八乾化二年(912)二月亦记有此事,谓:"甲子,帝发洛阳,从官以帝诛戮无常,多惮行,帝闻之,益怒。"由是杀张衍、孙隲、张俦三人。

　　孙隲、张俦,《旧五代史》卷二四亦皆有传,此二人亦由唐入仕于梁的,据传所记,"隲雅好聚书,有《六经》、《汉史》洎百家之言,凡数千卷,皆简翰精至,披勘详定,得暇即朝夕耽玩,曾无少怠"。张俦则"善为五言诗,其警句颇为人所称"。张衍亦"乐读书为儒"。如此,则以文博著称的文士,虽仕于梁已有五六年,但终为朱全忠忌杀。这也是唐翰林学士仕梁后遭致不幸结局之一例。

唐翰林学士年表

（文宗—哀帝朝）

文宗朝

大和元年（827）

路　随　依前中书舍人。正月八日，迁兵部侍郎、知制诰，并加承旨。

韦表微　依前中书舍人。正月八日，迁户部侍郎、知制诰。

王源中　宝历二年（826）九月二十四日，自户部郎中充。本年正月八日，改权知中书舍人。

宋申锡　宝历二年（826）九月二十四日，自礼部员外郎为翰林侍讲学士，后改为翰林学士。本年仍依前为礼部员外郎、学士。

郑　澣　四月二十三日，自中书舍人充侍讲学士。二十八日，赐紫。

许康佐　四月二十三日，自度支郎中改驾部郎中充侍讲学士。二十八日，赐紫。

李让夷　十二月二十二日，自左拾遗充。同月二十七日，赐绯。

大和二年（828）

路　随　依前兵部侍郎、知制诰、承旨。十二月二十七日，为中书侍郎同平章事，出院任相。

韦表微　依前户部侍郎、知制诰。十二月二十八日，加承旨。

王源中　依前权知中书舍人。二月五日，正拜中书舍人。十一月五日，迁户部侍郎、知制诰。

宋申锡　依前礼部员外郎。正月八日，迁户部郎中、知制诰。

郑　澣　依前中书舍人、侍讲。六月一日，迁礼部侍郎出院。

许康佐　依前驾部郎中、侍讲。六月一日，迁谏议大夫。

李让夷　依前左拾遗。二月五日，迁左补阙。

柳公权　五月二十一日，自司封员外郎充侍书学士。二十三日，赐紫。十一月二十一日，改库部郎中。

大和三年（829）

韦表微　依前户部侍郎、知制诰、承旨。八月二十日，以疾出守本官。

王源中　依前户部侍郎、知制诰。十二月，加承旨。

宋申锡　依前户部郎中、知制诰。六月一日，迁中书舍人。

许康佐　依前谏议大夫、侍讲。八月二十三日，改为学士，仍为谏议大夫。

李让夷　依前左补阙。十一月五日,改职方员外郎。

柳公权　依前库部郎中、侍书。

丁公著　四月二十六日,自礼部尚书充侍讲。七月二十七日,改户部尚书,出为浙西观察使。

崔　郸　五月七日,自考功郎中充。八月十二日,加知制诰。

郑　覃　九月二十一日,自右散骑常侍充侍讲。

路　群　九月二十一日,自右谏议大夫充侍讲。

大和四年(830)

王源中　依前户部侍郎、知制诰、承旨。

宋申锡　依前中书舍人。七月七日,迁尚书右丞出院,寻拜相。

许康佐　依前谏议大夫。八月二十七日,改中书舍人,又改为侍讲,仍兼学士。

李让夷　依前职方员外郎。

柳公权　依前库部郎中、侍书。

崔　郸　依前考功郎中、知制诰。九月十六日,迁为中书舍人。

郑　覃　依前右散骑常侍、侍讲。三月三十日,迁工部尚书。六月十七日,以工部尚书出院。

路　群　依前右谏议大夫、侍讲。八月二十七日,改为学士,仍为右谏议大夫。

薛廷老　十一月前,自殿中侍御史充。

大和五年(831)

王源中　依前户部侍郎、知制诰、承旨。

许康佐　依前中书舍人,学士兼侍讲。

李让夷　依前职方员外郎。九月十六日,守本官出院。

柳公权　依前库部郎中、侍书。七月十五日,改右司郎中出院。

崔　郸　依前中书舍人。

路　群　依前右谏议大夫。九月五日,改中书舍人。

薛廷老　依前殿中侍御史。九月四日,改刑部员外郎出院。

李　珏　九月十九日,自库部员外郎、知制诰充;同月二十三日,
　　　　赐紫。

大和六年(832)

王源中　依前户部侍郎、知制诰、承旨。

许康佐　依前中书舍人,学士兼侍讲。

崔　郸　依前中书舍人。本年以疾出守本官,月日不详。

路　群　依前中书舍人。

李　珏　依前库部员外郎、知制诰。

郑　覃　三月十四日复入院,自工部尚书充侍讲。

大和七年(833)

王源中　依前户部侍郎、知制诰、承旨。

许康佐　依前中书舍人,侍讲兼学士。七月二十五日,迁户部侍
　　　　郎、知制诰。

路　群　依前中书舍人。十二月十七日,出守本官。

李　珏　依前库部员外郎、知制诰。三月二十八日,迁为中书
　　　　舍人。

郑　覃　依前工部尚书、侍讲。六月十六日,改御史大夫出院。

陈夷行　四月,自吏部员外郎充。

郑　涯　四月八日,自左补阙充。

高　重　十月十二日,复入为侍讲,国子祭酒。

大和八年(834)

王源中　依前户部侍郎、知制诰、承旨。四月二十日,迁礼部尚
　　　　书,出院。

许康佐　依前户部侍郎、知制诰,学士兼侍讲。五月八日,加
　　　　承旨。

李　珏　依前中书舍人。

陈夷行　依前吏部员外郎。八月二十三日,改为著作郎、知制诰
　　　　兼皇太子侍读。九月六日,赐绯。同月七日,迁谏议大
　　　　夫、兼知制诰。

郑　涯　依前左补阙。九月七日,改为司勋员外郎;同月十六日,
　　　　赐绯。

高　重　依前国子祭酒、侍讲。

元　晦　八月九日,自殿中侍御史充。九月十六日,赐绯。

柳公权　十月十五日复入,自兵部郎中、弘文馆学士充侍书学士。

李　训　十月十七日,自国子监四门助教改国子周易博士充
　　　　侍讲。

大和九年(835)

许康佐　依前户部侍郎、知制诰、承旨,侍讲兼学士。五月五日,

改兵部侍郎出院。

李　珏　　依前中书舍人。五月六日，加承旨。五月十九日，迁户
　　　　　部侍郎、知制诰。八月五日，出贬江州刺史。

陈夷行　　依前谏议大夫、知制诰、太子侍读。二月十六日，罢太子
　　　　　侍读。五月二十二日，改太常少卿。七月二十九日，复
　　　　　兼太子侍读。

郑　涯　　依前司勋员外郎。十一月十九日，加知制诰。十二月十
　　　　　五日，出守本官。

高　重　　依前国子祭酒、侍讲。七月十八日，出为鄂岳观察使。

元　晦　　依前殿中侍御史。八月二十日，改库部员外郎。九月十
　　　　　一日，出守本官。

柳公权　　依前兵部郎中、侍书。九月十二日，加知制诰，改充学
　　　　　士，仍兼侍书。

李　训　　依前国子周易博士、侍讲。七月二十一日，加兵部郎中、
　　　　　知制诰，改学士。九月二十七日，守礼部侍郎、同平章
　　　　　事，任相。十一月甘露事变，被杀。

丁居晦　　五月三日，自起居舍人、集贤院直学士充。十月十八日，
　　　　　赐绯。同月十九日，迁司勋员外郎。

归　融　　八月一日，自中书舍人充。同月五日，加承旨。又同月
　　　　　二十日，迁工部侍郎、知制诰；二十四日，赐紫。

郑　注　　八月四日，自太仆卿改工部尚书充侍讲学士。九月二十
　　　　　五日，出为凤翔陇右节度使。

黎　埴　　十月十二日，自右补阙充。

顾师邕　　约前半年自水部员外郎充。十二月初被贬，流崖州，

赐死。

袁　郁　十二月二十七日,自礼部员外郎、集贤院直学士充。

开成元年(836)

陈夷行　依前太常少卿兼太子侍读。五月二十三日,加承旨。六
　　　　月二十四日,迁工部侍郎、知制诰。八月七日,赐紫。

柳公权　依前兵部郎中、知制诰。九月二十八日,迁中书舍人,仍
　　　　为学士兼侍书。

丁居晦　依前司勋员外郎。

归　融　依前工部侍郎、知制诰、承旨。五月十五日,以本官兼御
　　　　史中丞出院。

黎　埴　依前右补阙。

袁　郁　依前礼部员外郎。正月十四日,转库部员外郎。

开成二年(837)

陈夷行　依前工部侍郎、知制诰、承旨。四月五日,以本官平章事
　　　　出院,任相。

柳公权　依前中书舍人。四月,改谏议大夫、知制诰,仍兼侍书。

丁居晦　依前司勋员外郎。九月十一日,迁司封郎中、知制诰。

黎　埴　依前右补阙。二月十日,改司勋员外郎。

袁　郁　依前库部员外郎。三月十一日,丁忧外出。

柳　璟　七月十九日,自库部员外郎、知制诰充。

周　墀　十二月二十五日,自考功员外郎、知制诰充。

开成三年(838)

柳公权　依前谏议大夫、知制诰。九月十八日,迁工部侍郎、知制
　　　　诰,仍以学士兼侍书,并加承旨。

丁居晦　依前司封郎中、知制诰。八月十四日,迁中书舍人。十
　　　　一月十六日,改御史中丞出院。

黎　埴　依前司勋员外郎。正月十日,加知制诰。十二月十八
　　　　日,赐绯。十二月二十一日,迁兵部郎中,知制诰。

柳　璟　依前库部员外郎、知制诰。四月十四日,迁驾部郎中、知
　　　　制诰。

周　墀　依前考功员外郎、知制诰。十一月十六日,迁职方郎中,
　　　　仍兼知制诰。

王　起　五月五日,由兵部尚书判太常卿事充皇太子侍读,入为
　　　　侍讲学士。

高元裕　五月五日,自谏议大夫充侍讲学士。八月十日,出院,兼
　　　　太子宾客。

裴　素　十二月六日,自司封员外郎兼起居郎、史馆修撰充。

开成四年(839)

柳公权　依前工部侍郎、知制诰、承旨,仍兼侍书。

黎　埴　依前兵部郎中、知制诰。十一月六日,迁中书舍人。

柳　璟　依前驾部郎中、知制诰。

周　墀　依前职方郎中、知制诰。九月十二日,赐紫。

王　起　依前兵部尚书判太常卿事、侍讲。三月十二日,授太子

少师兼兵部尚书,仍为侍讲。

裴　素　依前司封员外郎兼起居郎。七月十三日,加知制诰。

高少逸　闰正月十一日,自左司郎中充侍讲。八月一日,迁谏议
　　　　大夫,仍为侍讲。

丁居晦　闰正月,自御史中丞改中书舍人,复入。

武宗朝

开成五年(840)

柳公权　依前工部侍郎、知制诰、承旨。三月九日,加散骑常侍
　　　　出院。

黎　埴　依前中书舍人。二月一日,赐紫。三月十六日,改御史
　　　　中丞出院。

柳　璟　依前驾部郎中、知制诰。二月九日,迁中书舍人。十月,
　　　　迁礼部侍郎出院,以备明春知举。

周　墀　依前职方郎中、知制诰。五月十三日,迁工部侍郎、知制
　　　　诰。六月十日,守本官出院。

王　起　依前兵部尚书、太子少师、侍讲。正月七日,守本官出院。

裴　素　依前司封员外郎、起居郎、知制诰。二月二日,赐绯。六
　　　　月,迁中书舍人。十一月,加承旨,赐紫。

高少逸　依前谏议大夫、侍讲。正月二十七日,赐紫,守本官
　　　　出院。

丁居晦　依前中书舍人。三月十三日,迁户部侍郎、知制诰。同
　　　　月二十三日,卒,赠吏部侍郎。

李　褒　三月二十日,自考功员外郎、集贤院直学士充。六月,转
　　　　库部郎中、知制诰。十二月十二日,赐绯。

周敬复　三月三十日,自兵部员外郎、知制诰充。十二月十一日,
　　　　赐绯。

郑　朗　四月十九日,自谏议大夫充侍讲学士。五月四日,赐绯。
　　　　十一月二十九日,守本官出院。

卢　懿　四月十九日,自司封员外郎充侍讲学士。五月四日,
　　　　赐绯。

李　讷　七月五日,自左补阙充。

崔　铉　七月五日,自司勋员外郎充。

敬　晦　十一月十六日,自兵部员外郎、史馆修撰充。

会昌元年 (841)

裴　素　依前中书舍人、承旨。约十一月十七日,卒官。

李　褒　依前库部郎中、知制诰。五月,迁中书舍人。十二月,加
　　　　承旨。同月六日,赐紫。

周敬复　依前兵部员外郎、知制诰。二月十三日,迁职方郎中、知
　　　　制诰,又中书舍人。

卢　懿　依前司封员外郎、侍讲。二月九日,出守本官。

李　讷　依前左补阙。

崔　铉　依前司勋员外郎。

敬　晦　依前兵部员外郎、史馆修撰。

会昌二年（842）

李　褒　依前中书舍人、承旨。五月十九日，出守本官。

周敬复　依前职方郎中、知制诰（或中书舍人）。九月十八日，出守本官。

李　讷　依前左补阙。四月十六日，迁职方员外郎。十一月二十一日，赐绯。

崔　铉　依前司勋员外郎。正月十二日，迁司封郎中、知制诰。九月二十七日，加承旨，赐绯。十一月二十九日，迁中书舍人，仍为承旨。

敬　晦　依前兵部员外郎、史馆修撰。八月六日，出守本官。

韦　琮　二月十五日，自起居舍人、史馆修撰充。十月十七日，改加司勋员外郎。

魏　扶　八月八日，自起居郎充。

白敏中　九月十三日，自右司员外郎充。同月十五日，改兵部员外郎。十一月二十九日，加知制诰。

封　敖　十二月一日，自左司员外郎兼侍御史知杂事充。同月三日，改驾部员外郎。

会昌三年（843）

李　讷　依前职方员外郎。四月，出守本官。

崔　铉　依前中书舍人、承旨。五月十四日，迁中书侍郎同平章事，出院任相。

韦　琮　依前司勋员外郎。五月二十九日，转兵部员外郎、知制诰。

魏　扶　依前起居郎。四月二十五日,赐绯。五月二十九日,加
　　　　知制诰。

白敏中　依前兵部员外郎、知制诰。五月二十九日,迁职方郎中。
　　　　十二月七日,加承旨,赐紫。

封　敖　依前驾部员外郎。五月二十五日,加知制诰。

徐　商　六月一日,自礼部员外郎充。

孙　毅　九月二十八日,自左拾遗充。

会昌四年(844)

韦　琮　依前兵部员外郎、知制诰。四月十五日,迁兵部郎中。
　　　　九月四日,迁中书舍人。

魏　扶　依前起居郎、知制诰。四月十五日,转考功郎中、知制
　　　　诰。九月四日,迁中书舍人。

白敏中　依前职方郎中、知制诰、承旨。四月十五日,迁中书舍
　　　　人。九月四日,迁户部侍郎、知制诰,仍为承旨。

封　敖　依前驾部员外郎、知制诰。四月十五日,迁中书舍人。
　　　　九月四日,迁工部侍郎、知制诰。

徐　商　依前礼部员外郎。八月七日,迁礼部郎中、知制诰。九
　　　　月四日,转兵部郎中、知制诰。

孙　毅　依前左拾遗。九月十日,迁起居郎。

会昌五年(845)

韦　琮　依前中书舍人。

魏　扶　依前中书舍人。

白敏中　依前户部侍郎、知制诰、承旨。

封　敖　依前工部侍郎、知制诰。三月十八日，上表辞，出守本官。

徐　商　依前兵部郎中、知制诰。约于本年迁中书舍人，后即出院。

孙　毅　依前起居郎。

宣宗朝

会昌六年（846）

韦　琮　依前中书舍人，后改为户部侍郎。下半年加承旨。

魏　扶　依前中书舍人。约本年冬迁为礼部侍郎，出院，以备明
　　　　　春知举。

白敏中　依前户部侍郎、知制诰、承旨。四月辛未，以兵部侍郎同
　　　　　中书门下平章事，出院任相。

孙　毅　依前起居郎。二月二十三日，加兵部员外郎。四月十七
　　　　　日，加知制诰。六月十日，迁兵部郎中。

刘　瑑　六月二日，自殿中侍御史充。七月九日，三殿赐绯。

裴　谂　六月二日，自考功员外郎充。八月十九日，加司封郎中。

大中元年（847）

韦　琮　依前户部侍郎、承旨。七月，出院任相。

孙　毅　依前兵部郎中、知制诰。十二月七日，加承旨。同月二

十六日,迁中书舍人,仍为承旨。

刘　瑑　依前殿中侍御史。闰三月十二日,改职方员外郎。十一
　　　　月二十七日,加知制诰。

裴　谂　依前司封郎中。二月三十日,加知制诰。

萧　邺　二月二十六日,自监察御史里行充。十一月二十日,迁
　　　　右补阙。十二月二十七日,三殿赐绯。

宇文临　闰三月七日,自礼部员外郎充。四月,守本官出院。十
　　　　二月八日,复自礼部郎中入;同月二十八日,加知制诰。

沈　询　五月十二日,自右拾遗、集贤院直学士充。

大中二年(848)

孙　毂　依前中书舍人、承旨。七月六日,迁户部侍郎、知制诰。
　　　　十二月二十四日,除河南尹兼御史大夫,出院。

刘　瑑　依前职方员外郎、知制诰。七月六日,迁司封郎中。

裴　谂　依前司封郎中、知制诰。约正月,迁中书舍人。七月六
　　　　日,又迁工部侍郎、知制诰。十二月二十六日,加承旨。

萧　邺　依前右补阙。七月六日,迁兵部员外郎。十一月十三
　　　　日,加知制诰。

宇文临　依前礼部郎中、知制诰。正月八日,思政殿召对赐绯。
　　　　七月六日,迁中书舍人。

沈　询　依前右拾遗、集贤院直学士。正月二日,思政殿召对赐
　　　　绯。七月七日,迁起居郎。十月二日,守本官、知制诰,
　　　　出院。

令狐绹　二月十日,自考功郎中、知制诰充。

大中三年(849)

刘　瑑　依前司封郎中、知制诰。六月十四日,迁中书舍人。十
　　　　二月二十七日,三殿赐紫。

裴　谂　依前工部侍郎、知制诰、承旨。五月二十三日,守本官
　　　　出院。

萧　邺　依前兵部员外郎、知制诰。九月十四日,责授衡州刺史。

宇文临　依前中书舍人。九月十四日,责授复州刺史。

令狐绹　依前考功郎中、知制诰。二月二十一日,迁中书舍人。
　　　　五月一日,迁御史中丞,出院。九月十六日,又自御史中
　　　　丞入,并加承旨。同月二十三日,权知兵部侍郎、知制
　　　　诰,仍为承旨。

郑　颢　二月二日,自起居郎充。四月十日,加知制诰。闰十一
　　　　月四日,迁右谏议大夫、知制诰。

郑处海　五月二十日,自监察御史里行充。七月十八日,迁屯田
　　　　员外郎。闰十一月九日,三殿召对赐绯。

崔慎由　六月八日,自职方郎中、知制诰充。九月六日,迁中书舍
　　　　人。十二月九日,守本官出院。

郑　薰　九月十八日,自考功郎中充。闰十一月二十七日,加知
　　　　制诰。

大中四年(850)

刘　瑑　依前中书舍人。十一月二十八日,守本官兼御史中丞,
　　　　充西讨伐党项行营诸寨宣慰使。后返京,改迁刑部侍

郎,仍在院。

令狐绹　依前兵部侍郎、知制诰、承旨。十月二十七日,守本官出
　　　　院,任相。

郑　颢　依前右谏议大夫、知制诰。十月七日,迁中书舍人。

郑处诲　依前屯田员外郎。八月五日,守本官出院。

郑　薰　依前考功郎中、知制诰。十月七日,迁中书舍人。十月
　　　　十三日,守本官出院。

毕　諴　二月十三日,自职方郎中兼侍御史知杂事充。

萧　寘　七月二十四日,自兵部员外郎充。十月七日,加知制诰。

苏　涤　十二月二十四日,自右丞入。

大中五年(851)

刘　瑑　依前刑部侍郎。五月,守本官出院。

萧　邺　正月二十八日,复自考功郎中充。二月一日,加知制诰。
　　　　七月十四日,迁中书舍人。

郑　颢　依前中书舍人。八月二日,授右庶子出院。

毕　諴　依前职方郎中兼侍御史知杂事。

萧　寘　依前兵部员外郎、知制诰。□月十四日,迁驾部郎中,仍
　　　　知制诰。

苏　涤　依前右丞。六月五日,迁兵部侍郎、知制诰。

韦　澳　七月二十日,自库部郎中、知制诰充。

曹　确　八月十一日,自起居郎充。十月十六日,三殿召对赐绯。

大中六年（852）

萧　邺　依前中书舍人。正月七日,三殿召对赐紫。七月二十七日,加承旨。

毕　諴　依前职方郎中兼侍御史知杂事。正月七日,三殿召对赐紫。七月七日,权知刑部侍郎出院。

萧　寘　依前驾部郎中、知制诰。五月十九日,迁中书舍人。

苏　涤　依前兵部侍郎、知制诰。六月九日,上表病免。十一月,以左丞出院。

韦　澳　依前库部郎中、知制诰。五月十九日,迁中书舍人。

曹　确　依前起居郎。五月十九日,改兵部员外郎。

庾道蔚　七月十五日,自起居舍人充。十二月二十九日,三殿召对赐绯。

李汶儒　七月十五日,自礼部员外郎充。十二月二十九日,三殿召对赐绯。

大中七年（853）

萧　邺　依前中书舍人、承旨。六月十二日,迁户部侍郎、知制诰,仍为承旨。

萧　寘　依前中书舍人。十月十二日,三殿召对赐紫。

韦　澳　依前中书舍人。

曹　确　依前兵部员外郎。四月十一日,加知制诰。

庾道蔚　依前起居舍人。九月十九日,改司封员外郎。

李汶儒　依前礼部员外郎。十二月五日,迁礼部郎中、知制诰。

大中八年（854）

萧　邺　依前户部侍郎、知制诰、承旨。十二月十八日，守本官、
　　　　判户部，出院。

萧　寘　依前中书舍人。五月十九日，迁户部侍郎、知制诰。

韦　澳　依前中书舍人。五月十九日，迁工部侍郎，知制诰。七
　　　　月二日，三殿召对赐紫。

曹　确　依前兵部员外郎、知制诰。五月十九日，迁库部郎中、知
　　　　制诰。

庾道蔚　依前司封员外郎。

李汶儒　依前礼部郎中、知制诰。

大中九年（855）

萧　寘　依前户部侍郎、知制诰。二月十七日，加承旨。

韦　澳　依前工部侍郎、知制诰。

曹　确　依前库部郎中、知制诰。闰四月六日，迁中书舍人。

庾道蔚　依前司封员外郎。八月十三日，迁驾部郎中、知制诰。

李汶儒　依前礼部郎中、知制诰。十月十二日，迁中书舍人。

孔温裕　二月二十九日，自礼部员外郎、集贤院直学士充。三月
　　　　三日，改司封员外郎、知制诰。

大中十年（856）

萧　寘　依前户部侍郎、知制诰、承旨。八月四日，检校工部尚
　　　　书、浙西观察使，出院。

韦　澳　依前工部侍郎、知制诰。五月二十五日,授京兆尹出院。

曹　确　依前中书舍人。五月十三日,三殿召对赐紫。

庾道蔚　依前驾部郎中、知制诰。正月十四日,守本官出院,寻除
　　　　连州刺史。

李汶儒　依前中书舍人。十月十六日,三殿召对赐紫。

孔温裕　依前司封员外郎、知制诰。

于德孙　正月三十日,自职方员外郎、知制诰充。十一月二十八
　　　　日,三殿召对赐紫。

皇甫珪　六月五日,自吏部员外郎充。六月七日,改司勋员外郎。

蒋　伸　八月二十六日,自权知户部侍郎充,九月二日,正授户部
　　　　侍郎、知制诰。十月二日,加承旨。

大中十一年(857)

曹　确　依前中书舍人。八月二十一日,授河南尹,出院。

李汶儒　依前中书舍人。正月五日,守本官出院。

孔温裕　依前司封员外郎、知制诰。约二、三月间,迁司勋郎中、
　　　　知制诰。

于德孙　依前职方员外郎、知制诰。四月十五日,迁驾部郎中。

皇甫珪　依前司勋员外郎。正月十一日,三殿召对赐绯。十月二
　　　　日,迁司封郎中、知制诰。

蒋　伸　依前户部侍郎、知制诰、承旨。十二月二十九日,转兵部
　　　　侍郎、知制诰,仍为承旨。

苗　恪　正月十五日,自库部郎中充。四月十五日,加知制诰。

杨知温　九月八日,自礼部郎中充。十二月十九日,加知制诰。

大中十二年（858）

孔温裕　依前司勋郎中、知制诰。正月十八日，迁中书舍人。八月三十日，除河南尹出院。

于德孙　依前驾部郎中、知制诰。闰二月十三日，迁中书舍人。

皇甫珪　依前司封郎中、知制诰。八月十二日，迁中书舍人。

蒋　伸　依前兵部侍郎、知制诰、承旨。五月十三日，守本官、判户部出院。十二月二十九日，任相。

苗　恪　依前库部郎中、知制诰。闰二月十三日，迁中书舍人。

杨知温　依前礼部郎中、知制诰。五月十二日，三殿召对赐绯。十月十一日，迁中书舍人。

严　祁　五月二十一日，自左补阙内供奉充。九月十二日，改驾部员外郎。

杜审权　约五月自刑部侍郎充；同月二十八日，转户部侍郎、知制诰，加承旨。

大中十三年（859）

于德孙　依前中书舍人。四月二十九日，授御史中丞出院。

皇甫珪　依前中书舍人。八月二十六日，赐紫；同月二十九日，加朝请大夫。十一月，迁工部侍郎、知制诰。

苗　恪　依前中书舍人。八月二十六日，赐紫；同月二十九日，加朝请大夫兼户部侍郎、知制诰。十二月十三日，加承旨。

杨知温　依前中书舍人。九月十三日，召对赐紫。

严　祁　依前驾部员外郎。七月八日，加知制诰。八月二十九日,加新野县开国男,食邑三百户。

杜审权　依前户部侍郎、知制诰、承旨。八月二十九日,加通议大夫、兵部侍郎、知制诰,仍为承旨。十二月三日,守本官同平章事,出院,任相。

高　璩　四月二十三日,自右拾遗内供奉充。九月三日,召对赐绯。十一月三日,迁起居郎、知制诰。

李　蔚　十二月二十四日,自权知右拾遗内供奉充。

懿宗朝

咸通元年(860)

皇甫珪　依前工部侍郎、知制诰。十月,改授同州刺史,出院。

苗　恪　依前户部侍郎、知制诰、承旨。十一月八日,出院,授检校工部尚书、山南西道节度使兼御史大夫。

杨知温　依前中书舍人。十月,迁工部侍郎、知制诰。

严　祁　依前驾部员外郎、知制诰。六月十三日,迁库部郎中,仍知制诰。

高　璩　依前起居郎、知制诰。十月六日,迁右谏议大夫、知制诰;同月二十六日,召对赐紫。

李　蔚　依前右拾遗内供奉。五月十二日,召对赐绯,迁右补阙。十月二十六日,召对赐紫。

刘　邺　十月十二日,自左拾遗充;同月二十六日,召对赐绯。

张道符　十一月二十五日,自户部郎中、赐绯充。

咸通二年(861)

严　祁　依前库部郎中、知制诰。四月,改迁中书舍人,出院。

高　璩　依前右谏议大夫、知制诰。七月十九日,加承旨。八月
　　　　七日,迁工部侍郎、知制诰,仍为承旨。

李　觌　依前右补阙。三月十一日,加改左补阙。

刘　邺　依前右拾遗。九月二十七日,迁起居舍人。

张道符　依前户部郎中。二月六日,改司封郎中、知制诰。四月
　　　　二十一日,卒。五月二日,赠中书舍人。

杨　收　四月十八日,自吏部员外郎充。同月二十一日,迁库部
　　　　郎中。七月八日,加知制诰。十月十六日,三殿召对
　　　　赐紫。

路　岩　五月二十八日,自屯田员外郎充。十一月二十八日,三
　　　　殿召对赐绯。

赵　骘　八月六日,自右拾遗充。十一月二十六日,三殿召对
　　　　赐绯。

咸通三年(862)

高　璩　依前工部侍郎、知制诰、承旨。二月二十日,加朝散大
　　　　夫、兵部侍郎,依前充。八月十九日,加检校礼部尚书、
　　　　东川节度使,出院。

李　觌　依前左补阙。二月二十日,改迁职方员外郎、知制诰。
　　　　九月十四日,守本官出院。

刘　邺　依前起居舍人。二月二十一日,改兵部员外郎、知制诰。
　　　　七月二十九日,召对赐紫。十一月八日,迁中书舍人。
杨　收　依前库部郎中、知制诰。二月二十日,迁中书舍人。九
　　　　月二十三日,加承旨;同月二十六日,迁兵部侍郎、知
　　　　制诰。
路　岩　依前屯田员外郎。二月二十一日,迁屯田郎中、知制诰。
赵　骘　依前右拾遗。二月二十日,迁起居舍人。
刘允章　九月二十七日,自起居郎充。十一月二十七日,三殿召
　　　　对赐绯。
独孤霖　九月二十七日,自右补阙、赐绯入。

　　　咸通四年(863)

刘　邺　依前中书舍人。
杨　收　依前兵部侍郎、知制诰、承旨。五月七日,守本官同中书
　　　　门下平章事,出院任相。
路　岩　依前屯田郎中、知制诰。正月九日,迁中书舍人。五月
　　　　九日,赐紫;同月十六日,加承旨。九月十八日,迁户部
　　　　侍郎、知制诰。
赵　骘　依前起居舍人。八月七日,改兵部员外郎、知制诰。
刘允章　依前起居郎。三月二十四日,授歙州刺史,出院。
独孤霖　依前右补阙。闰六月十九日,改司勋员外郎。十二月二
　　　　十一日,加知制诰。
李　瓒　四月七日,自荆南节度判官、检校礼部员外郎、赐绯充。
　　　　同月十日,迁右补阙内供奉。九月十八日,改驾部员外

郎。十二月二十八日,加知制诰。

于　琮　六月七日,自水部郎中、赐绯入。八月七日,改库部郎
　　　　中、知制诰。

咸通五年(864)

刘　邺　依前中书舍人。九月五日,迁户部侍郎、知制诰。

路　岩　依前户部侍郎、知制诰、承旨。九月二十六日,改兵部侍
　　　　郎、知制诰。十一月十九日,以本官同中书门下平章事,
　　　　出院任相。

赵　骘　依前兵部员外郎、知制诰。正月十七日,三殿召对赐紫。
　　　　七月八日,迁驾部郎中、知制诰。

刘允章　十一月二十七日,复自仓部员外郎再入。

独孤霖　依前司勋员外郎、知制诰。五月九日,三殿召对赐紫。
　　　　七月八日,迁库部郎中、知制诰。

李　瓒　依前驾部员外郎、知制诰。六月一日,改权知中书舍人
　　　　出院。

于　琮　依前库部郎中、知制诰。七月八日,迁中书舍人。九月
　　　　二十七日,迁刑部侍郎出院。

侯　备　六月五日,自吏部员外郎、赐绯充。同月八日,迁司勋郎
　　　　中。九月五日,加知制诰。十二月二十六日,加承旨。

裴　璩　六月六日,自兵部员外郎充。

咸通六年(865)

刘　邺　依前户部侍郎、知制诰。

赵　骘　依前驾部郎中、知制诰。九月十七日,加朝散大夫,户部
　　　侍郎、知制诰。九月三十日,改礼部侍郎出院。

刘允章　依前仓部员外郎。正月九日,迁户部郎中、知制诰。五
　　　月九日,三殿召对赐紫。

独孤霖　依前库部郎中、知制诰。六月五日,迁中书舍人。九月
　　　十七日,加朝散大夫、工部侍郎、知制诰。

侯　备　依前司勋郎中、知制诰、承旨。二月二十三日,迁中书舍
　　　人。五月二十□日,迁户部侍郎、知制诰。九月十七日,
　　　加朝散大夫、兵部侍郎、知制诰。

裴　璩　依前兵部员外郎。正月九日,迁户部郎中、知制诰。五
　　　月九日,三殿召对赐紫。九月十七日,加朝散大夫,迁中
　　　书舍人。

郑　言　正月十日,自驾部员外郎充。四月十日,迁礼部郎中、知
　　　制诰;同月十九日,中谢赐紫。

刘　瞻　十月十八日,自太常博士充。同月二十六日,改工部员
　　　外郎。

咸通七年(866)

刘　邺　依前户部侍郎、知制诰。

刘允章　依前户部郎中、知制诰。

独孤霖　依前工部侍郎、知制诰。三月十七日,三殿召对,面宣充
　　　承旨。

侯　备　依前兵部侍郎、知制诰、承旨,三月九日,授河南尹出院。

裴　璩　依前朝散大夫、中书舍人。

郑　言　依前礼部郎中、知制诰。

刘　瞻　依前工部员外郎。三月九日，授太原少尹出院。

李　骘　三月二十四日，自太常少卿、弘文馆直学士充。同月二
　　　　十七日，加知制诰。七月，迁中书舍人。十月二十五日，
　　　　三殿召对赐紫。

卢　深　三月三十日，自起居郎入。七月一日，改兵部员外郎。
　　　　十月二十五日，三殿召对赐紫。

咸通八年（867）

刘　邺　依前户部侍郎、知制诰。

刘允章　依前户部郎中、知制诰。十一月四日，迁工部侍郎、知制
　　　　诰。十一月十六日，改礼部侍郎出院。

独孤霖　依前工部侍郎、知制诰、承旨。正月二十七日，改户部侍
　　　　郎、知制诰；十一月四日，改兵部侍郎、知制诰，仍为
　　　　承旨。

裴　璩　依前朝散大夫、中书舍人。正月二十七日，迁水部侍郎、
　　　　知制诰。九月二十三日，除同州刺史出院。

郑　言　依前礼部郎中、知制诰。十一月四日，迁工部侍郎、知
　　　　制诰。

刘　瞻　十一月二十二日，自颍州刺史不赴任，再次入院；二十六
　　　　日，三殿召对赐紫。

李　骘　依前中书舍人。

卢　深　依前兵部员外郎。正月二十四日，加知制诰。八月八
　　　　日，召对赐紫。十月十一日，加户部郎中、知制诰。

崔　珙　十月二十三日,自监察御史入;二十五日,守本官充。

咸通九年(868)

刘　邺　依前户部侍郎、知制诰。

独孤霖　依前兵部侍郎、知制诰、承旨。

郑　言　依前工部侍郎、知制诰。六月十八日,守户部侍郎出院。

刘　瞻　依前在院,未详官衔。五月二十六日,为中书舍人。九
　　　　月十二日,迁户部侍郎、知制诰、承旨。

李　骘　依前中书舍人。五月十六日,除江西观察使出院。

卢　深　依前户部郎中、知制诰。十月二十六日,迁中书舍人。

崔　珮　依前监察御史。正月二十一日,赐绯。七月二十一日,
　　　　改工部员外郎。十二月七日,赐紫。

郑　畋　五月二十日,自万年县令入;二十四日,改户部郎中充。
　　　　八月十一日,加知制诰。

张　裼　六月十三日,自刑部员外郎入;十五日,改祠部郎中充。
　　　　九月十七日,加知制诰。十月十六日,召对赐紫。

崔　充　六至九月间(十七日),自考功员外郎充。十月十六日,
　　　　召对赐绯。闰十二月二日,三殿召对赐紫。

咸通十年(869)

刘　邺　依前户部侍郎、知制诰。

独孤霖　依前兵部侍郎、知制诰、承旨。九月八日,守本官,判户
　　　　部,出院。

刘　瞻　依前户部侍郎、知制诰。六月十七日,以本官同中书门

下平章事,出院任相。

卢　深　依前中书舍人。十一月十一日,迁户部侍郎、知制诰。
　　　　十二月,卒,赠户部尚书。

崔　珮　依前工部员外郎。三月十三日,改考功郎中出院。

郑　畋　依前户部郎中、知制诰。六月四日,迁中书舍人。十一
　　　　月十一日,迁户部侍郎。

张　裼　依前祠部郎中、知制诰。七月十日,迁中书舍人。十一
　　　　月,迁工部侍郎、知制诰。

崔　充　依前考功员外郎。五月二十五日,迁库部郎中、知制诰。

韦保衡　三月十三日,自起居郎、驸马都尉,入守左谏议大夫、知
　　　　制诰。十一月十日,迁兵部侍郎,并加承旨。

韦　蟾　六月□日,自职方郎中充。九月七日,改户部郎中、知制
　　　　诰。十一月十一日,迁中书舍人。十二月二十八日,三
　　　　殿召对赐紫。

咸通十一年（870）

刘　邺　依前户部侍郎、知制诰。十一月二十二日,加承旨。十
　　　　二月二十三日,守本官出院,充诸道盐铁等使。

郑　畋　依前户部侍郎、知制诰。四月二十六日,加承旨。九月
　　　　二十七日,授梧州刺史出院。

张　裼　依前工部侍郎、知制诰。十二月二十三日后,加承旨。

崔　充　依前库部郎中,知制诰。

韦保衡　依前兵部侍郎、知制诰、承旨。四月二十五日,以本官同
　　　　中书门下平章事,出院任相。

韦　蟾　依前中书舍人。

杜裔休　正月十一日,自起居郎充。五月二十七日,三殿召对赐
　　　　紫。九月十一日,改司勋员外郎、知制诰。

郑延休　五月十八日,自司封郎中、知制诰迁中书舍人充。

薛　调　十月十七日,自户部员外郎加驾部郎中充。

咸通十二年(871)

张　裼　依前工部侍郎、知制诰、承旨。正月二十六日,改户部侍
　　　　郎;十一月十八日,又改兵部侍郎,仍为知制诰、承旨。

崔　充　依前库部郎中、知制诰。正月二十六日,迁户部侍郎、知
　　　　制诰。

韦　蟾　依前中书舍人。正月二十六日,迁工部侍郎、知制诰。

杜裔休　依前司勋员外郎、知制诰。

郑延休　依前中书舍人。正月二十八日,三殿召对赐紫。十一月
　　　　十八日,迁工部侍郎、知制诰。

薛　调　依前驾部郎中。正月二十六日,加知制诰。

韦保乂　二月十三日,自户部员外郎充。三月十六日,特恩赐紫。
　　　　五月十日,迁户部郎中、知制诰。

刘承雍　约二月后以左司员外郎充。

咸通十三年(872)

张　裼　依前兵部侍郎、知制诰、承旨。五月十二日,出贬封州
　　　　司马。

崔　充　依前户部侍郎、知制诰。六月十日,加承旨。九月二十

八日,加检校工部尚书、东川节度使出院。

韦　蟾　依前工部侍郎、知制诰。十月十五日,加承旨。十一月
　　　　十五日,改御史中丞兼刑部侍郎出院。

杜裔休　依前司勋员外郎、知制诰。二月九日,守本官出院。

郑延休　依前工部侍郎、知制诰。十一月二十四日(或十二月四
　　　　日),加承旨。后约于十二月七日,迁工部侍郎。

薛　调　依前驾部郎中、知制诰。二月二十六日,卒;三月十一
　　　　日,赠户部侍郎。

韦保乂　依前户部郎中、知制诰。本年内又升迁为兵部侍郎。

刘承雍　依前左司员外郎,后迁为户部侍郎。

崔　璆　约本年入院,官位不详。

李　溥　约本年入院,官位不详。

咸通十四年(873)

郑延休　依前工部侍郎、知制诰、承旨。八月二十二日,加加金紫光
　　　　禄大夫、尚书左丞、知制诰。

韦保乂　依前兵部侍郎。十月,出贬宾州司户。

刘承雍　依前户部侍郎。十月,出贬涪州司户。

崔　璆　约仍在院,官位不详。

李　溥　约本年出院,官位不详。

豆卢瑑　约上半年以兵部员外郎充。

崔　湜　十一月二十三日,自殿中侍御史改司封员外郎充。

卢　携　十二月,自左谏议大夫充,后迁为中书舍人。

僖宗朝

乾符元年(874)

郑延休　依前尚书左丞,知制诰、承旨。正月十三日,除检校吏部尚书、充河阳三城节度使,出院。

崔　璆　仍在院,官位不详,约本年以右谏议大夫出院。

豆卢瑑　依前兵部员外郎,约五月后为户部侍郎。

崔　湜　依前司封员外郎。何时出院,不详。

卢　携　依前中书舍人。约正月后迁户部侍郎,加承旨。十月,以本官同中书门下平章事,出院任相。

孔　纬　正月、二月间以右司员外郎充。

崔　澹　本年以司封郎中充。

徐仁嗣　本年以司封员外郎充。

王　徽　秋冬间,以司封郎中充。

乾符二年(875)

豆卢瑑　依前户部侍郎、承旨。

崔　湜　依前司封员外郎。何时出院,不详。

孔　纬　依前右司员外郎。可能于今年迁考功郎中、知制诰。

崔　澹　依前司封郎中。二月,迁中书舍人。

徐仁嗣　依前司封员外郎。二月,迁司封郎中。

王　徽　依前司封郎中。约本年改职方郎中、知制诰,后又改户部郎中(当仍知制诰)。

裴　澈　约本年以度支郎中充。

萧　遘　约本年冬或明年初以户部员外郎充。

乾符三年(876)

豆卢瑑　依前户部侍郎、承旨。

孔　纬　依前考功郎中、知制诰。约于本年迁中书舍人,后又迁
　　　　为户部侍郎、知制诰。

崔　澹　依前中书舍人。

徐仁嗣　依前司封郎中。本年十月前,已迁为中书舍人。何时出
　　　　院,不详。

王　徽　依前户部郎中、知制诰。九月,迁中书舍人。

裴　澈　依前度支郎中。

萧　遘　约上年冬或今年初,以户部员外郎充。九月,迁户部郎
　　　　中,后兼知制诰。

乾符四年(877)

豆卢瑑　依前户部侍郎、承旨。

孔　纬　依前户部侍郎、知制诰。本年出为御史中丞。

崔　澹　依前中书舍人。九月以本官出院,拟于明春知举。

王　徽　依前中书舍人。

裴　澈　仍在院,十月前在礼部员外郎任。

萧　遘　依前户部郎中、知制诰。约本年初迁中书舍人。

张　祎　约本年以左补阙充。

韦昭度 约本年以户部员外郎充。

乾符五年（878）

豆卢瑑 依前户部侍郎、承旨。五月丁酉，为兵部侍郎、同中书门
　　　下平章事，出院任相。

王　徽 依前中书舍人。五月丁酉后，迁户部侍郎，并接豆卢瑑
　　　为承旨。后又改为兵部侍郎、尚书左丞，仍为承旨。

裴　澈 仍在院，或由礼部员外郎有所升迁，具体官位不详。

萧　遘 依前中书舍人。

张　祎 依前左补阙。今年或明年，迁为中书舍人。

韦昭度 依前户部员外郎。

徐彦若 约本年以主客员外郎充。

乾符六年（879）

王　徽 依前兵部侍郎、尚书左丞、承旨。

裴　澈 仍在院，本年或已为户部侍郎。

萧　遘 依前中书舍人。

张　祎 约今年迁中书舍人。

韦昭度 依前户部员外郎，后改为户部侍郎、知制诰。

徐彦若 依前主客员外郎。

广明元年（880）

王　徽 依前兵部侍郎、尚书左丞、承旨。十二月五日，守本官同
　　　平章事，出院任相。

裴　澈　依前户部侍郎，十二月五日，与王徽同时任相。

萧　遘　依前中书舍人，后又迁为户部侍郎、知制诰。十二月三日
　　　　后继王徽为承旨。

张　祎　依前中书舍人。

韦昭度　依前户部侍郎、知制诰。

徐彦若　依前主客员外郎，后加知制诰。

中和元年（881）

萧　遘　依前户部侍郎、知制诰、承旨。或正月以兵部侍郎、判度
　　　　支出院。

张　祎　依前中书舍人。秋后改为工部侍郎、判度支。

韦昭度　依前户部侍郎、知制诰。正月，加承旨。本年春代知贡举，
　　　　后迁兵部侍郎。七月十四日，以本官同平章事，出院任相。

徐彦若　依前主客员外郎、知制诰，后迁中书舍人。

乐朋龟　正月后，以右拾遗充。

柳　璧　本年或明年，以屯田员外郎充。

杜让能　约于本年以中书舍人充。

中和二年（882）

张　祎　依前工部侍郎、判度支，后改为尚书右丞、判度支。

徐彦若　依前中书舍人。

乐朋龟　依前右拾遗。约后累迁为兵部侍郎，加承旨。

柳　璧　依前屯田员外郎。

杜让能　依前中书舍人，后迁为户部侍郎、知制诰。

侯翩（翩）　约今年入院，后迁为中书舍人。

崔　凝　约今年以中书舍人充。

沈仁伟　约今年以右补阙充。

郑延昌　二月后以司勋员外郎充。

中和三年（883）

张　祎　依前尚书右丞、判度支。约春时守本官出院。

徐彦若　依前中书舍人。

乐朋龟　依前兵部侍郎、承旨。

柳　璧　依前屯田员外郎。约后迁左谏议大夫。

杜让能　依前户部侍郎、知制诰。

侯翩（翩）　依前中书舍人。

崔　凝　依前中书舍人。

沈仁伟　依前右补阙。

郑延昌　依前司勋员外郎。二月后出院任中书舍人。

中和四年（884）

徐彦若　依前中书舍人。

乐朋龟　依前兵部侍郎、承旨。后迁兵部尚书，仍为承旨。

柳　璧　依前左谏议大夫。秋前已出院，任何官不详。

杜让能　依前户部侍郎、知制诰。本年前半年迁礼部尚书。

侯翩（翩）　依前中书舍人。

崔　凝　依前中书舍人。约本年迁为户部侍郎。

沈仁伟　依前右补阙。秋前已迁为中书舍人。

光启元年（885）

徐彦若　依前中书舍人。

乐朋龟　依前兵部尚书、承旨。后数月出院。

杜让能　依前礼部尚书。二、三月后改兵部尚书，加承旨。

侯翩（翻）　依前中书舍人。本年春出院，留蜀隐居。

崔　凝　依前户部侍郎。后不详。

沈仁伟　依前中书舍人。后出院，不详。

光启二年（886）

徐彦若　依前中书舍人。约本年出院，为御史中丞。

杜让能　依前兵部尚书、承旨。三月戊戌，为兵部侍郎、同平章事，出院任相。

刘崇望　约五、六月间自谏议大夫充。

光启三年（887）

刘崇望　依前谏议大夫。后迁户部侍郎，加承旨。

李　磎　夏季后以中书舍人充。

昭宗朝

文德元年（888）

刘崇望　依前户部侍郎、承旨，后转兵部侍郎，仍为承旨。

李　磎　依前中书舍人。三、四月间辞职归居华阴。

崔昭纬　约夏秋间入，未详带何官。

崔　汪　约夏秋间入，未详带何官。

龙纪元年（889）

刘崇望　依前兵部侍郎、承旨。正月，以本官同平章事，出院任相。

崔昭纬　仍在院，未详何官，约上半年为中书舍人，并加承旨。

崔　汪　仍在院，未详何官。

李　磎　本年复入，未详何官。

大顺元年（890）

崔昭纬　依前中书舍人、承旨。本年改为兵部侍郎，仍为承旨。

崔　汪　仍在院，本年或迁为户部侍郎。

李　磎　仍在院，未详何官。

崔　涓　本年以尚书诸司郎中入。

崔　远　约本年以尚书员外郎、知制诰入。

大顺二年（891）

崔昭纬　依前兵部侍郎、承旨。正月庚申，以户部侍郎同中书门下平章事，出院任相。

崔　汪　依前户部侍郎，正月后加承旨。后改尚书右丞，仍为承旨。

李　磎　仍在院。本年为户部侍郎、知制诰。

崔　远　依前尚书员外郎、知制诰。

崔　涓　依前尚书诸司郎中,后迁中书舍人。

李昌远　三月,以起居郎充。后不详,当延续二年。

陆　扆　三月,以监察御史充。后改屯田员外郎。

景福元年(892)

崔　汪　依前尚书右丞、承旨。

李　磎　依前户部侍郎、知制诰。

崔　远　依前尚书员外郎、知制诰。约今年迁中书舍人。

崔　涓　依前中书舍人。

李昌远　依前起居郎。

陆　扆　依前屯田员外郎。后迁为祠部郎中、知制诰。

景福二年(893)

崔　汪　依前尚书右丞、承旨。本年出院。

李　磎　依前户部侍郎、知制诰。后迁礼部尚书,加承旨。

崔　远　依前中书舍人。

崔　涓　依前中书舍人,后未详带何官。

李昌远　依前起居郎。约本年出院。

陆　扆　依前祠部郎中、知制诰。六月二十二日,迁中书舍人。

赵光逢　以祠部郎中、知制诰充,后迁中书舍人。

乾宁元年(894)

李　磎　依前礼部尚书、承旨。六月,以本官同中书门下平章事,出院任相。

崔　远　依前中书舍人。约本年迁户部侍郎。

崔　涓　仍在院,未详何官。

陆　扆　依前中书舍人。五月,迁户部侍郎、知制诰。

赵光逢　依前中书舍人。后迁户部侍郎、知制诰。六月后改兵部
　　　　侍郎、知制诰,加承旨。

薛贻矩　本年以起居舍人充,后改礼部员外郎、知制诰。

杨　钜　约本年以尚书郎、知制诰入。

裴庭裕　约本年以尚书员外郎入。

乾宁二年(895)

崔　远　依前户部侍郎。

崔　涓　仍在院,未详何官。

陆　扆　依前户部侍郎、知制诰。五月,改兵部侍郎、知制诰。

赵光逢　依前兵部侍郎、知制诰、承旨。三月,改尚书右丞,仍为
　　　　承旨。约七、八月间辞职出院。

薛贻矩　依前礼部员外郎、知制诰,后迁司勋郎中、知制诰。七月,
　　　　因未能随帝出幸,出院。同年冬,又以中书舍人复入。

杨　钜　依前尚书郎、知制诰。

裴庭裕　依前尚书员外郎。十一月前为司封郎中、知制诰。

王彦昌　六月入,未详何官。

乾宁三年(896)

崔　远　依前户部侍郎。秋,转兵部侍郎,加承旨。九月,以兵部

侍郎同平章事,出院任相。

崔 涓 仍在院,未详何官。

陆 扆 依前兵部侍郎。正月,加承旨,并改为尚书左丞。七月丙午,同中书门下平章事,出院任相。

薛贻矩 依前中书舍人。

杨 钜 依前尚书郎、知制诰。

王彦昌 仍在院。正月,出任京兆尹。

裴庭裕 依前司封郎中、知制诰。

韩 仪 约上半年入,未详何官。

卢 说 约上半年入,未详何官。

郑 璘 约十月前入,曾为考功员外郎,以尚书郎中入。

张玄晏 秋,以右司郎中充。冬,改驾部郎中、知制诰。

吴 融 秋,以礼部郎中充。

乾宁四年(897)

崔 涓 仍在院,未详何官。

薛贻矩 依前中书舍人。本年或转为户部侍郎。

杨 钜 依前尚书郎、知制诰。约后迁中书舍人。

裴庭裕 依前司封郎中、知制诰,后有升迁,未详何官。

韩 仪 仍在院,未详何官。

卢 说 仍在院,曾任兵部侍郎,后出院。

郑 璘 仍在院,未详何官。

张玄晏 依前驾部郎中、知制诰。

吴 融 依前礼部郎中。

光化元年(898)

崔　涓　仍在院,未详何官。后出院。

薛贻矩　依前户部侍郎。

杨　钜　依前中书舍人。

裴庭裕　仍在院。本年出为左散骑常侍。

韩　仪　仍在院,未详何官。

郑　璘　仍在院,未详何官。约本年出院。

张玄晏　依前驾部郎中、知制诰。后或有升迁,未详何官。

吴　融　依前礼部郎中。后迁中书舍人。

光化二年(899)

薛贻矩　依前户部侍郎。

杨　钜　依前中书舍人。

韩　仪　仍在院,未详何官。

张玄晏　仍在院,未详何官。后出院。

吴　融　依前中书舍人。

光化三年(900)

薛贻矩　依前户部侍郎。

杨　钜　依前中书舍人。

韩　仪　仍在院。约本年辞职,以御史中丞出院。

吴　融　依前中书舍人。

韩　偓　六月中旬,自司勋郎中兼侍御史知杂事充。冬,迁左谏议大夫。

张文蔚　秋冬,以中书舍人充。

天复元年(901)

薛贻矩　依前户部侍郎,后改兵部侍郎。

杨　钜　依前中书舍人,后改户部侍郎。

吴　融　依前中书舍人。正月,改户部侍郎。十一月,暂离职居
　　　　于阌乡。

韩　偓　依前左谏议大夫。前半年迁中书舍人。十一月随昭宗
　　　　赴凤翔,旋迁为兵部侍郎、知制诰,加承旨。

张文蔚　依前中书舍人。后迁户部侍郎、知制诰。

王　溥　正月,以户部侍郎充。二月,为中书侍郎同平章事,出院
　　　　任相。

令狐涣　年初以中书舍人充。十一月,出院。

姚　洎　本年未详何官入,后为中书舍人。

天复二年(902)

薛贻矩　依前兵部侍郎。

杨　钜　依前户部侍郎。

韩　偓　依前兵部侍郎、知制诰、承旨。后改户部侍郎、知制诰,
　　　　仍为承旨。

张文蔚　依前户部侍郎、知制诰。后改兵部侍郎、知制诰。

姚　洎　依前中书舍人。

柳　璨　约本年自左拾遗充。

天复三年(903)

薛贻矩　依前兵部侍郎。二月,出贬为峡州司户。

杨　钜　依前户部侍郎。

韩　偓　依前户部侍郎、知制诰、承旨。二月十一日,出贬濮州
　　　　司马。

张文蔚　依前兵部侍郎、知制诰。下半年,加承旨。

姚　洎　依前中书舍人。二月,出贬,为景王府咨议。

柳　璨　依前左拾遗。

吴　融　正月,复入院。二月,为承旨。下半年离职出院。

沈栖远　约本年入,为左谏议大夫、知制诰。

天祐元年(904)

杨　钜　依前户部侍郎。正月,以左散骑常侍出院。

张文蔚　依前兵部侍郎、知制诰、承旨。冬,改礼部侍郎,出院,以
　　　　备明春知举。

柳　璨　依前左拾遗。正月乙巳,以右谏议大夫同中书门下平章
　　　　事,出院任相。

沈栖远　依前左谏议大夫、知制诰。五月,以病辞出。

封　渭　闰四月昭宗徙洛阳后,以中书舍人充。

韦　郊　上半年以中书舍人充。冬,迁户部侍郎,加承旨。

杨　注　六月丙申,以中书舍人充。后迁户部侍郎。

杜　晓　冬,以左拾遗充,转膳部员外郎。

张　策　约本年以职方郎中、史馆修撰充。

哀帝朝

天祐二年(905)

杨　注　依前户部侍郎。三月,辞职,出守本官。

封　渭　依前中书舍人。五月甲戌,出贬齐州司户。

韦　郊　依前户部侍郎、承旨。

杜　晓　依前膳部员外郎,后迁膳部郎中。六月,出守本官。冬,
　　　　又以本官复入,加知制诰。

张　策　依前职方郎中、史馆修撰。下半年,改兵部郎中、知制诰。

天祐三年(906)

杜　晓　依前膳部郎中、知制诰。

韦　郊　依前户部侍郎、承旨。

张　策　依前兵部郎中、知制诰。可能后改中书舍人。

张　衍　四、五月间以左拾遗充。

天祐四年(907)

杜　晓　依前膳部郎中、知制诰。三月,入梁,仍在院,迁中书
　　　　舍人。

韦　郊　依前户部侍郎、承旨。三月,入梁,仍在院。

张　策　依前中书舍人。三月,入梁,仍在院,迁工部侍郎、承旨。

张　衍　依前左拾遗。三月,入梁,出院,仕为考功郎中。